老子評傳

陳 鼓 應 著

文史哲學集成

文史哲出版社印行

國家圖書館出版品預行編目資料

老子評傳 / 陳鼓應著. -- 初版. -- 臺北市：文史
哲,民 91
　　面：　　公分.--(文史哲學集成;462)
　　參考書目：面
　　ISBN 957-549-451-2 (平裝)

1.老子 – 研究與考訂

121.317　　　　　　　　　　　　　91012047

文史哲學集成　㊷

老 子 評 傳

著　　者：陳　　　鼓　　　應
出 版 者：文 史 哲 出 版 社
http://www.lapen.com.tw
登記證字號：行政院新聞局版臺業字五三三七號
發 行 人：彭　　　正　　　雄
發 行 所：文 史 哲 出 版 社
印 刷 者：文 史 哲 出 版 社
臺北市羅斯福路一段七十二巷四號
郵政劃撥帳號：一六一八○一七五
電話 886-2-23511028・傳真 886-2-23965656

實價新臺幣四六○元

中 華 民 國 九 十 一 年 (2002) 七 月 初 版

在臺出版說明

　　本書的閱讀對象範圍廣大，可以分為普通讀者與專業學者這樣兩個讀者群。普通讀者大多希望了解老子其人其書及其與中國文化之關係，而對老子的思想只是需要一般性的了解。考慮到這個讀者群的興趣和需求，本書特別安排了第二、三、十一、十二章，主要從歷史與文化的方面，討論了老子學說的思想文化淵源、老子思想的歷史文化背景、老子思想與道教、老子思想在中國文化中的地位這樣一些問題。而專業學者則與此大不相同，他們不會滿足於從歷史與文化的角度來一般性地了解老子，他們更關注的是老子思想的學術內涵以及對老子哲學智慧的深層闡釋。因而本書更著眼於老子的學說思想，對構成老子思想的各方面內容都進行了探索性的新闡釋和深入的哲學解讀。所以，本書對於中國哲學與思想史研究領域的專業學者來說，也具有較高的參考與使用價值。

　　本書自列入「中國思想家評傳叢書」在大陸出版後，引起了讀者特別是專業學者的關注，受到了一些好評。然而由於種種原因，此書在大陸並不容易買到。有鑑於此，我們希望此書能在台灣刊行，以滿足臺灣學術界的需要。經過同籌劃「中國思想評傳叢書」的南京大學思想家研究中心以及出版此套叢書的南京大學出版社的協商，同意此書在臺灣以正體字出版，在此特別感謝文史哲出版社發行人彭正雄先生慷慨給予印行。

陳鼓應、白奚

2002 年仲夏

老 子 評 傳

目　　次

第一章 引 論

一、老子其人其書論爭之檢討

在中國古代重要的思想家中，老子是古往今來引起爭議最多的人物。關於老子的爭議，首先就集中在老子其人其書的問題上。老子究竟是誰？他是哪個時代的人？《老子》這部書是誰寫的？它的成書年代如何？這些問題是我們研究老子思想的出發點，也是研究老子思想所不能回避的問題，因而我們必須首先對有關老子其人其書的論爭進行一番檢討，陳述我們對此的看法。

《史記》是最早記述老子其人的史書，有關老子的爭論也是由這裡引發的。在《史記‧老子韓非列傳》中，司馬遷對老子有五百字左右的記述。他首先說：“老子者，楚苦縣厲鄉曲仁里人也，姓李氏，名耳，字聃，周守藏室之史也。"又說：
"孔子適周，將問禮於老聃。"接著是老子與孔子的對話，然
後記述了老子"乃著書上下篇，言道德之意五千言"的由來。
根據這些記載，老子即老聃，他與孔子同時又年長於孔子，
是《老子》五千言的作者，這本應該是沒有問題的。但是司馬
遷接下來又有這樣兩條記述，一是"或曰：老萊子亦楚人也，
著書十五篇，言道家之用，與孔子同時云。"二是孔子去世一
百多年後，周太史儋見秦獻公，"或曰儋即老子，或曰非也，
世莫知其然否。"這兩條記述，特別是第二條，引起了古往今
來的無數爭論。最早對《老子》是老聃所著提出懷疑的是北魏
時期的崔浩，此後直到清代，不斷有人認為《老子》非老聃所
著。①今人對老子其人其書的爭論，主要有如下幾種較有代
表性的觀點：

　　第一種觀點認為，老子約略與孔子同時而年長於孔子，
《老子》書是老聃所著，但有戰國時人的增益。持此觀點者以
高亨、呂振羽為代表。

　　第二種觀點也認為老子與孔子同時，但主張將老子其人
與其書分開，認為《老子》成書於戰國中期，是老聃遺說的發
揮。這一派觀點以唐蘭、郭沫若為代表。如唐蘭認為《老子》
成書與《墨子》、《孟子》同時。②郭沫若則進一步認為《老子》
上下篇是楚人環淵所錄的老聃遺訓，環淵約與孟子同時，是
老子的再傳或三傳弟子。③

①　關於歷史上對老子其人其書的懷疑，可參看張岱年：《中國哲學史史料
　　學》，三聯書店 1982 年版第 38 頁。
②　參看唐蘭：《老子時代新考》，載《古史辨》第六冊。
③　郭沫若：《青銅時代·老聃、關尹、環淵》，《郭沫若全集》歷史編第一
　　卷 1982 年版第 545 頁。

　　第三種觀點認爲老子是戰國時期人，《老子》也成書於戰國。此種觀點以梁啓超、羅根澤、馮友蘭爲代表。如梁啓超認爲《老子》成書於戰國之末。①羅根澤認爲老子就是《史記》所載見秦獻公的太史儋。②

　　第四種觀點認爲《老子》成書更晚，在秦漢之間。持這種觀點的有顧頡剛和劉節。如顧頡剛認爲《老子》成書於《呂氏春秋》和《淮南子》之間，③劉節認爲《老子》五千言成書遲在西漢文、景之間。④

　　筆者贊同上述第一種觀點，下面陳述我們的理由：

　　在先秦時期的《墨子》⑤、《莊子》、《尹文子》、《荀子》、《韓非子》、《呂氏春秋》、《戰國策》等子書中都曾引述《老子》原文或評論老子的思想。⑥這其中儒、道、墨、名、法、縱橫諸家都有，足見《老子》書在先秦影響之廣，它本身應該是已經經歷了一個較長的流傳過程。

　　《說苑·敬愼》篇記載："叔向曰：老聃有言曰：'天下之至柔，馳騁乎天下之至堅。'又曰：'人之生也柔弱，其死也剛強，萬物草木之生也柔脆，其死也枯槁。'"這裡所引的是《老子》四十三章和七十六章的文字。叔向是晉平公時代的

----

① 梁啓超：《論〈老子〉書作於戰國之末》，載《古史辨》第四冊。
② 羅根澤：《老子及〈老子〉書的問題》，載《古史辨》第四冊。
③ 顧頡剛：《從〈呂氏春秋〉推測〈老子〉之成書年代》，載《古史辨》第四冊。
④ 劉節：《古史考存·老子考》，轉引自任繼愈主編《中國哲學發展史》先秦卷第 242 頁。
⑤ 《太平御覽》322 卷兵部 53 引《墨子》曰："墨子爲守，使公輸盤服，而不肯以兵知，善持勝者，以強爲弱。故老子曰：'道沖而用之，有弗盈之'"。今本《墨子》無此文，其所引老子之言，見今本《老子》第四章。
⑥ 參看高亨：《〈史記·老子傳〉箋證》，載《古史辨》第六冊。

人，與孔子同時。如果《說苑》的記載不誤，那麼這條材料不僅證明了老子與孔子同時，而且證明了在孔子的時代，就有《老子》這部書在流傳。

　　孔子思想受到老子思想的影響，在《論語》中多有表現。例如：

　　1.《述而》篇記載，孔子說："竊比於我老彭。"認爲老彭與老子有關者有兩種說法：一種認爲"老"指老子，"彭"指彭祖；①另一種認爲"老彭"即老子。②這兩種說法中後者較爲可能。姚鼐說："孔子南之沛見老子，沛者宋地。彭城近沛，老聃嘗居之，故曰老彭。"馬敘倫曾對這個問題作過詳細的考證，他說："老子之字聃，而《論語》書多作彭者。弟子以其方言記之耳。……又《論語》加我於老彭之上，前儒以爲親之之詞，是也。"③果如是，則意指《述而》篇直接記載了孔子取法老子。

　　2.《衛靈公》篇記載："子曰：'無爲而治者其舜也與？夫何爲哉？恭己正南面而已矣。'""無爲而治"是老子的學說，《論語》這樣推崇"無爲而治"，可見在這個觀念上孔子所受老子的影響。④

---

① 　見鄭玄《論語釋文》、王弼《論語釋疑》。
② 　見王夫之《四書稗疏》、鄭獻甫《四書翼注論文》、姚鼐《老子章文考》、馬敘倫《老子校詁》、黃方剛《老子年代之考證》。
③ 　馬敘倫：《老子釋詁》，中華書局 1974 年版。
④ 　關於這一點，胡適、黃方剛、李泰棻和張岱年等學者都持相同的觀點，參看胡適《與馮友蘭先生論〈老子〉問題書》(《古史辨》第四冊，第 419 頁)；黃方剛《老子年代之考證》(《古史辨》第四冊，第 354 頁)；李泰棻《老莊研究》(人民出版社 1958 年版，第 12 頁)；張岱年〈老子哲學辨微〉(《哲學研究》編輯部編《中國哲學史論文集》，山東人民出版社 1979 年版)。

　　3.《憲問》篇記載："子曰：'仁者必有勇，勇者不必有仁。'"而《老子》六十七章說："慈，故能勇。""慈"者，慈愛、仁慈之謂也，因此，孔子的這一思想可能來自《老子》。

　　4.《泰伯》篇記載："子曰：'巍巍乎，舜、禹之有天下而不與焉！'""有天下而不與"的觀點可能來自《老子》，"為而不恃"、"功成不居"正是老子特有的思想。

　　5.《述而》篇記載："子曰：'聖人，吾不得而見之矣；……亡而為有，虛而為盈，約而為泰。'"有的學者認為這正說的是老聃。①又《泰伯》篇載曾子曰："有若無，實若虛。"曾子這一觀念當是來自孔子。這兩段話和《史記》本傳中老子對孔子說的"良賈深藏若虛，君子盛德，容貌若愚"正相一致。

　　6. 老子主張"功遂身退"，在他做史官時便久有退隱的念頭，《史記》記載他"見周之衰，乃遂去"，所以司馬遷才說他是"隱君子"。本傳載老子對孔子說："君子得其時則駕，不得其時，則蓬累而行。"這種思想傾向影響了孔子，在《論語》中多有表現。如《衛靈公》篇記載孔子曰："邦有道則仕，邦無道，則可卷而懷之。"《述而》篇載孔子對顏淵說："用之則行，捨之則藏，唯我與爾有是夫！"《泰伯》記孔子曰："天下有道則見，無道則隱。"《公冶長》篇中記載，孔子在慨嘆其志不得申時，曾萌發歸隱的念頭，表示"道不行，乘桴浮於海。"《先進》篇記載孔子諸弟子各言其志，曾皙曰："暮春者，春服既成，冠者五六人，童子六七人，浴乎沂，風乎舞雩，詠而歸。"曾皙是孔門弟子中無意於仕進的狂士，他這番嚮往歸隱生活的話語，引起了孔子心中的共鳴與惆悵，遂"喟

────────────────

① 　李泰棻：《老莊研究》第12頁。

然嘆曰：'吾與點也！'"

　　7.《憲問》篇中記載："或曰：'以德報怨，何如？'子曰：'何以報德？以直報怨，以德報德。'"這裡所引的"以德報怨"，正出自《老子》六十三章，誠如張岱年先生所說："報怨以德一語見於《老子》六十三章，《論語》此條正是孔子曾評論老子思想的最明確的證據。"①

　　以上各條均表明，《老子》成書早於《論語》，孔子思想受到了老子思想的重要影響。

　　《史記》中的《老子韓非列傳》、《孔子世家》、《仲尼弟子列傳》，《呂氏春秋》的《當染》篇都記載了孔子曾向老子問禮；《莊子》中有八條關於老子與孔子的交往與對話的材料；《禮記・曾子問》中有四則材料記述了孔老交往；與《禮記》同為漢代儒家作品的《韓詩外傳》、《孔子家語》中也有這樣的記載。以上這些材料中值得重視的有兩點：其一，記載孔子問禮於老子的古籍不僅有正宗的史書和道家作品，更多的是儒家自己的作品，這表明孔子問禮於老聃的傳說在春秋戰國乃至秦漢十分流行，儒家不僅認可這樣的說法，而且對此並不介意。其二，《禮記》、《韓詩外傳》、《孔子家語》等儒家作品均成書於儒學獨尊、排斥別家的學術氛圍下，這表明孔子曾問禮於老子並非道家的杜撰，而是自孔子以來儒家代代相傳的事實，以致儒家即便在獲得獨尊的地位後仍不能否認。

　　先秦諸子之書多非出自一人之手，也非一時之作。而據新近在湖北荊門郭店出土的戰國竹簡本《老子》可知，《老子》中雖有一些語句是戰國時人所增改，但主要是出於老聃一人

---

① 　張岱年：〈老子哲學辨微〉。

之手筆。主要理由是：第一，全書理論前後一貫，罕有互相牴牾之處。第二，全書體裁一致，爲格言體；文體一律，如"夫唯……"、"是以……"等獨特的語句結構屢見於全書。第三，先秦子書中較早的如《論語》、《墨子》中皆多見"子曰"、"墨子曰"等用法，《老子》中卻沒有出現"老子曰"、"老聃曰"字樣，而是用"吾"、"我"自稱，此亦可爲旁證。

根據《史記》的傳文，老子即老聃是可以確認的，先秦的古書如《莊子》，在同一段話中，前稱老聃，後又稱老子，亦可爲證。關於"老子"之稱有二說：一說"老"是尊稱，稱"老子"猶後人所謂老先生之意。一說"老"是姓氏，當時稱"子"的如孔子、墨子、曾子、孟子、惠子等，都是在姓氏下加一"子"字，①如此，老聃當是姓老。古有"老"姓而無"李"姓，如《世本》："顓頊子有老童"，《風俗通義》曰："老氏，顓帝子老童之後"，《左傳》成公十五年傳："宋有司馬老佐"，又昭公十四年傳："魯有司徒老祁"，均可證古有以"老"爲姓者。而《春秋》二百年間無李姓者，②且先秦典籍中皆稱老子或老聃，沒有一處稱"李耳"。老子姓李名耳之說始自漢代，或許是由"老聃"兩字轉出亦未可知。"耳"和"聃"字義相應，"老"和"李"古音同，老聃之爲李耳，正猶荀況之爲孫卿。

問題主要集中在引起爭議的老萊子和太史儋，對此我們有必要再費些筆墨。

老子即與孔子同時的老聃（漢代亦轉爲李耳），這在先秦時期本來是沒有疑問的，然而司馬遷的兩個"或曰"，卻引出了無休的爭論。不少人認爲，司馬遷在《老子列傳》中已經

① 參看唐蘭：《老聃的姓名和時代考》，載《古史辨》第四冊。
② 參看高亨：《〈老子正詁〉前記》，載《古史辨》第四冊。

無法確定究竟誰是老子，於是他列出了三種可能：老聃、老萊子、太史儋。我們認爲，司馬遷在這個問題上並不是含混不清的，他明確地認定了老子就是春秋時期的老聃。司馬遷寫作《史記》，力求史料的翔實而有聞必錄，對於有疑問的史料，他採取的是"信以傳信，疑以傳疑，故兩言之"的態度和方法，在正傳後加上附錄的體例，是他常用的處理方式之一。《老子列傳》就是這樣，正如徐復觀先生所指出的，《老子列傳》實由三個部分構成："老子者，楚苦縣厲鄉曲仁里人也，姓李氏，名耳，字聃……莫知其所終"，這是正傳，兩個"或曰"是附錄。①司馬遷是一位嚴肅的史學家，他顯然是把自己認爲比較可靠的材料作爲正傳加以記載的，也就是說，正傳的部分是他所肯定的。比如，司馬遷說："或曰：老萊子亦楚人也，著書十五篇，言道家之用，與孔子同時。"這裡的"亦"字就明確地區分了老子和老萊子是兩個人；並且前面說老子著書上下篇，而這裡說老萊子著書十五篇，這就更明確地把老子和老萊子區分開來。此外，司馬遷在《史記·仲尼弟子列傳》中也說："孔子所嚴事：於周則老子；……於楚，老萊子。"更是明確地區分了老子和老萊子。至於太史儋其人，司馬遷在《老子列傳》中說，太史儋見秦獻公於"孔子死之後百二十九年"，而老子略長於孔子，則他與晚於孔子一百多年的太史儋不是同一時期的人，這是不言而喻的。又據《史記》中的《周本紀》和《秦本紀》，太史儋曾向秦獻公獻言："始周與秦國合而別，別五百載復合，合十七歲而霸王者出焉。"從獻言的內容來看，毫無道家思想的蹤影，作爲周室王官的太史儋

---

① 徐復觀：《中國人性論史》（先秦），台灣商務印書館 1984 年第 485 頁。

屬於"方士之流"、"數術之士"，與作爲道家"隱君子"的老子之不同是顯而易見的。《老子列傳》中的這兩個"或曰"，表明在司馬遷當時，流傳著關於老子的三種不同說法，司馬遷對此採取的是異說並存的態度，將兩種不大可靠的傳言作爲附錄附在正傳之後，而把他認爲靠得住的"隱君子"老聃的史料作爲正傳來處理。

這裡我們再增加一個新的旁證。筆者注意到，《史記》中共有列傳七十篇，其中凡寫人物的都是按第一傳主的年代先後排列的，並無一篇錯亂。其中《老子韓非列傳》是第三篇，其前面是《伯夷列傳》和《管晏列傳》，其後面依次爲《司馬穰苴列傳》、《孫子吳起列傳》、《伍子胥列傳》、《仲尼弟子列傳》等。伯夷是周初時人，管仲是春秋早期人，而司馬穰苴事齊景公，大約與晏嬰、孔子同時。司馬遷把老子安排在管仲和司馬穰苴之間，據此我們可以比較肯定地說，這位大史學家是明確地認定老子就是春秋時期孔子問禮的老聃。

以上所論都是根據傳世史料所作的考證和推論，然而最有說服力的當然還是來自考古新發現的實物證據。"天不愛其道，地不愛其寶"，1993年湖北荆門郭店發掘出大批戰國楚墓竹簡，其中有三種《老子》節抄本。據考古學者們的判定，郭店楚墓的下葬年代約在戰國中期偏晚，而竹簡《老子》的抄寫年代當然還要早於墓葬年代，至於它的成書年代，自然還要更早。竹簡本《老子》的年代，比1973年馬王堆出土的帛書《老子》還要早一個世紀，是當今世界上最早的古本《老子》，它的出土，證明至遲在戰國中期，就已經有《老子》一書在流傳。這就使得流傳於學界的《老子》晚出說不攻自破，也以無可辯駁的實物證據有力志支持了我們對老子其人其書的一貫判斷。

　　根據以上的材料梳理，我們面前已大體呈現出一個比較清晰的老子形象。茲主要依據《史記》等比較可靠的典籍的記載，將老子的生平事蹟略述如下：

　　老子姓李名耳，字聃。《說文解字》曰："聃，耳曼也。""曼"義為長，聃即耳朵長大之意。蓋老子生來耳朵有些特別，故以耳為名，以聃為字。

　　老子是楚國苦縣厲鄉曲仁里人，其地在今河南鹿邑縣東，毗鄰安徽亳縣。苦縣原屬陳國，公元前479年，陳國為楚國所滅，其地遂屬楚國，所以司馬遷才說老子是楚人。

　　老子曾任"周守藏室之史"，掌管圖書文獻檔案，所以現在人們多說這個官職相當於國家圖書檔案館的館長。"守藏史"又稱"徵藏史"、"柱下史"，屬於周王朝的史官。古代官師合一，世傳其學，則老子應出身於有深厚文化修養的史官世家。老子出任周王室的守藏史，可以想見他的知識學問在當時有著相當顯赫的聲名。

　　老子的生卒年已不可確考，但既然孔子曾向他極為恭敬地請教過禮，可知老子必年長於孔子，蓋孔子青年時，老子已是中年。孔子生於公元前551年，老子的生年據此約略可以推知。現在學術界一般都接受這樣的推測，老子年長於孔子20歲，其生年約為公元前571年。

　　老子在任周室守藏史期間，曾會晤了前來問禮的孔子，這是中國古代文化史上的一件大事，本書將在第三章中作專題討論，這裡暫且從略。

　　魯昭公二十六年（公元前516年），周王室發生內亂，王子朝爭奪王位失敗，盡攜周室典冊奔楚，老子"見周之衰，

乃遂去。"據《莊子·天道》所載，"周之徵藏史有老聃者，免
而歸居"，則老子離職去周後大概是先回到了陳國，開始了
"隱君子"的生涯。

後老子西遊，至函谷關，關令尹久聞老子大名，留之爲
其著書，"於是老子乃著書上下篇，言道德之意五千餘言而
去，莫知其所終。"這"言道德之意"的上下篇，就是我們今天
所看到的《老子》五千言的藍本，亦稱《道德經》。

老子過關西入於秦。據《水經注》卷十九記載，今陝西周
至縣東南有"大陵"，"世謂之老子陵"，大概老子最終死於秦
地。

二、老子研究的回顧與展望

本世紀中葉以來，關於老子和《老子》書的研究始終是學
術界的熱門話題。

五十年代和六十年代，中國哲學史界曾經對老子的哲學
思想展開過熱烈而持久的討論。討論主要集中在三個問題
上：第一，關於老子其人其書；第二，老子思想的階級屬
性；第三，老子的哲學是唯物主義的還是唯心主義的。第一
個問題實際上是二、三十年代古史辨派討論的繼續。後兩個
問題帶有濃厚的時代特色和方法論的特徵，是當時爭論的焦
點，人們由於對這兩個問題的不同回答而鮮明地分爲對立的
兩派。

關於老子哲學的階級屬性，一種意見認爲，老子哲學代
表的是沒落奴隸主的思想，是爲統治階級服務的，其社會作
用基本上是反動的。另一種意見認識，老子哲學反映的是農

民的思想，是代表農民說話的，因而基本上是進步的。此外還有一些大同小異的說法，如代表沒落貴族、沒落領主、小奴隸主、公社農民等。這種分析問題的方法顯然是受到了當時盛行的階級鬥爭理論的支配，不利於學術研究的正常開展。

關於老子哲學的性質，更是旗幟鮮明地分成了兩派，一派認爲老子哲學基本上是唯物主義的，其中摻雜了一些唯心主義的內容，另一派的主張則正好與此相反。分歧主要來自對老子思想體系的核心範疇——"道"以及"道生一，一生二，二生三，三生萬物"、"有生於無"等語句的不同理解。這種研究方法顯然是受到了當時哲學界流行的"兩軍對戰"理論模式的支配，局限於對老子思想進行簡單的定性和"貼標簽"，由此造成的思想僵化和簡單化持續了相當長的時間。

"文革"十年，對老子的正常學術研究幾乎陷於停頓，其間雖有長沙馬王堆漢墓帛書《老子》的出土和公布這一重大事件，但對其研究並未得到開展。

七十年代末，全國的學術研究開始走向正常化，老子研究也開始復甦，並逐步走向正軌。特別是八十年代以來，老子研究進入了蓬勃發展的新階段，取得了突破性的進展。這主要表現在如下幾個方面：

第一，研究方法的突破。

首先是階級分析和"兩軍對戰"的公式化方法被打破。這是學術研究領域的一次思想解放，沒有這一突破，就談不上老子研究的深入開展。

其次，八十年代以前的老子研究，通常是照搬哲學原理教科書的體系，習慣於把老子的思想分解成自然觀、認識

觀、辯證法、歷史觀、政治思想等幾大塊來分別研究。這種
解析式或板塊式的研究方法雖然有它的特點和優勢，但同時
又有程式化的缺點，局限於這種研究方法，對於老子研究的
全面深入開展顯然是不利的。八十年代以來，人們已不再滿
足於這種方法，開始在方法論上進行大膽的探索，老子研究
的方法遂呈現出靈活化、多樣化的趨勢，從而開闢了老子研
究的新局面。

第二，研究深度的進展。

這一時期的老子研究避免了以往某些簡單化、表面化的
缺點，超越了傳統的看法，從分析老子哲學的範疇體系和邏
輯結構入手，努力挖掘老子哲學的深層內涵，提出了不少富
有新意的見解，比較準確地把握了老子哲學的特質，許多對
老子思想的偏見和誤解也得到了糾正和澄清。同時，對馬王
堆帛書《老子》和新近出土的荊門郭店竹簡《老子》的研究，也
從資料方面對老子研究起到了重要的促進作用。

此外人們還積極尋找新的研究角度，不斷進行新的嘗試
和探索。

許多學者從比較研究的角度來重新把握老子的思想。這
其中有老子與西方哲學史上著名哲學家和黑格爾、赫拉克利
特等人的比較研究，有老子與現代西方哲學流派如海德格爾
等為代表的解釋學的比較研究，更多的則是老子與孔子、莊
子、《周易》等先秦諸子的比較研究。特別是從學派的角度進
行比較研究，是近些年來引人注目的新動向。許多論著對以
老子為代表的道家學派與儒家、墨家、法家等學派進行了十
分有意義的比較研究，其中，儒家與道家的樹立與互補，是
這一比較研究的重心所在。這種比較研究，對於更深入更準

確地把握老子的思想是十分有益的。

　　從地域文化的角度來審視和把握老子思想，是近些年來出現的一個值得注意的傾向。學者們從地域文化的視角探討了老子與楚文化、夏文化、吳越文化的關係，較多的人認為老子的思想有濃厚的楚文化的特色。這種研究對於深入探討老子學說的特色和思想淵源是很有意義的嘗試。

　　第三，研究領域的拓寬。

　　八十年代以來的老子研究，一掃過去沉悶、單調、繁瑣、乏味的局面，人們不再滿足於對老子學說的常規研究和重複研究，不再駐足於對老子思想的梳理和文字上的考證訓詁，而是不斷地開拓新的研究領域，探索新的研究途徑。如，老子與其後不同歷史時期的道家思想（稷下道家、秦漢的黃老之學、魏晉玄學等）的關係，老子的美學思想及其與中國古代文學藝術的關係，老子的養生理論及其與中國古代的醫學的關係，老子思想與氣功，老子與道教的關係，老子思想與遠古神話傳說和原始思維的關係，老子思想與民俗學，老子的謀略思想與古代的軍事理論等等。研究老子的人越來越多，許多不同學科的人都從自己特有的角度來研究老子，這不僅使得老子研究呈現出特色化、個性化的趨勢，不斷有所創新，令人目不暇接，而且也使得老子研究的範圍不斷擴展，如老子的思維方式、老子的管理思想、策略思想、科學思想等，都取得了可喜的研究成果。

　　從中國傳統文化的大視野來觀照和把握老子思想，是近年來對老子研究領域的重大開拓。通過把老子思想放在中國傳統文化的大背景下來考察，越來越多的人看到了以往用儒家一家的思想來概括和代表中國傳統文化的做法和片面性，人們在儒家思想和以老子為代表的道家思想是中國傳統文化的兩條主幹的說法上逐步達成了共識。就老子研究這方面而言，這樣的研究有助於揭示老子及其代表的道家思想在中國文化中的地位和影響；就中國傳統文化的研究這方面而言，這樣的研究有助於揭示中國傳統文化的深層結構和基本面貌。因此可以說，這是近年來老子研究一個重大收穫。

隨著新世紀的即將到來，在弘揚優秀傳統文化的時代背景下，老子思想的現代價值受到了越來越多的關注，這是一個具有廣闊發展前景的新趨勢，也是老子研究領域的又一重大開拓。老子思想作為中國傳統文化的重要組成部分，具有哪些現代意義和價值？在現代社會生活中能夠發揮哪些積極的影響？在現代文化和未來的文化建設中能夠起到哪些積極的作用？老子思想將如何走向世界？目前人們對這些新問題的研究可以說還是剛剛開始，需要進行更積極更深入的探索和回答。

老子思想是中國文化的瑰寶，可以預見，在即將到來的新世紀中，老子的思想仍將是學術界長期關注的重點研究對象，未來的老子研究前景十分樂觀，將不斷有所創新。根據現在的研究狀況和發展趨勢，我們至少可以在如下幾個方面做出展望：

第一，對《老子》的基礎研究將得到加強。《老子》雖只有五千言，古往今來對《老子》的基礎研究雖然多得難以勝數，但遠未達到無以復加的程度，其中仍有很大的施展餘地。七十年代出土的帛書《老子》具有相當高的史料價值，目前對它的研究應當說還是很不夠的。新近出土的新店竹簡《老子》，又為《老子》的基礎研究提供了寶貴的新資料。

第二，地下出土的新材料將對老子研究起到重要的推動作用。以新近公布的郭店《老子》爲例，據初步認定它是戰國時代的抄本，是世界上現存的最早的一部《老子》。這部楚簡《老子》的公諸於世，已引起學術界極大的興趣，目前對它的研究是學術界的熱門話題，再度出現了研究《老子》的新高潮。從目前已經發表的研究成果看，郭店《老子》的出土，不但澄清了某些多年未決的懸案，而且將在一定程度上改變學術界對老子思想的某些傳統看法。在郭店出土的竹簡中，還有許多屬於儒家的文獻，其中所反映的思想也或多或少與老子和道家思想有關。近幾十年正是地下文物出土的高峰時期，我們期待著更多更重要的地下文獻資料被發現，給我們的研究帶來新鮮的內容。

第三，老子不僅屬於中國，也屬於全世界，它是人類共同的文化遺產。早在唐代，《老子》就被譯成梵文。目前，老子的思想正在引起世界各國的漢學家們的普遍關注乃至普通人越來越濃厚的興趣，世界上被翻譯最多的是《聖經》，其次就是《老子》，老子研究已成爲一個世界性的課題。特別是在哲學領域，歐陸的現代哲學家們在東方找到了老子哲學，並試圖將其與希臘哲學結合起來，爲現代西方哲學開創出一條新的發展之路；一些開一代風氣的現代大哲如海德格爾、伽達默爾等人，他們的哲學新思路的提出，都受到了老莊思想的影響，這說明"並非只有西方哲學才能影響中國哲學，中國哲學反過來也能並且已經影響了西方哲學在現代的發展。"①對此，我國學術界正面臨著如何將老子研究進一步國

① 鄭涌：《以海德格爾爲參照點看老莊》，刊於陳鼓應主編：《道家文化研究》第二輯，上海古籍出版社 1992 年出版。

際化的問題，探討老子思想的世界意義及其在未來人類的共
同生活中的積極作用，研究老子思想在未來的多元一體的全
球文化建構中的地位，將更多地引起學術界的關注。同時，
國際間老子研究的交流與合作也必將越來越廣泛和緊密，從
而給我國的老子研究帶來新的活力和新的課題。

　　**第四，老子研究與現代思想接軌，是近年來出現的新的
研究熱點，由於它是弘揚優秀傳統文化的一個重要方面，因
而也就成爲一個具有廣闊前景的研究方向**。研究和開發老子
思想的現代意義與現代價值，是現代化建設的需要，也是文
化發展的長期需要，因而它又是一個應用性的研究方向。在
一定意義上可以說，對老子研究的許多其他方面，在一定程
度上都可以而且也應該最後落實到這方面來。老子研究之所
以受到我國學術界乃至全世界的重視，這是一個最主要的原
因。不難預見，人們對老子思想的現代意義和價值的研究將
長期保持極高的熱情，這方面的研究將獲得極大的發展，在
老子研究中占有越來越重要的地位。

第二章
老子學説的思想文化淵源

　　老子的思想充滿了深邃的哲理、高超的智慧和豐富的人生經驗，但我們卻不能簡單地把這一龐大思想體系中的所有內容都看成是老子一人的發明創造。古今中外任何一種學說理論的提出，都離不開前人提供的思想素材，那些偉大的學說理論尤其是這樣。老子的思想就是如此，他的學說離不開前人智慧與經驗的積累，離不開對古代思想文化的繼承。在這一章中，我們首先就來對老子學說的思想文化淵源進行一番歷史的追溯。

一、老子思想與"古之道術"

　　《莊子・天下》篇在概述老子的學術思想時說："以本爲

精，以物爲粗，以有積爲不足，澹然獨與神明居。古之道術
有在於是者，關尹、老聃聞其風而悅之。"按照這樣的說法，
老子的學說有其直接的思想來源，那就是"古之道術"。這些
"古之道術"，有據可查者可以分爲兩個部分：一是老子所明
白引述的古書或古人之言，一是老子沒有明白說出，但在其
他古籍中可以查到的並且先於老子的有關思想。下面我們分
別敘述之。

《漢書‧藝文志》曰："道家者流，蓋出於史官。歷記成敗
存亡禍福古今之道，然後知秉要執本，清虛以自守，卑弱以
自持，此君人南面之術也。"就是說，道家思想來源於古代王
官之學中的史官，即古人治理國家的歷史經驗。老子身爲周
王室的史官，對歷史的經驗自然十分看重。他說：

執古之道，以御今之有。能知古始，是謂道紀。(《老
子》十四章，本書以下所引《老子》均略去書名，只標明章次。)

這裡的"古之道"、"古始"，就是前人的歷史經驗。這些
歷史經驗，有的是明確聲稱引自某古書。如：

《建言》有之：明道苦昧，進道若退，夷道若纇。上德
若谷，大白若辱，廣德若不足，建德若偷，質真若
渝。大方無隅，大器晚成，大音希聲，大象無形。(四
十一章)

有的學者認爲，"建言"是古代流傳的諺語、歌謠；更多
的人認爲"建言"就是"立言"，指古之立言者有此言；高亨先
生則明確認爲，"《建言》殆老子所稱書名也。"①又如：

用兵有言：吾不敢爲主而爲客，不敢進寸而退尺。(六

---

① 高亨：《老子正詁》，中國書店 1988 年影印本第 93 頁。

十九章）

這裡的"用兵"，當是指某部古代的兵書。詹劍峰先生說："《左傳》'軍志有之曰'，此'用兵'者有言，大概是引'軍志'。"①

老子援引古人之說，更多的則表述爲"聖人"之言或"古之所謂"。如：

故聖人云：我無為而民自化，我好靜而民自正，我無事而民自富，我無欲而民自樸。（五十七章）

是以聖人云：受國之垢，是謂社稷主；受國不祥，是為天下王。（七十八章）

古之所謂"曲則全"者，豈虛言哉？（二十二章）

老子十分重視古人的歷史經驗，但他頗有些孔子那種"述而不作，信而好古"的味道，把自己的許多主張都說成是古之聖人的思想和行爲，如"是以聖人"如何如何，"古之善爲道者"如何如何等等。這樣的話語在《老子》中很多，這裡就不枚舉了。

老子的思想中有很多是對前人經驗與智慧的吸收總結和提煉，其中的許多重要觀念，老子雖然沒有明說出自何處，但我們仍可以在其他古籍中找到它們的直接來源。茲擇其要者敘述如下：

貴柔尚弱

貴柔尚弱是老子思想的一個突出特色，老子貴柔尚弱的思想，當是以母系氏族社會遺留的觀念爲其最早的淵源。此

---

① 詹劍峰：《老子其人其書及其道論》，湖北人民出版社 1982 年版第 160 頁。其所引《左傳》之文，見昭公二十一年："《軍志》有之：先人有奪人之心，後人有待其衰。"

外，還可在古代的典籍中看到它所繼承的直接來源。如《尚書
・皋陶謨》中就有"柔而立"的說法，鄭康成曰："柔謂性行和
柔，……凡人之性有異，有其上者不必有下，有其下者不必
有上，上下相協，乃成其德。"是說相反者乃能相成，柔順近
於弱，而有樹立之功用，因而"柔"是很重要的。《尚書・洪範
》亦以"柔克"爲"三德"之一，把"柔"作爲治理國家的一種有效
的手段。劉向《說苑》引《詩》曰："柔，遠能邇，以定我王。"
認爲"柔"能縮短人們之間的距離，使疏遠變爲親近，這樣國
家就會安定。可見，柔弱作爲一種品德，具有特殊的功用，
可以用作一種有效的治國安邦之術，這已經是殷周以來人們
的共識，並被作爲一種思想傳統而得到提倡。

由於柔弱的這種特殊作用受到人們的重視，作爲柔弱的
反面的剛強，其弊病遂逐漸被人們所認識，這在老子之前就
有材料可以證明。如劉向《說苑・敬愼》記桓公（應爲五霸之
首齊桓公，《敬愼》篇數次提到齊桓公）之言曰："金剛則折，
革剛則裂，人君剛則國家滅，人臣剛則交友絕。"齊桓公先於
老子約一個世紀，可見此種認識形成之早。又《說苑・敬愼》
與《孔子家語・觀周》載孔子之周，觀於太廟，見一金人，其
背上的銘文有這樣的話："強梁者不得其死，好勝者必遇其
敵。""強梁者不得其死"，正是《老子》四十二章的話。值得注
意的是，《金人銘》以"古之愼言人也"開頭，這說明它是引述
古人之言，其先於老子應是沒有疑問的。這種貴柔尙弱的思
想在《老子》中十分突出，茲舉數例：

　　　柔弱勝剛強。（三十六章）

　　　天下之至柔，馳騁天下之至堅。（四十三章）

　　　人之生也柔弱，其死也堅強。草木之生也柔脆，其死

也枯槁。（七十六章）

堅強者死之徒，柔弱者生之徒。（七十六章）

這些格言式的論述，顯然是對前人有關經驗和思想的總結與概括。

謙下不爭

謙下不爭，首先是一種美德，是一種待人接物處世的態度和方法。老子認為，在高位、上位者更應具備謙下的品德，採取謙下的態度。他對這種美德和態度多有稱頌，如：

上善若水，水善利萬物而不爭。（八章）

知其白，守其黑，為天下式。……知其榮，守其辱，為天下谷。（二十八章）

貴以賤為本，高以下為基。是以侯王自謂孤、寡、不谷，此非以賤為本耶？（三十九章）

大國者下流，……大者宜為下。（六十一章）

是以聖人欲上民，必以言下之；欲先民，必以身後之。（六十六章）

我有三寶，持而保之：一曰慈，二曰儉，三曰不敢為天下先。（六十七章）

善勝敵者不與，善用人者為之下，是謂不爭之德。（六十八章）

這種謙下不爭的品德和態度，在老子之前久已有之，經常被人們所稱道。如《尚書·大禹謨》①曰："惟德動天，元遠弗屆，滿招損，謙受益，時乃天道。"這是講的謙下之德，並把它說成是符合天道。《易經》的作者也十分重視謙下之德，《

---

① 《大禹謨》是偽《古文尚書》中的一篇，係漢人托古之作，但其中所用材料和反映的思想甚古，仍可用作我們研究的素材。

乾》卦九三爻辭曰："君子終日乾乾，夕惕若。厲，无咎。"君子居上位而不驕，朝夕不懈，故曰无咎。《謙》卦認爲一個人如果做到了謙，就可以無往而不利。其卦辭曰："謙，亨"，初六爻辭曰："謙謙君子，用涉大川，吉。"就是說，君子謙而又謙，卑下不矜，居後而不與人爭，故可無患。《金人銘》亦曰："夫江河長百谷者，以其卑下也。"此句見於《老子》六十六章，其言曰："江海所以能爲百谷王者，以其善下之，故能爲百谷王。"將這些材料同老子的思想聯繫起來看，其前後的繼承關係是顯而易見的。

在現實生活中，人們總是情不自禁地伸展自己的占有欲，往往只知道直截了當地爲自己爭利益，但是這樣做的結果卻常常是達不到預期的目的，甚至是適得其反，給自己帶來禍患。而那些謙下不爭的人，卻往往會得到常人意想不到的好結果，這其中就包含著高人一籌的智慧。老子對這一點看得最明白、最透徹，在他看來，謙下不爭，是避免禍患、保全自己利益的最有效手段。他說：

功成而弗居。夫唯弗居，是以不去。（二章）

不自矜，故長。（二十二章）

是以聖人後其身而身先，外其身而身存。非以其無私邪？故能成其私。（七章）

這是熟知歷史的老子對前人經驗教訓的總結。如《淮南子·人間訓》記載了這樣的故事：

昔者楚莊王既勝晉於河雍之間，歸而封孫叔敖，辭而不受。病疽將死，謂其子曰："吾則死矣，王必封女，女必讓肥饒之地，而受沙石之間有寢丘者，其地磽石而名丑。荊人鬼，越人禨，人莫之利也。"孫叔敖死，

王果封其子以肥饒之地，其子辭而不受，請有寢之
丘。楚國之俗，功臣二世而爵（奪）祿，唯孫叔敖獨
存。此所謂損之而益也。

楚莊王於公元前 613 年至公元前 591 年在位，此時老子
恐尙未出生。足見此類"損之而益"的經驗早已爲古人所認識
並運用。

謙下不爭，同時又是老子的一種策略，謙下是爲了處
上，不爭乃是以不爭爲爭。如：

夫唯不爭，故天下莫能與之爭。（二十二章）

故大國以下小國，則取小國；小國以下大國，則取大
國。（六十一章）

不敢為天下先，故能成器長。（六十七章）

天之道，不爭而善勝。（七十三章）

這種以退爲進，以不爭爲爭的行之有效的策略，也並非老子
的創造發明，而是淵源有自的。如《尚書・大禹謨》曰："汝惟
不矜，天下莫與汝爭能。汝唯不伐，天下莫與汝爭功。"《金
人銘》亦曰："君子知天下之不可蓋也，故後之下之。"又曰：
"執雌持下，莫能與之爭者。"不過，老子確實是將古人的這
些思想萌芽大大地發揮了。

欲取姑與

這也是老子的一種獨特而有效的策略，與以不爭爲爭的
策略有異曲同工之妙。《老子》三十六章曰：

將欲歙之，必固張之；將欲弱之，必固強之；將欲廢
之，必固興之；將欲取之，必固與之。

這樣的說法也有其張本，我們可以從古籍的記載中找到
它的來歷。如《韓非子・說林上》記載了這樣的故事：

　　　智伯索地於魏宣子，魏宣子弗予，任章曰：“何故不
　　予？”宣子曰：“無故請地，故弗予。”任章曰：“無故
　　索地，鄰國必恐，彼重欲無厭，天下必懼，君予之
　　地，智入必驕而輕敵，鄰邦必懼而相親，以相親之兵
　　待輕敵之國，則智伯之命不長矣。《周書》曰：‘將欲
　　敗之，必姑輔之；將欲取之，必姑予之。’君不如予
　　之以驕智伯。”……乃與之萬戶之邑，智伯大悅。因索
　　地於趙，弗與，因圍晉陽，韓、魏反之外，趙氏應之
　　內，智氏自亡。

　　這裡所引《周書》之言，顯然就是老子“欲取姑與”策略的
直接來源。又《呂氏春秋・行論》講述齊閔王國亡身死之事
時，也引《詩》曰：“將欲毀之，必重累之；將欲踣之，必高舉
之。”此處所引之《詩》，不論是從思想上還是從語句上來看，
均與《老子》三十六章之言有明顯的繼承關係。

功遂身退

　　《老子》九章曰：

　　　功遂身退，天之道也。

　　《老子河上公章句》、《淮南子・道應訓》作“功成，名遂，
身退，天之道。”這也是古人的經驗之談。《史記・范雎蔡澤
列傳》記載，蔡澤見應侯范雎，勸其歸相印，對他大講物盛則
衰、功成身退的道理。蔡澤旁徵博引，既引“語曰：日中則
移，月滿則虧”，又說：“吾聞之，鑒於水者，見面之容，鑒
於人者，知吉與凶。《書》曰：成功之下，不可久處。”此處之
《書》，當即《周書》。可見老子“功遂身退，天之道也”的思想
亦有所本，它是把前人從事政治的經驗之談又提高了一步，
上升爲“天之道”的哲學高度，並根據其道論對這一前人的經

驗之談有所修正。

此外，老子的其他思想觀念，如愼終如始、天道無親、與人爲善、以德報怨、尙慈崇儉等觀念以及隱逸思想、無爲思想、辯證思維、關於大道的思想理論等等，我們都可以找到它們的直接思想來源，這裡就不一一贅述了。特別是老子思想體系的最高範疇——"道"也有其思想來源，本書將在第五章第一節中討論這個問題。

通過上述兩方面對老子思想直接承繼的"古之道術"的考察，我們看到，在《老子》的述古之言中，旣有對古書的明確援引，又有對古人思想的繼承和發揮，旣有古訓，又有格言和謠諺，還有對古人的品德、思想和行爲的稱頌描述。關於老子學說的直接思想來源，可以說已經是十分確定而又清楚明白的了。

二、老子的懷古情結

上面我們討論的"古之道術"，是一些已經上升到哲學高度的比較成熟的思想理論，顯然，僅對老子思想的淵源進行這一層面的追述是不夠的。任何一種思想學說，在它獲得理論化的形態之前，都無例外地經歷過一個更爲漫長的積澱、深化的過程，在此階段，它只能是以觀念的形態，甚至是以習俗、神靈崇拜等更爲原始的形態存在。因而，我們可以在更爲廣泛的意義上，將其視爲一種文化現象。在本節和下一節中，我們要對老子的思想淵源進行更爲久遠的追述，探尋它與上古文化的密切關係。

中國古代社會在進入到階級社會之前，經歷過一個相當

長的原始社會階段，這也是古代人類社會發展的必經之路，
世界各文明古國莫不如此。但中國古代社會的發展進程又有
著不同於其他民族的方式和特點。比如古代希臘在進入奴隸
制社會以後，原始氏族時代的制度、習俗、觀念等得到了比
較徹底的清除；而在古代中國，由於進入階級社會是以一種
比較溫和的方式完成的，因而這些舊有的觀念制度等就得到
了較多的保留，成爲古代中國社會的意識形態的重要組成部
分，並由此形成了中國古代文化的鮮明特色。中國歷史文化
的這一特殊性對古代的思想家們產生了重大的影響，遠古社
會遂被描繪成黃金時代，成爲人們追憶和讚美的對象，產生
於原始氏族社會的一些思想觀念因而就較多地保留在古代哲
人們的頭腦之中，這就是中國古代思想家們普遍具有的"懷
古"情結。

　　老子的懷古情結在古代思想家中是十分突出和典型的。
對於原始氏族社會遺留的思想觀念，老子進行了充分的肯
定、大量的追憶和熱情的謳歌，這主要表現在兩個方面：一
是對"天道"的稱頌，一是對"聖人"的讚美。下面我們就通過
老子對"天道"和"聖人"的讚頌，來透視老子的懷古情結，並
由此考察老子思想與上古文化的密切關係。

㈠老子對"天道"的稱頌

　　老子的懷古情結首先就表現爲對"天道"的稱頌。

　　在老子那裡，"天道"的品德突出地表現爲公正無私、沒
有偏愛。老子說：

　　　天道無親，常與善人。（七十九章）

在原始氏族社會中，強大的自然力和低下的生產水平不允許

偏私和偏愛的存在，具有共同的血緣關係的氏族成員，彼此之間天然地結成了互相友善的依存關係，他們共同勞動、共同享有勞動成果、共同抗禦敵害，即使是老幼病殘，也都可以得到自己應得的一份生活必需品，所有的勞動成果都是氏族的集體財產，任何人都不得將其據為己有。原始氏族成員之間的這種天然形成的無偏無私的關係，被老子認為是"天"的品德，並上升到"天之道"的高度加以肯定和讚頌。在老子那裡，人又是自然界的一部分，對於"天"來說，人和萬物是同等的，萬物之間也是同等的。因而老子又說：

　　天地不仁，以萬物為芻狗；聖人不仁，以百姓為芻狗。（五章）

　　"芻狗"是古代祭祀時用草扎成的狗。祭祀時飾之奉之，祭祀完後拋之棄之，前後並無愛惡之情措意於其間。對於萬物的這種無愛無惡的一視同仁的態度，就是天道公正無私無所偏愛的表現。老子又曰：

　　天之道，利而不害。（八十一章）

　　這也是對原始氏族社會人類生活的寫照。遠古時代，人類必須團結協作、互利互愛，方能在險惡的自然環境中生存，這就要求人們必須具有利他的精神，不能存有任何相害之心。這種自然形成的原始道德觀念，也被老子升格為"天之道"加以頌揚。

　　"天道"的品德又表現為均平與平等。老子說：

　　天地相合，以降甘霖，民莫之令而自均。（三十二章）

　　這是形容天道的公平施予，讚頌天道對人類的公道與均平。《老子》七十七章曰：

　　天之道，其猶張弓與？高者抑之，下者舉之，有餘者損之，不足者補之。

這是老子對古代氏族社會生活的理解。在遠古時代，人類社會實行的是原始的公有制，這在當時的生產能力下，是唯一可以採取的所有制形式和消費形式。氏族中尚無剩餘的生產資料和勞動產品，只能是公衆占有和平均分配，此時還不可能產生私有觀念，因而沒有貧富之分。同時，由這種經濟關係所決定，氏族成員之間也就形成了天然的平等關係，沒有社會地位的高低貴賤之分。這本來是一種自然形成的關係和狀態，並不是人類意志作用的結果，事實上，人爲的作用對此也是無能爲力的。而老子卻把這些看成是社會內部有目的的自我調節的結果。在他看來，自然界是一個和諧的、均衡的統一整體，這種和諧與均衡是"天之道"調節方法的結果，就好比張弓射箭一樣，弦位高了，就把它壓低，弦位低了，就把它抬高。他認爲，人類社會也應該同自然界一樣，地位高的就把他降低，地位低的就把他提高，有餘的就加以減少，不足的就加以補充，通過這種"損有餘而補不足"的調節方法，就會消除貧富貴賤的差別，使社會生活達到均衡與平等的狀態，從而趨於合理。在老子的心目中，遠古時代的氏族社會就具有這樣的合理性，這種合理性是通過"損有餘而補不足"的調節作用達到的，因而它是符合"天之道"的。老子對這樣的遠古社會充滿了羨艷之情，極盡讚頌之辭。老子尖銳地指出，現實社會卻與"天之道"背道而馳："天之道，損有餘而補不足，人之道則不然，損不足以奉有餘。"面對當時社會的貧富對立和階級壓迫等不合理現實，老子提出了強烈的抗議，正是這種同"天之道"尖銳對立的"人之道"，造成了富者田連阡陌，貧者無立錐之地等不平等現象。由於歷史的局

限，老子無法看到造成這種不平衡的複雜根源，他天眞地認
爲，只要人們遵循“天之道”的自然主義精神，不再貪得無厭
地追求社會地位和財富，社會就會趨於合理。因而，從老子
對“天道”的平等精神的讚美和對古代氏族社會的崇敬以及對
現實社會之不平衡的批評抗議中，我們又可看到他的深沉的
人道關懷。

　　“天道”的另一個重要的品德是自然無爲。天道對於萬
物，旣有創生的功能又有養育的功能，但這些都是在自然而
然中進行的，旣不是有意的作爲，也沒有任何功利的目的。
老子如此描述天道的這種無爲的作用：

　　　　萬物作焉而不爲始，生而不有，爲而不恃，功成而弗
　　　　居。（二章）

　　這就是說，天道聽憑萬物自然而然地生長變化，卻從不
替它們開始，生萬物而不據爲己有，爲萬物而不自恃其恩，
長萬物而不主宰它們，功成業就而不自居誇耀，這就是天道
自然無爲的法則。老子把自然無爲看成是一種美德，並認爲
這種美德發端於遠古社會。他指出：

　　　　生而不有，爲而不恃，長而不宰，是謂玄謂。（十章）

　　“玄”者遠也、深也，“玄德”即是一種古老的美德，這是
對上古文化和道德觀念的讚美。在原始氏族社會中，生產資
料歸集體所有，氏族成員集體勞動，平均分配生活必需品，
氏族首領替大家管理生產和公共事務，卻從不占有大家的勞
動成果，他雖然有權做出決定，但卻是代表著公衆的意志。
這同天道那種“生而不有”、“長而不宰”的“玄德”十分相似。
這裡我們又一次看到了老子思想同上古時代遺留觀念的淵源
關係。

㈡老子對"聖人"的讚美

在老子那裡，"天道"在人類社會中的作用是通過一些能夠體現天道的基本精神的傑出人物——"聖人"得到貫徹的，因而，老子的懷古情結又表現爲對遠古"聖人"的讚美。

提起"聖人"，人們不免首先聯想到儒家，似乎只有儒家才有聖人的觀念。其實在先秦時期，道家的聖人觀念要遠遠濃厚於儒家，這一點，我們只需做些簡單的比較就足以說明問題了。據筆者統計，道家奠基之作《老子》共81章，僅五千言，其中就有26章32處提到了"聖人"，而儒家的奠基之作《論語》的篇幅要遠超過《老子》，其中提到"聖人"僅有4次。即使是戰國中期的儒家巨著《孟子》，也只有29次提到"聖人"，而在與《孟子》同時的道家名著《莊子》中，"聖人"卻出現了一百多次。

儒家和道家的"聖人"都是他們心目中的理想人格。儒家的"聖人"即"古之聖王"堯、舜、禹、湯、文、武、周公。而老子所謂"聖人"卻沒有留下名字，他們是更爲久遠的古代氏族社會時代的政治人物，他們的行爲與天道自然相合，體現了上古時期人類最淳樸的觀念和最優秀的品質，因而受到了老子的謳歌與讚美。

"聖人"的形象融合吸收了上古文化的精華，同時又是對現實人格的理想化和提升，從多方面體現了天道的基本精神。

"聖人"首先體現了天道自然無爲的基本精神。《老子》二章曰：

是以聖人處無為之事，行不言之教。

這是道家的聖人與儒家的聖人的一個基本區別。儒家的聖人是道德的典範，而道家的聖人則是因任自然的典範。儒家的道德是倫理型的道德，他們注重道德對人的規範、約束和教化作用，而道家的道德則是自然道德，因任自然就是最高的道德。道家的聖人仿效天地運行的自然規律，鄙棄一切束縛和影響人類身心自由活動的名教規範，以"無爲"的態度和原則來處理世事，實行"不言"的教導，聽任人們按照自己的自然本性去生活，從不橫加干涉。聖人以這樣的態度和原則治理社會，就不會給人民帶來累害，人民就沒有統治者的權勢造成的壓迫感，甚至感受不到上面還有統治者的存在，這樣的統治者自然就會受到人民的擁戴而不會被人民所厭棄。因而老子說：

> 是以聖人處上而民不重，處前而民不害，是以天下樂推而不厭。（六十六章）
>
> 我無為而民自化，我好靜而民自正，我無事而民自富，我無欲而民自樸。（五十七章）

聖人以自然無爲的態度對待人民，這樣就可以最大限度地發揮人的潛能和功效，因而能收到好的效果，使社會得到最好的治理。因而老子總結道：

> 為無為，而無不治。（三章）
>
> 無為而無不為。（四十八章）

老子相信，上古時代的聖人就是以這種自然無爲的態度和原則來治理天下的，老子的論述，也是符合遠古氏族社會人類生活的實際情況的。

老子對遠古聖人政治活動的稱述和對氏族社會時代人類自然主義的生活方式的讚美，同時也是對當時的統治者提出的批評和警告。在老子看來，後世社會陷於混亂，人民陷於痛苦，正是由於統治者違反了自然無爲的原則，不懂得無爲才能無不爲的道理，極力伸張自己的野心和欲望所致。

胡適曾說："老子反對有爲的政治，主張無爲無事的政治，也是當時政治的反動。凡是主張無爲的政治哲學，都是干涉政策的反動。因爲政府用干涉政策，卻又沒干涉的本領，越干涉越弄糟了，固挑起一種反動，主張放任無爲。歐洲十八世紀的經濟學者、政治學者，多主張放任主義，正因爲當時的政府實在太腐敗無能，不配干涉人民的活動。老子的無爲主義，依我看來，也是因爲當時的政府不配有爲，偏要有爲；不配干涉，偏要干涉，所以弄得'天下多忌諱而民彌貧；民多利器，國家滋昏；法令滋彰，盜賊多有。'"①胡適先生注重的是老子無爲主義的現實政治背景，而我們在這裡則提示它所由之產生的遠古思想文化淵源。《老子》十七章根據對上古時期人類生活的追憶，將歷史上的時代按政治的好壞分成四個等級：

> 太上，不知其有；其次，親而譽之；其次，畏之；其
> 次，侮之。

"太上"指的是最好的世代，這時的人民根本不知道有君主的存在。君主並不是眞的不存在，而是感覺不到他的存在，因爲他完全按照自然無爲的原則做事，不輕易發號施令（"悠兮其貴言"），與人民相安無事，因此對於人民來說，就好比他根本不存在一樣。其次的世代，人民親近統治者，讚美統治者。在儒家看來，這樣的政治是求之不得的，而在老子看

---

① 胡適：《中國哲學史大綱》，商務印書館 1983 年影印版第 51～52 頁。

來，這已經是次等的了，統治者今天慰問，明天安撫，這樣
固然可以得到讚譽，但已經是在干擾人民的自然生活了。至
於讓人民畏懼的統治者甚至同人民對立起來的統治者，那就
更是對人民的殘害了。老子所分的這四個等級的政治，旣是
一種價値等級的排列，又是按照時代的先後排列的，"太上"
旣是最好的政治，又是最遙遠的世代。"太上"時代的統治
者，可能是遠古氏族社會的首領，也是老子心目中理想的"聖
人"。從老子對上古時期人類生活的追憶和讚揚，我們可以清
楚地看到他關於"無爲而治"的政治主張的歷史淵源。

　　"聖人"在行爲上體現了自然無爲的原則，在精神上則保
持了淳樸純眞的自然心態。老子稱這種淳樸自然之心爲"愚人
之心"，把它作爲精神修養的最高境界。老子對"愚人之心"進
行了這樣的描述：

　　　　沌沌兮！俗人昭昭，我獨昏昏，俗人察察，我獨悶
　　　　悶。（二十章）

"昭昭"形容智巧炫耀於外，"察察"謂精打細算，斤斤計較，
都是對當時的世俗之人的價値取向和生活態度的寫照。而"聖
人"恰與"俗人"相反，甘守淡泊，澹然無繫，保持著嬰兒般淳
樸質眞的心態。

　　"聖人"以這樣的心態進行自我修養，同時也把這樣的態
度作爲治理國家的指導原則。老子曰：

　　　　是以聖人之治，虛其心，實其腹，弱其志，強其骨。
　　　　常使民無知無欲，使夫智者不敢爲也。（三章）

"虛其心"即是淨化人們的心靈，消除智巧詐僞之心。"弱其
志"是指抑制貪欲的擴張，減損人們奔競於名利場中的心
志。其作用和結果，就是使人民經常保持純眞質樸的心

態，智巧之人也就不敢妄爲了。常見有人把這段話說成是老子主張愚民政策，這是對老子的嚴重誤解。《老子》四十九章亦曰：

　　　　聖人在天下，歙歙焉，為天下渾其心。

"歙"意指收斂，這裡指收斂意志與欲望，以使天下之人的心靈皆能得到淨化，復歸於渾樸淳眞的自然狀態。《老子》六十五章亦曰：

　　　　古之善為道者，非以明民，將與愚之。

"明"指明察和巧詐，"愚"即第三章所謂"無知無欲"，王弼注曰："愚謂無知，守其眞順自然也。"《河上公》注曰："使樸質不詐僞也。"老子把這些明確地屬之於"古之善爲道者"，足見他所描述的這種人心的渾樸淳眞的自然狀態，實際上就是他對遠古氏族社會中人們心態的理解，也只有遠古時期的人類才能保有這樣的心態。作爲遠古政治人物的"聖人"，不僅自己能夠保持這種淳樸的自然之心，更重要的是能夠在實際的政治活動中體現、貫徹這種自然主義的原則，帶動起整個社會的良好風尚，因而才能受到老子的稱道和讚美。

　　老子認爲，古之"聖人"所以能夠將天下治理得好，還在於他把自己看得很輕，而把人民看得很重要，這實際上就是後來的"民本"思想。老子曰：

　　　　聖人常無心①，以百姓心為心。（四十九章）

"聖人"沒有自己的意志，而是以百姓的意志爲意志，以百姓的好惡爲判斷是非的標準，一切以百姓的利益爲轉移。老子又曰：

────────

① "常無心"，今本作"無常心"，據帛書乙本改。

是以聖人①欲上民，必以言下之；欲先民，必以身後
之。（六十六章）

"聖人"身居上位，卻要把自己擺在下位，把民衆擺在上
位。要做人民的領導，就要對人民謙下，要爲人民的表率，
就必須把自己的利益置於民衆的利益之後。這是"聖人"爲政
的基本原則，所以老子又說：

是以聖人終不爲大，故能成其大。（六十三章）

故貴以賤爲本，高以下爲基。是以侯王自稱孤、寡、
不谷。此非以賤爲本邪？（三十九章）

統治者要以民衆爲根本，在上位者要以下民爲基，這就
叫"以賤爲本"。只有以民衆的意見爲意見，以民衆的要求爲
要求，把民衆的事辦好了，統治者才能"成其大"。理想的統
治者以民爲本，以民爲重，就必然把自己看得很輕，甚至於
忘記自己的存在，將自己的全部身心都毫無保留地投入到公
衆事務之中。正如第十三章所說：

故貴以身爲天下，若可寄天下；愛以身爲天下，若可
託天下。

這就是說，只有那些能夠忘我地爲公衆服務的人，才可
以把全天下的重任交付與他。這樣的品德，決不是後世的統
治者所能具有的，只有遠古時代的氏族首領才能稱得上是這
樣的"聖人"。老子通過對"聖人"的描寫，向人們展示了古代
社會中傾注全副心力於公衆事務的氏族首領的形象。

以上我們通過老子對"天道"的稱頌和對"聖人"的讚美，
透視了老子的懷古情結，並通過老子的懷古，展示了老子思

---

① 今本無"聖人"二字，而多種古本及帛書本"是以"下均有"聖人"二字，
因依文例與諸古本補入。

想同上古文化的密切關係。通過本節的論述我們看到，老子確實對原始氏族社會遺留下來的思想觀念十分欣賞，進行了大量的追憶和讚美。從形式上看，這種追憶和讚美似乎是主張回到最古老的原始氏族社會去，但我們能否像從前那樣批評老子，說他是在"復古"或"拉歷史倒車"呢？顯然不能。我們不應一看到述古和懷古的詞句就認定是"復古"和"倒退"，而應透過形式和現象抓住事情的內容和本質，那就是老子是通過懷古來否定不合理的社會現實，懷古是古代思想家們常用的批判武器。老子曾說：

> 執古之道，以御今之有。能知古始，是謂道紀。（十
> 四章）

"執古"是為了"御今"，不了解過去的歷史，就難以在現實面前保持明亮的眼睛和清醒的頭腦。美國著名人類學家摩爾根在《古代社會》一書中，把"政治上的民主、社會中的博愛、權利的平等和普及的教育"看作是"古代氏族的自由、平等和博愛的復活，但卻是在更高形式上的復活。"這就告訴我們，現實世界中的一些進步的思想觀念，在人類文明的初期便早已以某種古樸的形式存在了，社會的進步和歷史的發展，在一定意義上，可以說就是在更高的形式上向人類曾經擁有過的一切美好的東西的復歸。老子的懷古，就為我們展現了這一歷史的辯證法。

　　本節的分析展示了作為老子思想淵源的遠古時期遺留的許多重要的思想觀念，這些古樸的思想觀念不僅成為老子思想的重要組成部分，而且在後來的中國歷史上始終發揮著進步的作用，因而也是民族文化的優秀遺產。

三、老子思想與原始宗教文化

在上一節中，我們主要從政治觀念的角度闡述了老子思想同上古文化的淵源關係。在這一節中，讓我們從原始宗教觀念的角度，來考察老子思想同上古文化之間的淵源關係。

(一)老子思想與女性崇拜

綜觀《老子》一書，人們無不強烈地感受到其中對陰柔的推崇。

從文化學特別是原始文化的角度對老子哲學的這一鮮明特色進行探討，是近十幾年來老子研究的一個新方向。海內外學者們充分利用和引進了考古學、民俗學、神話學等方面的新成果和新方法，對老子思想進行了深入的文化探源。學者們普遍認爲，老子的思想同母系氏族社會的原始宗教觀念有著密切的淵源關係，崇尚陰柔就體現了老子對上古文化中女性崇拜的繼承和哲學提升。

早在半個多世紀之前，著名學者呂思勉先生就曾指出：《老子》"全書之義，女權皆優於男權，與後世貴男賤女者迥別。"①這的確是一種十分敏銳的眼光，對近年來的研究新方向起到了一種引導和提示的作用。由於老子思想同上古女性崇拜的密切關係，一些學者甚至認爲老子哲學就是一種女性哲學。

考古資料、民俗學和神話學的研究都表明，上古時期的

---

① 呂思勉：《辨梁任公〈陰陽五行說之來歷〉》，載《古史辨》第五冊，上海古籍出版社 1982 年版第 369 頁。

人類社會曾普遍存在過女性崇拜的文化現象。在原始社會，人類的生存條件很差，適應自然的能力很低，人口死亡率特別是兒童的死亡率相當高，人類的平均壽命和自然增長率都很低，因而人口的增殖就成了人類延續、氏族繁衍的重大問題。那時的人類對男性在繁殖後代中的作用缺乏認識，在人口增殖的迫切要求下，就必然導致了女性崇拜。

原始社會的女性崇拜包括女陰崇拜和女始祖崇拜。女陰崇拜就是對女性生殖能力的崇拜，這是建立在人人皆生於母親的基本事實之上的。考古資料證明，對女性生殖能力的崇拜是一種世界性的原始宗教現象：

> 國外考古發現多處史前女性裸體浮雕和圓雕，如法國手持牛角的"洛賽爾維納斯"，奧地利的"溫林多府維納斯"，蘇聯的"加加里諾"女性雕像及"科斯丹克維納斯"。這些雕像的共同特徵是乳房豐滿，腹部、腰部、臀部、大腿部肥大誇張，陰部明顯而面部卻無細微刻畫，足部則被忽略。這正是為了突出女性的性特徵與生育功能。①

在我國，原始文化中的女性崇拜不僅有考古資料可以證明，對某些少數民族地區至今仍存在的生殖女神崇拜的民俗學研究亦可以證實這一古老文化現象的存在。

女性崇拜還包括女始祖崇拜。在但知其母不知其父的時代，人們普遍認為自己的部族是由女始祖感生神物而來。如伏羲之母華胥氏踏雷澤大人之跡而感生伏羲，黃帝之母附寶見大電光而感生黃帝，女登感神龍而生炎帝，少昊之母娥皇

---

① 《中華文明史》第一卷，河北教育出版社 1989 年版第 301 頁。

感太白之精而生少昊，顓頊之母女樞感瑤光之星而生顓頊，慶都感赤龍而生堯，握登感大虹而生舜，修已吞神珠如薏苡而生禹等。這些感生神話都是原始母系氏族社會女始祖崇拜的遺跡，都相信一個部族的興盛和一個偉大時代的開創，是由一個女始祖感生神物開始的。不僅如此，整個中華民族也有一個共同的女始祖，那就是女媧。《太平御覽》卷七十八引《風俗通義》曰：“俗說天地開闢，未有人民。女媧摶黃土作人，劇務，力不暇供，乃引繩於絙泥中，舉以爲人。”在另一種略有不同的說法中，女媧不僅是人類的女始祖，而且是萬物的創造者，如《說文解字》所云：“媧，古之神聖女，化萬物者也。”又如《易乾鑿度》鄭玄注曰：“女媧……導人神運軸，騰天元氣，令物生生相續，新新不停。”此外還有女媧煉五色石補天的傳說，可以看作是女媧創世工作的一部分或繼續。

在《楚辭・天問》中，屈原發出這樣的疑問：“女媧有體，孰制匠之？”既然人類的身體是女媧造的，那麼女媧自己的身體又是誰造的呢？這是有關女媧名字的最早的文字記載，表明遠在戰國時代，女媧就以人類共同的女始祖的形象在民間廣泛流傳了。可見，在中國古代的神話系統中，女媧具有十分重要的地位，她不僅是中華民族的女始祖，而且是創世女神和救世女神。女媧不僅功績卓著，而且德行和性格也十分完美。這表明女媧神話產生於母系原始氏族社會，女媧顯然是母系社會氏族女首領形象的化身或藝術抽象。在母系氏族時代，婦女在經濟生活和社會活動中居於主導地位，作用遠遠超過男性，女性首領受到全氏族成員的尊敬和愛戴是自然的事，她們的業績被人們世代傳頌，最終形成了女媧這一典型的藝術形象，並通過口頭文學的形式得到廣泛流傳。

　　上古母系社會雖然最終被男性中心的社會所代替，但集中反映那一時代人類生活的女性崇拜，作爲一種文化現象和文化因素卻沒有絕跡，而是通過種種形式流傳下來，並作爲特定的文化因子或傳統，積澱於民族文化的深層結構之中，成爲民族文化的一個組成部分。老子的思想較多地繼承了這一因子，並以哲學思維的方式表現和發揚了這一古老而獨特的文化傳統。因而老子哲學常被人們視爲女性哲學。

　　老子對遠古女性崇拜的繼承，從宏觀上看，表現爲崇尚陰柔的哲學基調。老子哲學的重陰、尚柔、守雌、好靜、崇儉、尚慈、謙下等基本特徵，都是對女性特有的道德品格的哲學抽象，都是對女性的處世態度和經驗的概括和提升，表現了女性特有的溫柔含蓄和獨特的智慧。老子曰：

　　　　我有三寶，持而保之。一曰慈，二曰儉，三曰不敢為天下先。（六十七章）

這"三寶"便集中體現了母系氏族社會中女性首領的美德。"慈"就是愛心和同情感，是氏族女首領贏得人們愛戴的基本德行。"儉"意指節儉不奢靡，兼有含蓄和不肆爲之義，是氏族女首領管理氏族經濟生活、善於持家的基本表現。"不敢爲天下先"即是謙下和不爭的態度，表現了氏族女首領寬容、謙和、溫良忍讓、把自己的利益置於氏族成員的利益之後的品德風尚。老子以此爲"三寶"，正表明他的思想同古代母系氏族文化傳統之間存在著承續的關係。程偉禮曾對老子的"三寶"作了如下的分析：

　　　　"慈"，既有母性的愛護備至、仔細入微、深思熟慮、舉無不當的柔情母愛，又有女性的忍辱負重、無私曲成的寬容。"儉"是"徐而不費"、"以約爲紀"的意思，

　　近"節儉"的含義。"不敢為天下先"，是指不敢走在天
　　下人的前面，這是女性謙卑在後的意思。①

他認為，這種女性的品德就是母系氏族首領的美德。

　　老子哲學的這種崇尚陰柔的基調，從社會意識的角度來
看，乃是對當時男性中心文化中陽尊陰卑的價值體系的反
動，表現了老子對母系氏族社會的價值觀念的留戀與嚮往。
在老子的心目中，當時的男性中心文化所倡導的社會秩序和
倫理道德觀念正是世風衰薄的產物和表現，而逝去的女性軸
心時代才是人類歷史上的黃金時期。因而，老子激烈地反對
父權制的意識形態，提出了一套以崇尚陰柔為基調的哲學理
論，與崇尚陽剛的正統意識形態相對抗，這種哲學上的對抗
後來就表現為儒道兩家的分歧。英國著名漢學家李約瑟在《中
國古代科學思想史》一書中，從政治和意識形態的角度揭示了
儒道兩家的對立。他說：

　　　　道家的心理狀態在根本上就是科學的，民主的；儒家
　　　　與法家是社會的，倫理的。儒家的思想形態是陽生
　　　　的，有為的，僵硬的，控制的，侵略的，理性的，給
　　　　予的。——道家激烈而徹底的反對這種思想，他們強
　　　　調陰柔的，寬恕的，忍讓的，曲成的，退守的，神秘
　　　　的，接受的態度。……道家在觀察自然時所表現的陰
　　　　柔含容的態度，與其柔弱退讓的處世哲學有著不可劃
　　　　分的關係，因而他們也就勢必要反對封建社會。因為
　　　　道家的容讓，與封建社會是格格不入的。②

① 　程偉禮：《〈老子〉與中國"女性哲學"》，載《復旦學報》1988 年第 2 期。
② 　李約瑟：《中國古代科學思想史》，陳立夫主澤，江西人民出版社 1990
　　年版第 71 頁。

李約瑟所揭示的儒道兩家的對立，如果從性別文化的角度來看，乃是男性中心文化同女性中心文化的對立，亦可以看作是男性哲學與女性哲學的對立。在李約瑟的評論中，洋溢於其間的對老子所代表的道家陰柔思想的讚賞態度是顯而易見的。而潛藏於老子陰柔哲學後面並作爲其思想淵源的，正是來自遠古母系氏族時代的女性崇拜的文化傳統。

老子受遠古女性崇拜觀念的影響，不僅在宏觀上表現爲崇尚陰柔的哲學基調，而且從《老子》書中所特有的某些詞彙的使用上，也可以清楚地看到這一影響。這突出地表現在《老子》第六章，其言曰：

> 谷神不死，是謂玄牝。玄牝之門，是謂天地根。綿綿若存，用之不勤。

"谷"即山谷，特別是有水的溪谷，馬王堆帛書本《老子》"谷神"作"浴神"，正表明"谷神"是指溪谷之神。然而這只是"谷神"的表層含義，在中國古代，溪谷常用來指代和象徵女性或女性的生殖器官。《淮南子·墜形訓》曰："邱陵爲牡，谿谷爲牝。"高誘注云："邱陵高敞，陽也，故爲牡；谿谷污下，陰也，故爲牝。"儒家經典《大戴禮記·易本命》和《孔子家語·執轡》也有"丘陵爲牡，谿谷爲牝"的說法。另有一種解釋以"谷"爲"虛"。吳澄《道德眞經注》曰："谷以喩虛。"晚近學者詹劍峰亦曰："谷，虛也，唯虛故能容受，唯虛故能因應。"①這兩種說法是相通的，都可以用來象徵女性的生殖器官及其作用。民俗學的研究表明，以山谷、洞穴、窪地等作爲女性生殖器的象徵加以崇拜的風俗和信仰，在我國許多少數民

---

① 詹劍峰：《老子其人及其道論》，湖北人民出版社 1982 年版第 292 頁。

族地區都是普遍存在的。①

　　“玄牝”指代女性生殖器，比起“谷神”來就更爲直截了當。清代學者兪正燮指出，“玄牝”可指某種“空洞”，他說：“牝者，古人以爲溪谷，所謂虛牝者，如今言洞。”他還引用《唐律・衛禁》上的釋文“有穴而可受入者爲牝”。晚近學者對這一點的認識更爲明確，茲擧幾家有代表性的說法如下：

　　呂思勉說：“玄者，深遠之意。牝，猶後世言女，言母，物之所由生，宇宙之所由生，故曰玄牝。”②

　　陳槃說：“人類中有女陰，而天地萬物也莫不有女陰，其中山谷就是這象徵之一。”③

　　郭沫若說：“玄牝是象徵著幽遠深妙的、看不見的生產天地萬物的生殖器物。”④

　　前蘇聯學者楊興順說：“空虛而看不見的‘道’是永遠存在著的，可以稱它爲生殖之門。深遠的生殖之門，也可以叫做天地的根。”⑤

　　任繼愈先生也說：“‘牝’，是一切動物的母性生殖器官。‘玄牝’是象徵著深遠的看不見的生產萬物的生殖器官。”⑥

　　蔡爲樫亦將“玄牝之門”解釋爲“幽深的生殖之門”。⑦

---

① 　參看肖兵、葉舒憲：《老子的文化解讀》下篇第一章第一節，湖北人民出版社 1994 年版。
② 　轉引自肖兵、葉舒憲：《老子的文化解讀》，湖北人民出版社 1994 年版第 603 頁。
③ 　轉引自同上書第 603 頁。
④ 　轉引自同上書第 604 頁。
⑤ 　轉引自同上書第 603 頁。
⑥ 　轉引自同上書第 611 頁。
⑦ 　轉引自同上書第 604 頁。

徐梵澄更指出：“玄牝”象徵“陰”，“推至遠古，則生殖崇拜也。”①

從上引材料來看，將“玄牝”釋爲女陰，並肯定其與上古女性生殖崇拜的密切聯繫，乃是衆多學者的共識。

“玄牝”之“玄”，在這裡是“牝”的修飾詞，意爲“玄妙”、“玄秘”，兼有“神聖”的意味。“玄”字的使用，使古老的女性崇拜獲得了哲學的意義。

“天地根”之“根”，在這裡也含有生殖崇拜的意味。在中國文化中，“根”亦指“根器”，男有“男根”，女亦有“女根”。《老子想爾注》就說：“陰孔爲門，死生之官也，最要，故名根。”便是把“玄牝之門”同“天地根”聯繫起來考慮的。老子這裡所謂“根”，顯然是指的女根，它是天地之根本，萬物所由之出的總根源。

老子用“不死”、“綿綿若存，用之不勤”來描述“谷神”和“玄牝”的永恒性，它是萬物取之不盡、用之不竭的源泉。“用之不勤”之“勤”，帛書甲乙本均作“堇”，蓋“堇”爲本字，“勤”有偏旁爲後出。“勤”本義爲“勞”，與“竭盡”相通。肖兵、葉舒憲進行了詳細的考證，認爲“堇”義爲“乾”，他們說：“《老子》這裡說的是作爲‘天地之根’或‘玄牝’的溪谷川流不息，綿綿若存，用之不‘乾’。”②這是一種十分新穎的解釋，它不僅恰當地說明了作爲“天地之根”的“玄牝”提供了用之不盡、永不枯竭的生命之泉，而且爲人們全面而準確地理解老子尚水的觀念提供了一條新的思路。

---

① 蕭兵·葉舒憲：《老子的文化解讀》，湖北人民出版社 1994 年版第 604 頁。
② 轉引自同上書第 581 頁。

以上無論是"溪谷"、"虛"、"洞"、"不死"，還是"牝"、"門"、"根"、"不勤"，《老子》第六章都清楚地向人們昭示了老子所受遠古女性崇拜觀念的深刻影響。馮友蘭對《老子》第六章的解說，全面、深刻而清晰地展現了老子思想同原始宗教文化的密切關係。他說：

> 有的原始的宗教，從人的生育類推萬物的生成。人的生育，靠男性的和女性的生殖器。有的原始宗教以男性生殖器為崇拜的對象，認為有一個生天地萬物的男性生殖器，天地萬物都是由它生出來的。《老子》在這裡所說的"牝"，就是女性的生殖器。它所根據的原始宗教，大概以女性生殖器為崇拜的對象。因為它不是一般的女性生殖器，所以稱為"玄牝"。天地萬物都是從這個"玄牝"中生出來的。"谷神"就是形容這個"玄牝"的。女性生殖器是中空的，所以稱為"谷"。玄牝又是不死的，所以又稱為"神"。照這個說法，《老子》是認為有一個中空的東西，萬物都從那裡邊生出來。……"綿綿若存，用之不勤"，也是這個意思。都是認為有一個中間空虛的東西，可以生出無窮無盡的東西。①

這樣的觀點得到了越來越多的研究成果的支持。時至今日，老子思想同原始宗教文化之間存在著密切關係的看法，已經引起了學術界的關注。

從以上的分析來看，道家的思想同遠古的生殖崇拜觀念之間的聯繫有著密切的關係。如果說儒家思想的深層是對男根的推重，道家思想的深層便是對女陰的推重。正如張智彥

---

① 馮友蘭：《中國哲學史新編》1983 年修訂本第二册，人民出版社出版第44 頁。

所說：“如果我們說儒家思想更多的是繼承了父系氏族社會的傳統的話，那麼老子思想則是更多的繼承了母系氏族文化的傳統。”①

㈡老子思想與月神崇拜

道家由於以“道”爲核心範疇而得名，但“道”範疇卻不是道家的專利，儒家對“道”也極爲推重。在儒家學說中，“道”比“仁”、“義”、“禮”、“智”等範疇具有更高的層次和概括性，泛指儒家的最高追求：士君子要“志於道”②，要不惜“以身殉道”③，甚至“朝聞道，夕死可矣。”④“道”內在地包含著“仁”、“義”等具體的道德範疇，而後者則是“道”的不同表現形式和實現“道”的途徑與方法。然而儒家的“道”，主要是在倫理道德和人生理想的層面和意義上使用的；而老子和道家的“道”卻不止如此，它主要是在形而上的哲學意義上使用的，它是萬物的本原、始基和宇宙的根本法則、規律，具有高度的抽象性和思辨性。“道”的用法和含義上的差異，標示著儒道兩家學說的不同興趣指向和價值取向。

“道”作爲一個獨立的名詞，早在老子之前便已出現，但眞正賦予道以哲學意義的無疑是老子。關於老子對道的哲學抽象，我們將在以後的有關章節中進行專題討論，這裡我們關心的，是老子的道同原始宗教文化的關係。我們這裡要進行的是更爲久遠的追溯，探道道的神話原型。

---

① 張智彥：《老子與中國文化》，貴州人民出版社 1996 年版第 121 頁。
② 《論語・里仁》。
③ 《孟子・盡心上》。
④ 《論語・里仁》。

　　從神話學的角度研究古代的思想，無疑是一個富有新意和前景的領域，將這一方法運用於老子研究，有一種觀點值得重視，那就是把太陽作爲"道"的原型。

　　這種觀點以葉舒憲爲主要代表。葉舒憲在他的《中國神話哲學》中說道：

> 道的原型可以追溯到神話意識中規則變化或周期性變化的物象。在大千世界中對人類影響最大的周期性變化物象無疑是太陽，所以筆者把太陽視爲原生形態的"道"。從這一視點來分析各種關於道的描述，許多疑點和難解之謎均可迎刃而解。①

關於"道"的這些"描述"，葉舒憲舉出《易·繫辭上》的"一陰一陽之謂道"和《老子》中的幾條，爲了便於討論，茲將這幾條列舉於下：

> 周行而不殆。（二十五章）
>
> 反者道之動，弱者道之用。（四十章）
>
> 天下有始，以爲天下母。既得其母，以知其子；既知其子，復守其母，沒身不殆。（五十二章）
>
> 萬物並作，吾以觀復。夫物芸芸，各復歸其根。歸根曰靜，靜曰復命。復命曰常，知常曰明。不知常，妄作凶。知常容，容乃公，公乃全，全乃天，天乃道，道乃久，沒身不殆。（十六章）
>
> 人法地，地法天，天法道，道法自然。（二十五章）
>
> 三十輻，共一轂，當其無，有車之用。（十一章）
>
> 道沖，而用之或不盈。淵兮，似萬物之宗。湛兮，似

---

① 葉舒憲：《中國神話哲學》，中國社會科學出版社 1992 年版第 118 頁。

　　或存。吾不知誰之子，象帝之先。（四章）

　　道生一，一生二，二生三，三生萬物。（四十二章）

　　道生之，德畜之，物形之，勢成之。（五十一章）

　　上善若水。水善利萬物而不爭，處眾人之所惡，故幾

　　於道。（八章）

　　葉舒憲認爲，這些關於“道”的“描述”，諸如循環往復、陰陽轉化、盈縮變化等特性，都“來自於永恒運行不息的太陽的啓示”。這種說法當然是極具啓發性的，可是它同時也給了我們另一種啓示，足以使我們對這種說法本身產生懷疑，因爲它使我們很容易聯想到，這些“描述”同樣也適用於與太陽同等重要的另一個天體——月亮。而且在這些“描述”中，諸如“弱”、“始”、“母”、“靜”、“水”、“沖”、“淵”、“湛”等，與其說是對太陽的描述，毋寧說是對月亮的描述更爲確切、更爲易於讓人接受。因而我們相信，“道”的神話原型是月亮，老子關於“道”的思想理論，從民俗文化的角度來看，淵源於原始宗教文化中的月神崇拜。

　　在中國古代的文化觀念中，月亮象徵著女性和母親。《山海經‧大荒東經》中就已出現了“有女和月母之國”的記載，《禮記‧禮器》亦曰：“大明生於東，月生於西，此陰陽之分，夫婦之位也。”可見，把天上的月亮與地上的女性和母親相對應的觀念，不僅是由來已久，而且是根深蒂固的。女性或母親的主要功能就是創生子女，月亮也是如此。月亮不僅象徵著人類的母親，而且是萬物的母親，在中國古代神話中，具有月神神格的女媧就不僅“摶黃土作人”，而且又是“化萬物者”。而在《老子》中，“道”就是這樣一位創生萬物的偉大“母親”，如：

　　無，名天地之始；有，名萬物之母。（一章）

　　周行而不殆，可以為天地母。（二十五章）

　　天下有始，以為天下母。（五十二章）

月亮作為女性和母親的象徵，體現著陰柔、慈愛、寬容、謙
下等美德。所以這些美德，都完全適用於《老子》中的“道”，
都可以視為“道”所具有的品格。

　　“道”的基本特性之一，就是“周行而不殆”，它循環往復
地運行，永不停息。《老子》二十五章對“道”有這樣的描述：

　　寂兮寥兮，獨立而不改，周行而不殆，可以為天地
　　母。吾不知其名，強字之曰道，強為之名曰大。大曰
　　逝，逝曰遠，遠曰反。

　　這些描述既適用於太陽，也適用於月亮。太陽和月亮每
天東升西落，循環不已，在逐漸遠離我們而消逝之後，第二
天還會返回到原來的出發點，如此循環往復，永無止息。需
要特別指出的是，月亮還有一種周期性的規則變化是太陽所
沒有的，那就是朔望盈虧、陰晴圓缺的月相變化。“周行而不
殆”、“大曰逝，逝曰遠，遠曰反”用來描述月相的這種周期變
化，可以說是再恰當不過的了。因此我們有更多的理由相
信，在老子那裡，“道”是同月亮這一原型物象聯繫在一起
的，月亮就是“道”的神話原型。

　　月亮除了象徵著女性和母親外，還有一個基本的象徵，
那就是長生不死。前引《老子》二十五章中“周行而不殆”、“大
曰逝，逝曰遠，遠曰反”的描述，已足以使人將這種運動的永
恒性同長生不死聯繫起來思考。特別是虧而又盈、缺而又
圓、晦而又明的周期性月相變化，更容易使人聯想到死而復
生和長生不死。我國古人很早就將月亮與生死聯繫在了一

起，如《楚辭・天問》曰：“夜光何德，死而又育？”此“夜光”即月亮。《孫子兵法》中亦有“月有死生”的說法。馬王堆帛書《黃帝四經・經法・論》中也說：“月信生信死”。我國上古時代曾以月相的變化紀時，其中就有“生霸”、“死霸”的用法，王國維先生爲此曾著《生霸死霸考》一文加以考證。他說：

> 古者蓋分一月之日爲四分：一曰初吉，謂自一日至七、八日也；二曰既生霸，謂自八、九日以降至十四、五日也；三曰既望，謂十五、六日以後至二十二、三日；四曰既死霸，謂自二十三日以後至於晦也。八、九日以降，月雖未滿，而未盛之明則生已久；二十三日以降，月雖未晦，然始生之明固已死矣……此生霸死霸之確解。①

　　在這一古老曆法系統中，月亮的“死而又育”這一特性得到了清楚的反映。在中國古代神話中，大凡與月亮發生了固定聯繫的人物和事物，都無例外地具有不死的特性。如掌管不死之藥的正是月神西王母，嫦娥盜食了不死之藥而得以奔入月宮成爲月仙，還有吳剛、桂樹、玉兔、蟾蜍，都是不死的。由於月亮象徵著死而復生和長生不死，所以我國民間大量存在著通過拜月祈求長生的習俗。而在老子的哲學中，作爲“天下母”的“道”也是永存和不死的。《老子》七章曰：

> 天長地久。天地所以能長且久者，以其不自生，故能長生。

　　在人的視野中，還有什麼比天地更爲長久的呢？而老子卻說：

---

① 《王國維遺書》第一卷，上海古籍書店 1983 年版。

天地尚不能久。（二十三章）

道乃久。（十六章）

“道”比天地更爲長久，因爲“道”是“先天地生”的，它“可以爲天地母”（二十五章），所以老子十分重視“長生久視之道”（五十九章）。

月亮與水的密切關係也是十分值得重視的。中國古人很早就把月亮與水聯繫在了一起，或者認爲月亮是水氣之精構成的，或者直接把月等同於水。如《太平御覽》卷四引范蠡之言曰：“月，水精。”《淮南子·天文訓》亦曰：“積陰之寒氣爲水，水氣之精者爲月。”王充《論衡·說日》則說：“夫月者，水也。”月亮何以同水發生這樣的聯繫呢？何星亮的一段話可以看作是對此的一種解釋，他說：

> 當人們種植農作物之後，自然會經常觀察作物的生長。在空氣濕潤的地區，晚上露水很大，各種植物的葉子上一般都有露水。原始時代的人們不明瞭露水的來源，以爲是月亮柔和的光線帶來的露水。在乾旱的季節，農作物和牧草在烈日下暴曬了一天之後，顯得疲憊不堪，但過了一個夜晚，又顯出生機勃勃的樣子。於是人們又以為月亮有恢復生機和促進植物生長的神性。①

對於植物的生長來說，水當然是至關重要的，由於月亮與水的特殊關係，所以視月亮爲植物神並認爲是月亮給了植物以生命的觀念，在世界各民族中都是普遍存在的。

---

① 何星亮：《中國自然神與自然崇拜》，上海三聯書店 1992 年版第 184 頁。

　　此外，月相的塑望盈虧對潮水帶來的規律性變化也是十分明顯的。《抱朴子》曰："月之精生水，是以月盛滿而潮濤大。"可見這一現象早已為人們所觀察到，足以使人確信月亮與水之間存在著密切的內在聯繫。這些情況使人極易聯想到老子對水的崇尚。老子極為推崇水的品格，他說：

　　　　上善若水。水善利萬物而不爭，處眾人之所惡，故幾
　　　　於道。（八章）

　　水最顯著的特性，一為柔弱，二為居卑趨下，三為滋潤萬物而不與相爭。由於水具有這些優點，所以老子才認為水最接近於"道"的品格（"幾於道"）。老子用水來比喻"道"，除了水的特性最符合"道"的基本精神外，當與他受月神崇拜觀念的影響有密切關係，因為"道"本來就是以作為"水精"的月亮為原型的。通過"道"與月神崇拜這層帶有神秘色彩的關係，使我們從一個獨特的角度對老子之崇尚水多了一分理解和認識。

　　以上我們從月亮的幾種象徵意義上討論了"道"與月亮的關係。然而這種關係畢竟是比較間接的，它只表明老子"道"的學說同遠古的月神崇拜在觀念上的相通和一致。除了這種比較間接的關係外，"道"與月亮之間還有更為直接、更為具體的聯繫。在這方面，王博的研究比較細致深入，值得我們重視和借鑒。

　　王博首先指出，老子經常把"道"和光聯繫起來，如：

　　　　用其光，復歸其明。（五十二章）

　　　　和其光，同其塵，是謂玄同。（五十六章）

　　　　光而不耀。（五十八章）

這表明"道"的原型是一個能夠發光的東西，而進一步看來，

這個原型就是月亮。①爲了論證這個觀點，王博舉《老子》二十一章爲例：

> "道之爲物，惟恍惟惚。惚兮恍兮，其中有象；恍兮惚兮，其中有物。窈兮冥兮，其中有精；其精甚眞，其中有信。"

老子在這裡明確地指出"道"是一種"物"，王博認爲，這個"物"的原型就是月亮，根據就在"惚"、"恍"二字上。他指出，"惚"、"恍"是通行本中的寫法，而傅奕本、范應元本"惚"作"芴"，"恍"作"芒"，與《莊子・至樂》所用相同。《至樂》篇說：

> 芒乎芴乎，而無從出乎！芴乎芒乎，而無有相乎！萬物職職，皆從無爲殖。故曰天地無爲也而無不爲也。

此即本於《老子》二十一章。《至樂》篇還說：

> 雜乎芒芴之間，變而有氣，氣變而有形，形變而有生……。

王博又指出，七十年代出土的馬王堆漢墓帛書《老子》，甲本中"惚"作"忽"，"恍"作"望"，乙本"惚"作"沕"，"恍"作"朢"。有的學者曾據此把"忽望"與表現月相的"朔望"聯繫起來，而王博指出，"更準確地講，'忽望'即是形容月體變化的'晦望'（而非'朔望'）。"②王博對此進行了考證，他指出，"忽"與"晦"都表示"盡"，但"忽"表示一般的"盡"（《爾雅・釋詁》："忽，盡也。"），而"晦"則專指"月盡"（《說文》："晦，月盡也。"）。而"望"或作"朢"，《說文》釋"朢"曰："月滿與日相朢，似朝君也"，即是指的月圓的狀態。"晦"指月盡，

---

① 王博：《老子思想的史官特色》，（台北）文津出版社 1993 年印行第 161 頁。
② 同上書第 162 頁。

"望"指月圓，以及"晦望"聯稱指月體變化的例子，在古代文獻中多有出現。於是，王博得出結論說：

> 因此，老子形容道體的"忽望"，其實也就是形容月體變化的晦望。……老子完全是依照自然界中月亮之變化情形來形容道的。所謂"惚兮恍兮，其中有象"，相應地即是月亮由晦到望的階段，包括"初吉"和"既生霸"兩部分；而"恍兮惚兮，其中有物"，相應地則是月亮由望而晦的階段，包括"既望"和"既生霸"兩部分。①

王博還指出，第二十五章的"大曰逝，逝曰遠，遠曰反"，"其實也正是以月亮運動變化爲基礎而對道的寫照。"②

王博還指出，除了"惚"和"恍"，《老子》中還有一些詞語也與月亮有關。譬如"盈"字，在《老子》書中共出現 8 次，本來就是用來指月亮盛滿狀態的。又如第一章："故常無，欲以觀其妙；常有，欲以觀其徼。"此"徼"字，敦煌本作"曒"，後世或借用爲"皎"，"皎"者，月之白也。十四章"其上不曒，其下不昧"，亦是指月光而言。再如第十八章"視之不見名曰微"，此"微"字亦是指月之黑暗無光，與"明"相對，所以才說"視之不見"。這些都是老子對以月亮爲原型的"道"的性質的闡發和描述。

經過以上論證，使我們有了較充足的理由，確信老子關於"道"的思想同古代的月神崇拜之間具有密不可分的內在聯繫。老子對上古文化的繼承關係從而也得到了進一步的證明。

---

① 王博：《老子思想的史官特色》，（台北）文津出版社 1993 年印行第164 頁。
② 同上書第 165 頁。

第 三 章
老子思想的歷史文化背景

在上一章中，我們對老子思想的文化淵源進行了歷史的追溯，闡明了老子的思想學說對前人的思想文化積累的繼承關係。真正的哲學家是站在時代前列的社會精英，他們都對自己所處的時代和社會有敏銳的觀察和深刻的思考，從而才能建立能夠代表時代精神的思想體系。老子的思想當然也是時代的產物。在這一章中，我們把老子的思想放在他所處的那個時代中，考察它的形成與它所處的時代的歷史狀況、社會變革和文化思潮之間的密切關係。

一、春秋時期的社會狀況

老子所處的春秋時期是一個動盪不息、戰亂不止的時代，同時也是一個發展迅速、充滿活力和創造力的時代，中國古代社會正經歷著巨大而深刻的變革。

變革的原動力來自社會的經濟領域。

春秋時期，社會生產力特別是農業生產有了迅速的發展，其主要標誌是鐵製農具的廣泛使用和牛耕技術的推廣。這兩項技術的推廣使用不僅使大量的荒地得到了開墾，也使得深耕細作成爲可能。農業的發展帶來的直接後果，是土地的私有化和土地所有者的經營方式的改變。春秋初期，土地的開發利用程度還相當低。到了春秋中期，隨著大量的荒地得到開墾，私田急劇增多，出現了許多依附於豪門貴族的自耕農民，亦稱"隱民"或"私屬"。由於這種家庭個體生產的逐漸普遍化，原來"籍田以力"的經營方式難以繼續維持，於是各諸侯國相繼採取了收取租稅的方法。公元前594年魯國"初稅畝"，公元前584年楚國"量入修賦"，直到春秋末年秦國的"初租禾"，各主要的諸侯國都相繼採用了這種新的經營方式。這種經營方式的改變造就了大批的新興地主，使古代中國的社會結構發生了變化。

與租稅制同時出現的還有谷祿制。古代世襲社會的運作是通過對土地的層層分封和血緣貴族對土地的世代占有的方式進行的，隨著貴族人數的不斷增多，可供分封的土地越來越少，漸至於無土可封的地步，谷祿制或俸祿制就是爲解決這一矛盾而出現的新的運作方式。《史記・孔子世家》載："衛靈公問孔子：'居魯得祿幾何？'對曰：'奉粟六萬'。衛人亦致粟六萬。"可見谷祿制到了春秋中後期已相當普及。童書業在論述谷祿制的意義時說：

　　凡有土地即有人民，得組織武裝，爲獨立之資。春秋之來，天子之不能制諸侯，諸侯之不能制大夫，以致大夫不能制家臣，悉由於此。故封土賜民之制，實為造成割據局面之基礎。及谷祿制度興，臣下無土地人民以為抗上之資，任之即官，去之即民，在上位者任免臣下無復困難，乃有統一局面之可能。故谷祿制度之興，實春秋戰國間政治、經濟制度上一大變遷。①谷祿制的出現在經濟制度上爲下層平民躋身社會上層掃清了障礙，對於此後中國君主專制和官僚政治的建立意義十分重大。

與農業的發展並行的是手工業的發展和商業的繁榮。手工業和商業的發展造就了一個獨立的手工業者階層和商人階層，他們的活動使得社會財富迅速增加，打破了西周以來的"工商食官"的局面，使社會的活力大增。一些新興的中下層人物通過兼併土地、爭奪農戶和經營工商的渠道，迅速聚斂起巨額的財富，他們的強大加強了社會的分化，最終促成了社會性質和制度的深刻變化。

社會的變革更爲突出地表現在政治領域和社會的組織結構方面，那就是政權下移和舊有的社會秩序的崩壞。

西周初年，周天子"封建親戚，以蕃屏周。"②即把天下的土地和人民分封給自己的子弟和親戚，讓他們作諸侯，成爲周室的屏障。諸侯也在自己的封國內分封子弟和親戚爲卿大夫，卿大夫再立自己的子弟和親戚爲家臣。每世的天子都以嫡長子的資格繼承王位，是天下的大宗和共主；諸侯也多以嫡長子的資格繼承父位，他們相對於天子爲小宗，在自己的封國內則又爲大宗。這樣，便以血緣關係爲紐帶，形成了

---

① 童書業：《春秋左傳研究》，上海人民出版社 1980 年版第 370～371 頁。
② 《左傳》僖公二十四年。

一個由天子、諸侯、卿大夫、士組成的寶塔式的宗法世襲貴族的統治之網。可見，古代的封建制和宗法制是一個事情的兩個方面，就家族系統而言是宗法制，就政治系統而言則爲封建制，封建制度的繼續是靠宗法制度來維繫的。這就是本來意義上的"封建"，因而童書業先生明確地指出："中國眞正的封建社會在時間上是限於周代。"①童書業先生還指出：

> "封建社會"這個名詞的正確定義，就是名義上在一個王室的統治下，而實際上土地權和政治權卻被無限制的分割：每方土地上都有它的大大小小的世襲主人，支配著一切經濟和政治上的權利……由這定義看來，則中國從西周一直到春秋前期是"封建社會"的全盛時期。②

這樣的社會政治組織結構，實際上是一個封建宗法世襲貴族的統治制度。在這個制度下，周王室作爲天下的大宗和共主，保持著獨尊的地位，無論在經濟、政治還是軍事上，對各諸侯國都有著絕對的控制權。《詩經》上所說的"普天之下，莫非王土，率土之濱，莫非王臣"③，就是那一時期社會政治狀況的眞實記錄。

但是到了春秋時期，情況發生了重大的變化。自平王東遷以後，周天子的權威開始下降，逐步喪失了對天下的控制力。諸侯在政治、經濟等方面的獨立性增強，勢力日漸強大，一些強大的諸侯國的經濟軍事力量超過了周天子，他們不再把周天子放在眼裡，不再聽從周天子的號令，不斷地爲

---

① 童書業：《春秋史》，山東大學出版社 1987 年 5 月重版第 7 頁。
② 同上書第 47 頁。
③ 《詩經·小雅·北山之什》。

擴張自己的勢力而發動戰爭。那些二、三等的諸侯國不得不
轉而依附於某一大國，成爲大國的附庸。西周時期的禮樂征
伐自天子出，至此已變成了自諸侯出，周天子雖還保留著天
子的名號，實際上已淪落爲微不足道的三等小國。在一些勢
力強大的諸侯國之間開始了長時期的爭霸戰爭，齊、晉、
楚、秦、宋等國依次成爲盛極一時的霸主，主宰了那一時期
整個天下的政治與軍事。總之，西周時期周天子一統天下的
局面已一去不復返，形成了諸侯割據兼併的格局。

　　諸侯割據兼併不僅形成了此起彼落的霸權政治，而且在
各諸侯國內部培養造就了一批實力強勁的卿大夫。這些卿大
夫們有自己的領地、家臣和私人武裝，漸成坐大之勢，不再
聽從諸侯的號令，他們實際上控制了列國的政治、經濟與軍
事。著名的如齊之鮑、崔、慶、陳氏，魯之三桓，晉之欒、
荀、趙、魏、韓等。這就形成了一國之內的公室與私家以及
與此相伴隨的私家之間的矛盾與鬥爭，這種矛盾與鬥爭愈演
愈烈，其結果是“公室日卑，政在私門”、“陪臣執國命”和“禮
樂征伐自大夫出”，政權進一步下移，並最終釀成了“三家分
晉”、田氏代齊”等重大事件。

　　春秋時期王權的衰落和諸侯勢力的強大，導致了舊有的
禮樂制度的崩壞。西周是一個等級森嚴的社會，人們根據與
周王室的血緣政治關係的親疏遠近而有尊卑貴賤的等級之
分。西周社會的等級秩序是靠禮樂制度來標示和維護的，貴
族們都必須根據自己在尊卑貴賤的等級序列中的地位而選用
不同的“禮”和“樂”。而到了春秋時期，這種禮樂制度卻難以
再維持下去了。例如，按照“禮”的規定，只有天子才能享用
“八佾”即八八六十四人的樂舞規格，而魯國的大夫季氏竟然

也"八佾舞於庭"。再如，按照"禮"的規定，只有天子在祭祀宗廟完畢時，才能唱"雍"這首歌，而魯國的孟孫氏、叔孫氏和季孫氏三個大夫，居然也在自家唱起"雍"來了。這種原來被視爲犯上和僭越的違禮行爲，在春秋時可謂司空見慣，誰也不再把"禮樂"放在眼裡了。這種"禮崩樂壞"的局面，表明了舊有的等級關係和統治秩序的崩潰，社會呈現出多元、無序的混亂狀態，史稱"天下大亂"。

社會的動盪和變化刺激了統治者的貪欲，加重了人民的苦難。首先是土地兼併造成的貧富分化，土地和財富越來越集中在少數人手中，致使"富者田連阡陌，貧者無立錐之地"。失去土地的農民不得不依附於豪門，忍受他們的沉重剝削。戰爭也給勞動人民帶來了無窮的災難。春秋時期，諸侯國之間以爭霸、兼併、掠奪爲目的的大小戰爭愈演愈烈，"爭地以戰，殺人盈野；爭城以戰，殺人盈城"，①各諸侯國內弒君篡位如家常便飯。《史記·太史公自序》有這樣的描繪："春秋之中，弒君三十六，亡國五十二，諸侯奔走不得保其社稷者不可勝數。"戰爭不僅使勞動人民飽受顛沛流離之苦，沉重的軍費開支和徭役最終也得由他們負擔。各級統治者爲了滿足他們的野心和貪欲，更是"厚徵斂於百姓，暴奪民衣食之財"，②勞動人民陷於無窮無盡的苦難之中。與此形成強烈對比的，是統治者貪欲的無限伸張。以齊景公爲例，《左傳》記載他"徵斂無度，宮室日更，淫樂不違。內寵之妾，肆奪於市。外寵之臣，僭令於鄙。私欲養求，不給則應。民苦病，夫婦皆詛。"晏子對此的概括是"民參其力，二入於公，而衣

① 《孟子·離婁上》。
② 《墨子·辭過》。

食其一。"①齊景公在春秋時期還算是個明君，他尚且如此，其他君主就更可想而知了。如《國語‧楚語》所言，楚靈王"爲章華之台，國民罷焉，財用盡焉，年谷敗焉，百官煩焉，舉國留之，數年乃成。"吳王夫差"好罷民力以成私好，一夕之宿，台榭陂城必成，六畜玩好必從。"如此殘酷的壓榨，人民不堪忍受，走投無路，只有奮起反抗，鋌而走險。先秦古籍中稱人民的反抗爲"盜"，從《左傳》的記載來看，春秋初期很少有"盜"發生，而到了春秋後期，各國皆"患盜"，以致發生了盜跖"從卒九千，橫行天下，侵暴諸侯"和楚國"莊蹻暴郢"的嚴重事件。這說明勞動人民的苦難在春秋時期是越來越深重的，因而反抗也越來越激烈，規模也越來越大。

　　總之，春秋時期的社會發生了重大的變化。天子式微，政權下移，割據局面形成，貴族政治衰落，世襲社會逐步解體，這是春秋以來政局發展的大趨勢。用社會發展的歷史眼光來看，這種變化無疑是一種時代的進步，因爲它蘊含著巨大的活力和創造力，導致了社會的迅速發展。但如果我們把眼光投落在當時的具體環境中，卻難以否認當時的社會陷入了嚴重的危機之中。如果考慮到當時的統治者的極度貪婪和他們給人民大衆帶來的深重苦難，那麼我們就不得不同意老子對自己的時代所作的論斷——"天下無道"。

二、隱士群體的社會批判意識

　　隱士群體是興起於春秋時期的士階層中的一個特殊部

---

① 《左傳》昭公三年。

分，在此我們還須對士階層的出現作一簡單的闡述。

春秋以前，世襲貴族是文化的承擔者，社會文化可以說是貴族的文化。在春秋以降劇烈的社會動盪中，貴族階級迅速衰落，世襲社會逐步解體，歷史遺棄了貴族文化，為新的文化騰出了空間。時代呼喚著新的文化人的出現，這是社會的經濟政治變革對文化提出的新的要求。適應社會文化變遷的時代需要，一個新興的文化階層或稱知識分子階層——士階層就應運而生了。

“士”在西周時期本是貴族階級中最低的一個等級，處於大夫之下。據《孟子・萬章下》和《禮記・王制》，周時的士又分為“上士”、“中士”和“下士”三個品級，最低的品級“下士”則與庶人相銜接。作為下級貴族，士受過“六藝”的教育訓練，能文能武。戰時充當下級軍官，執干戈以衛社稷；平時“大抵皆有職之人”，①或“治官府”，在公室中擔任各種職事，或充當卿大夫的家臣，為他們管理采邑或家政。

春秋以前的士不是一個獨立的社會階層。從宗法血緣上講，他們都是貴族的庶孽，是上一級貴族的族人，他們被固定在一定的宗法關係中，對自己的宗族有較強的依附性。從政治上講，由宗法關係所決定，他們同卿大夫之間構成了事實上的君臣關係或主從關係，是上一級貴族的附庸，沒有獨立自由的身份。春秋以降，士開始由貴族階級的一個等級轉變為獨立的社會階層。士階層的獨立是以這一階層能夠以自己特有的知識才能為資本同社會進行自由交換為條件的，這一條件的成熟又包含著若干複雜的因素，在這些因素中，社

---

① 　顧炎武：《日知錄》卷七“士何事”條。

會的競爭局面造成的對知識和人才的需求有著關鍵性的意義。

　　春秋以前，人們在社會中的地位大體上是由自己同宗主在血緣關係上的遠近親疏決定的。貴族傳世既多，他們的庶孽支裔在貴族的等級序列中地位便不斷下降，卿降爲大夫，大夫降爲士，士繼續下降，就淪爲庶人。不斷有新的士產生，但也不斷有士降爲新的庶人，士作爲貴族政治中的一個等級，並不具有什麼特殊的意義。因而，社會等級的這種單向流動雖然年復一年、代復一代地繼續下去，但卻不能提供足以使社會發生重大變化的新鮮內容。春秋以來，情況就大不相同了，禮崩樂壞，原來相對穩定的社會結構遭到了破壞，社會開始發生重大的變化。天下大亂致使許多人失去了原有的宗族統屬關係，成爲散落於社會中的游離者，這些人中自然以士一級爲居多。這些游離於社會中的士人原來"大抵皆有職之人"，有一定的文化知識和專長，這使得他們可以藉此投靠新的主人，往往爲那些新興的實力派人物所用。他們與新主人之間是一種並不十分牢固的、有較大自由度的、帶有交換性質的、雙向選擇的關係，這種新型的關係首開"士無定主"局面的先河，開始使士成爲一個獨立的、特殊的社會階層，這一新興階層的發展和活躍最終促成了社會的性質和運行機制的重大變化。

　　然而這僅僅是一個開始，使士階層迅速崛起壯大的關鍵因素是私學的興起。春秋以前，"學在王官"，文化和教育被各級貴放所壟斷，受教育是貴族子弟的特權，廣大庶民沒有接受教育的機會。春秋以來，天子式微，諸侯不得保其社稷，卿大夫不得保其宗族，大量靠父子祖孫世傳其學以取祿秩的士人流落到民間，《左傳》昭公十七年稱這種現象爲"天子失官，學在四夷。"這些士人有豐富的政治經驗，熟悉上層社會的各種禮儀制度典籍，都是某方面文化知識的專家。他們有的投靠了新的主人，有的則以教授弟子、傳播文化知識爲生，私學由是興起。私學的教育對象面向全社會，其教學內容和培養目標也更適合時代的需要。私學的興起打破了"學在王官"的局面，將文化知識普及到民間，使廣大平民有機會學習文化知識，增長才智，從而喚起了他們參與政治求取功名改善社會地位的欲望。許多苦於耕稼之勞的下層庶民通過棄農從學的途徑步入社會上層，他們的成功又對更多的人起到了示範作用，如"中章、胥己仕，而中牟之民棄田圃而隨文學者邑之半。"①私學發展的直接結果，是培養造就了大批來自社會下層的智能之士，以他們爲主，再加上從貴族下降來的士，就形成了一個能夠以自己的智能同社會進行交換的獨立的知識分子群體或集團——士階層。

　　這裡有兩點需要特別強調。第一，私學的出現使得社會等級的流動由單向變爲雙向。私學出現之前，上層貴族因傳世過多而降爲士，這一自然過程已持續了數百年之久，卻不能造就一個獨立的士階層，原因就在於這種等級流動的單向性。私學的出現使得大量下層平民得以"下學而上達"，首先因擁有知識才能而上升爲士，再以此爲資格和階梯抵達社會上層。士成爲社會等級上下流動的交匯處，人數激增，成分驟變，社會作用迅速增強，性質遂發生了變化，終於成爲一個極爲活躍的獨立的社會階層。可以說，沒有私學的活躍，就不會有士階層的出現。第二，社會的競爭局面造成的對人

---

① 《韓非子·外儲說左上》。

才的大量需求是士階層產生的重要條件。在貴族政治的條件
下，強宗巨室世家大族把持了各級政權，下層平民幾乎沒有
上達的機會。春秋以降，列國爭霸，各種社會勢力都在極力
擴張，激烈的競爭迫使他們面向全社會羅致人才，社會上層
的大門終於向下層平民敞開。社會對人才的大量需求刺激了
私學的發展，同時也爲私學提供了廣闊的人才市場，顯然，
沒有這樣的需求和市場，就不會有士階層的出現。各級權力
所有者同士階層之間是互爲供求的關係：一方面，士階層提
供智能，以滿足社會對人才的需求，此是供，彼是求；另一
方面，社會提供職位爵祿，以滿足士階層參政和改善地位的
需求，彼成了供，此則成了求。雙方的需求都是那樣的迫
切，從而構成了穩固的交換雙方。而當士人能夠以自己的德
智才能同社會進行自由交換，並且這種交換得以長期而穩定
地繼續下去時，士作爲一個獨立的、特殊的社會階層或稱集
團、群體，便如瓜熟蒂落、水到渠成般地產生了。以上兩點
是如此的重要，以致於離開了這兩點，我們便無從了解士階
層出現的緣由，也無從了解春秋以降的社會變局。

　　士階層一登上歷史舞台，就顯示出了非凡的活力和作
用，成爲社會上最爲活躍的一個群體。他們非但"輕去其
鄉"，沒有家族的觀念，而且"國"的觀念也較淡漠，唯一具有
的就是學識才智和德行，只能出賣智力，以"仕"爲職業。"學
而優則仕"誰優禮士，士就爲誰所用，誰給士高官厚祿，士就
爲誰效力，哪裡有實現理想和抱負的機會，士就奔向哪裡，
"行不合，言不用，則去之楚越。"①他們往來於諸侯之間，

①　《史記・魏世家》。

奔走於卿相之門，所到之處，無不引起列國政治舞台的風雲變幻。《史記・仲尼弟子列傳》曰："故子貢一出，存魯，亂齊，破吳，強晉而霸越。子貢一使，使勢相破，十年之中，五國各有變。"這些材料表明，士階層在春秋時代的政治舞台上發揮了巨大的作用，士階層的出現，對整個中國古代的歷史都產生了重大而深遠的影響。

隱士是士階層中的一個特殊群體，他們雖同其他的士人一樣擁有道德知識智能才幹，但卻不以干祿求仕爲職事，而是隱居起來，不與統治者合作。

據現有的可靠材料，隱士的出現應不早於殷周之際。《史記・宋微子世家》載紂王無道，微子、箕子數諫不聽遂亡去，"隱而鼓琴以自悲"；《伯夷列傳》載伯夷、叔齊"義不食周粟，隱於首陽山，采薇而食之。"《韓非子・外儲說右上》載太公呂望誅居士狂矞、華士。這些大概就是最早的隱士。

先秦古籍中有許多上古時代隱士的傳說，且都與"讓天下而不受"、"得帝而不受"的事蹟有關，僅《莊子・讓王》中就有堯讓許由、子州支父，舜讓善卷、子州支伯、石戶之農、北人無擇，湯讓卞隨、務光等之多。這些傳說內容雷同，年代錯亂，自相矛盾，且越說越玄，乃至違背人情常理，如八歲小兒爲帝舜之師且讓之天下而不受，有人惟恐帝王讓天下於己而自溺身死等等，顯然出自後人的假托杜撰。此類上古隱士的傳說不見於《論語》、《墨子》，而是大量出現於戰國中葉百家爭鳴高潮時期的諸子書中，顯然是這一時期士階層同統治集團的矛盾激化和複雜化的產物和表現。戰國中期，某些士階層中人爲了自抬身價，要求同王侯的關係由君臣升格爲朋友乃至師生的關係，在他們與王侯之間出現了道與勢孰尊、士與王孰貴之爭。爲了爭取到王者師友的地位，士階層經過了不懈的努力，假托古人自然是他們的重要手段，堯舜是最爲人們所稱道的聖君，於是他們便杜撰出一批有道之士作爲堯舜的師友。士階層中另有一批由於種種原因而隱居不仕者如莊周、陳仲等，他們以從政爲污途，視爵祿爲糞土，爲了昭明這種"不事王侯，高尙其事"的志向，他們便假托禪讓時代的古人，杜撰出許多"得帝而不受"的隱士故事。士階層中這兩批人本有相通之處，都堅持道統高於君統，他們的杜撰很自然地殊途而同歸，兩種理想人格奇特地結合在一起，帝王師友最終便成爲岩穴之士。可見上古隱士的傳說乃是以上這兩部分士人所創作，旣表達了一部分士人爭取成爲王者師友的願望，又反映了另一部分士人蔑視政治權威的不合作態度。否則我們就無法解釋這些傳說中旣然爲王者師友爲什麼還要隱退，旣然不與當權者合作爲什麼又會成爲王者師友的內在矛盾。

　　殷周以降，隱士開始出現，其原因是多方面的。君王無道，忠言不進，致使一部分士人由於失望而離開昏君自動退隱，微子和箕子是其典型。朝代更替也造就了一批隱士，他們忠於舊朝而恥於爲新朝效力，便隱居不出，其典型者如伯夷、叔齊。仕途險惡，伴君如伴虎，一些明智之士在功成名就之後便激流勇退，以免兔死狗烹，范蠡、介子推最爲典型。以上幾類都是從官場上退出的隱士，然而隱士中最重要的也是人數最多的是終身不仕的避世之人，如楊朱、陳仲、莊周等，他們對社會混亂、世俗污濁、天下無道的感觸最深最痛切，便主動採取了避世的態度。這部分隱士是時代憂患意識和社會批判意識的承擔者，也是本章節所要關注的主要對象。

春秋末葉，天下大亂，有良知的士人對"天下無道"都有共同的感受，都有強烈的時代憂患意識。然而在個人應如何對待現實，應採取何種行動的問題上，他們卻分道揚鑣，做出了不同的選擇。以孔子爲代表的一批士人採取的是積極主動的態度和行動，席不暇暖地四處奔走，尋找參與政治的機會，試圖拯救天下，改變不合理的現實。隱士則不同，他們對現實的失望多於希望，痛感於天下無道，旣無力改變之，又不願降志屈節，與當權者同流合污，於是只有隱姓埋名，選擇了隱居避世冷眼旁觀的態度。

《論語》中記載了這些隱士的一些言行。這些人的眞實姓名均沒有留下，我們只能從一些隻言片語而略知他們的處世態度和避世之論。如《論語‧憲問》記載，隱士荷蕢對孔子有如是的評價："鄙哉！硜硜乎！莫己知也，斯己而已矣。"荷蕢譏孔子的行爲不合時宜而又不知變通，故曰"鄙哉"。在他看來，孔子的行爲旣然不被人們所理解，則應就此罷休，獨善其身，而不應再勉強其事。他認爲，人生與過河的道理是一樣的，水深則履石而渡（"深則厲"），水淺則撩衣而過（"淺則揭"），量力而行，酌情而止，方是明智的舉動，像孔子那樣莫己知而又不知止，乃是不知深淺，不講變通。同篇載隱士晨門譏孔子爲"知其不可而爲之者"，也是這個意思。《微子》篇載："楚狂接輿歌而過孔子，曰：'鳳兮鳳兮，何德之衰！'往者不可諫，來者猶可追。已而已而，今之從政者殆而！孔子下，欲與之言。趨而避之，不得與之言。"俗云鳳鳥出現是盛世之徵，世無道則鳳鳥隱去，接輿將孔子比作鳳鳥，天下無道而不能隱，故曰"德之衰也"。在接輿看來，旣往之事雖無可挽回，現在隱去卻還來得及，因爲當今之世已是不可救藥的了。孔子下車來要與他說話，他卻不想聽孔子的辯白，故趨而避之。同篇載孔子路遇隱士長沮、桀溺，他們也認爲孔子不如及早回頭，做一個"避世之士"，理由是"滔滔者天下皆是也，而誰以易之？"天下無道，這是誰也無法改變的，因而與其避人，不如避世。孔子本人對隱士的主張雖不以爲然，但對這些高尚其志的隱者卻是充滿了理解和敬意。《憲問》篇載孔子之言曰："賢者避世，其次避地，其次避色，其次避言。"對避世的隱士給以很高的評價。《莊子・則陽》載孔子南遊於楚，稱讚隱士市南宜僚爲"自埋於民，自藏於畔，其聲銷，其志無窮"的"聖人"。《荀子・宥坐》亦引孔子之言曰："居不隱者思不遠，身不佚者志不廣。"孔子是士人中熱心救世者的典型，他的思想和言行代表了一部分士人的社會價值觀念和取向，同隱士群體的思想言行恰恰形成了鮮明的對照。但同時我們也應看到，孔子對隱士的同情和崇敬也表明，這兩部分士人雖然在處世態度上分道揚鑣，但他們對天下無道的感受和理解卻是一樣的。孔子本人在受到挫折而心情鬱悶時也時常透露出歸隱的意向，他也常發出一些同隱士一樣的議論，這也表明此兩部分士人的出現都本於共同的社會現實，他們之間有著共同的語言，在心靈上是互相溝通的，他們的行爲也是可以轉換的，我們不應以截然對立的眼光和態度來看待他們。

隱士群體往往都有很高的道德情操，他們高尚其志，潔身自好，是獨善其身的典範。《貧士傳》記魯國隱士黔婁先生"修身清節，不求進於諸侯，魯公以鍾粟辟大相，齊王以黃金聘爲卿，俱辭不受。"黔婁先生去世，曾子與門人前往弔唁，正值入殮，先生家貧，其妻以一被殮之，蓋住頭則露腳，蓋住腳則露頭。曾子出主意說，"斜引其被則殮矣"，黔婁之妻正色曰："斜而有餘，不如正而不足也。先生以不斜之故至於此，生而不斜，死而斜之，非先生之意也。"一席話說得曾子大慚。"斜而有餘，不如正而不足"堪稱是隱士的座右銘，是他們甘願貧困，決不降志屈節的精神支柱。

隱士皆主張返樸歸眞，順應人的本性，過一種自然主義的生活。爲此他們不僅少私寡欲，而且反對心計和機巧。《莊子・天地》載孔子的門生子貢南遊於楚，過漢陰，見一丈人在菜園中"鑿隧而入井，抱甕而出灌"，用力甚多而見功少。子貢見狀便向丈夫推薦一種"用力甚寡而見功多"，可以"一日浸百畦"的提水的機械，叫做"橰"。沒想到丈人忿然作色曰："吾聞之吾師，有機械者必有機事，有機事者必有機心。機心存於胸中，則純白不備，……吾非不知，羞而不爲也。"一席話說得子貢慚然無以對。這雖可能是個杜撰的故事，但卻借漢陰丈人之口表達了隱士返樸歸眞，回歸自然的人生態度和哲學主張。

隱士是因爲無力改變現實而暫時遠離社會的，但這並不是說他們完全脫離社會，不問世事。隱士的隱居是爲了"求志"，他們並沒有忘卻天下，他們無時無刻不在觀察社會，把世事放在心上。正如《莊子・繕性》所言："古之所謂隱士者，非伏其身而弗見也，非閉其言而不出也，非藏其知而不發也，時命大謬也。當時命而大行乎天下，則反一無跡；不當時命而大窮乎天下，則根深寧極而待。此存身之道也。"由此看來，所謂隱士逃避現實的常見說法恐怕是不妥當的。隱士並非是逃避現實，而是對現實的看法和對待現實的態度與衆不同而已。的確，他們對現實懷有強烈的不滿和失望情緒，認爲世道已是亂得無法挽救了。但對現實不滿和失望並不等於逃避現實，認爲世道已無法挽救也不等於不關心社會，與其說他們逃避現實，還不如說他們是唾棄政治。更進一步說，關心政治也可以有不同的方式，而並非只有投身政治一途。因而確切地說，隱士的逃避政治只是不從正面直接投身政治，即不出仕任職，但不出仕任職並不等於不參與政治，更不等於不關心政治，他們事實上是以批判者的身份或反面的姿態來參與政治和關心政治的。而對於一個陷入嚴重病態的社會來說，從反面參與政治的隱士和從正面投身政治的士人都是不可缺少的。隱士觀察社會的眼光是極爲敏銳的，他們對天下無道的感受也比一般人來得痛切。他們是屬於眼極冷，而心腸又極熱的一批人。眼冷，故不譴是非，與世無爭，說了許多冷酷的話；心腸熱，故感慨萬端，憂國憂民。他們視世道爲昏濁，視從政爲污途，不苟同於世俗的價值，更不苟同於統治階層的價值，不願與當政者同流合污，而寧願潔身自好，同當政者保持足夠的距離。抨擊時政和反對傳統，是隱士關心社會的獨特方式；隱居不仕是他們成爲社會批判意識的主要承擔者的必要條件。首先是旁觀者清，他們不同於那些積極用世者，因而有可能以旁觀者的心態和獨特眼光去觀察社會，冷靜而清醒地分析總結歷史經驗；同時，唯其隱居不仕，不慕榮利，傲視王侯，故能無所顧忌地放言高論，抨擊時政，以批判的態度對待傳統和現實。

從以上所引材料可見，春秋末葉，社會上出現了大批的隱士，構成了一個獨特的社會群體。他們有知識學問，懷濟世之才，不幸遭逢無道之亂世，對現實徹底失望，遂離群索居，拒不與當政者合作，作了自美的隱士。他們是一批時代的異議者，是民族憂患意識和社會批判意識的主要代表人物。從這些隱士所處的時代來看，他們與老子大約同時。他們對天下無道有著深切而且特殊的感受，主動與社會保持一定的距離，以批判的態度對待社會現實，對待夏商周三代以來的文化傳統和宗法倫理，他們的社會批判思想反映了一種敏銳的時代聲音。

從道家研究的角度和眼光來看，這些隱士正是一批道家思想的先驅者，他們的思想和言行對老子思想的產生和成熟起到了一定的導發作用；而老子的思想又反過來成為隱士之流的理論武器。因而隱士的理論與老子的思想相通之處與相合之處甚多。

老子在離開周室之後，恰恰就成為了這樣的一位隱士，所以司馬遷才說他是"隱君子"，"其學以自隱無名為務"。與一般的隱士不同的是，老子有著長期作為王官的生活經歷，這就使得他有著普通隱士所無法相比的文化素養和政治歷史經驗；同時，作為一位哲學家，老子能夠以一般的隱士所不具備的眼光和深度看待當時的社會歷史和文化所發生的變遷，看待當時的"禮崩樂壞"和"天下大亂"，這就使得他對傳統和現實的批判超出一般的隱士之上，具有哲學的高度和意義，他的思想因而也就成為了時代精神的精華。正是在這樣的意義上，張岱年先生才稱老子為中國歷史上"第一個文化批判者"。①

---

① 　張岱年：《儒道兩家思想對中國文化的影響》，載《高校社會科學》1989年第 2 期。

三、孔老相會及其歷史意義

在春秋末期的歷史文化背景下，發生了一件對中國思想文化史的發展產生了巨大而深遠影響的事件，那就是老子與孔子兩位文化巨人的相會。

關於孔老相會最可靠的材料，是《史記》中記載。

《史記・老子韓非列傳》言道：

> 孔子適周，將問禮於老子。老子曰：“子所言者，其人與骨皆已朽矣，獨其言在耳。且君子得其時則駕，不得其時則蓬累而行。吾聞之，良賈深藏若虛，君子盛德，容貌若愚。去子之驕氣與多欲，貪色與淫志，是皆無益於子之身。吾所以告子，若是而已。”孔子去，謂弟子曰：“鳥，吾知其能飛；魚，吾知其能游；獸，吾知其能走。走者可以為罔，游者可以為綸，飛者可以為矰。至於龍吾不能知，其乘風雲而上天。吾今日見老子，其猶龍邪？”

《史記・孔子世家》亦載：

> （孔子）適周問禮，蓋見老子云。辭去，而老子送之曰：“吾聞富貴者送人以財，仁人者送人以言。吾不能富貴，竊仁人之號，送子以言曰：聰明深察而近於死者，好議人者也。博辯廣大危其身者，發人之惡者也。為人子者毋以有己，為人臣者無以有己。”孔子自周反於魯，弟子稍益進焉。

《史記》的記載基本上是可信的，這裡的老子對孔子所說的“深藏若虛”、“容貌若愚”、“去子之驕氣與多欲，貪色與淫志”、

"毋以有己"等，與《老子》書中的一貫思想是一致的。

在本書第一章中，我們曾經指出過，記載孔子向老子問禮的不僅有《史記》這樣的正宗史書，諸子書中記載更多，道家的《莊子》，儒家的《禮記》、《孔子家語》、《韓詩外傳》，以及《呂氏春秋》等都有記載。記載此事的典籍是如此之多，表明這一傳說在戰國乃至秦漢十分流行。而且記載此事的更多的是儒家自己的典籍，這些儒家作品均成書於漢代儒學獨尊、排斥別家的學術氛圍下，儒道兩家的對立已甚爲明顯。這表明孔子曾問禮於老子不僅爲道家所樂道，而且也被儒家學派視爲史實而世代相傳，以致儒家即便在獲得獨尊的地位後對此仍無法否認。所有這些古代典籍的記載都證明，孔老相會，孔子曾問學於老子，這是一個不容懷疑的歷史事實。

現在讓我們進一步來討論孔子向老子問禮的時間、地點和內容。

關於孔子問禮於老子的時間，有四種說法：

第一，孔子十七歲時問禮於老子。邊韶《老子銘》和酈道元《水經注・渭水》均言"孔子年十七而問禮於老子"，此外《禮記・曾子問》中記載孔子從老子助葬於巷黨時曾"日有食之"，而《左傳》昭公七年（公元前 535 年）有日食的記載，是年孔子十七歲。高亨先生據此而持此說。

第二，孔子三十四歲時問禮於老子。清人閻若璩據《禮記・曾子問》中關於孔子從老子助葬時發生日食的記載以及《左傳》昭公二十四年有日食的記載，推算出當時孔子的年齡是三十四歲。

第三，孔子五十一歲時問禮於老子。《莊子・天運》篇記載："孔子行年五十有一而不聞道，乃南之沛見老聃。"黃方剛先生據此認爲：“老子居沛，莊子屢言之。沛爲宋地，孔子是年適至宋，因復見老子，頗合情理。”①

第四，孔子五十七歲時問禮於老子。黃方剛又據《曾子問》中“日有食之”的記載以及《左傳》定公十五年有日食的記載，認爲：“孔子兩見老子，第一次孔子五十一歲，第二次孔子五十七歲。”②

關於孔子問禮於老子的地點，也有四種說法：

第一，據《史記》的記載，《老子韓非列傳》、《仲尼弟子列傳》、《孔子世家》都說孔子向老子問禮於周，即今河南洛陽。

第二，《禮記·曾子問》說孔子從老子“助葬於巷黨”，高亨認爲，巷黨可能是魯地。③

第三，《莊子·天運》篇記載孔子“南之沛見老聃”，而沛是宋地（今江蘇沛縣），與老子故鄉相隔不遠。

第四，《史記·孔子世家》說孔子“居陳三歲”，而老子是陳人（苦縣原屬陳），因此，孔、老也有在陳相遇的可能性，詹劍峰先生即持此說。④

事實上，孔老相會，在時間上可能不止一次，在地點上也可能不止一處。我們認爲，《禮記·曾子問》中所記載的是年輕時的孔子與中年時的老子相遇時的情況：孔子十七歲時，老子由於政治上的某種緣故流放到魯國⑤，是以孔子在

---

① 黃方剛：《老子年代之考證》，《古史辨》第四册第 381 頁。
② 同上。
③ 高亨：《〈史記·老子傳〉箋證》，《古史辨》第六册第 452 頁。
④ 詹劍峰：《老子其人其書及其道論》，湖北人民出版社 1982 年版第 52 頁。
⑤ 高亨認爲，老子約在三十七歲時，“於晉昭公十二年以前，因受甘憚公或甘簡公的迫害而逃往魯國。魯昭公七年他正在魯國，所以孔丘得以向他問禮。”見《關於老子的幾個問題》，載《社會科學戰線》1979 年第 1 期。

魯求教於老子並從之"助葬於巷黨"。而《史記》中所記載的"孔子適周"、"孔子居陳三歲"和《莊子》中所記載的"孔子南之沛"，這些可能的相遇，是中年以後的孔子周遊列國時與晚年的老子相遇的情況。當時交通不便，信息不通，因此各家學派所記載的，只是各家所分別熟聞的地方的事情。例如，曾子學派所記載的，只限於魯國的情況；莊子學派所記載的，只限於沛地的情況；而司馬遷所記載的，則著重於周地的情況，等等。

至於孔子問禮於老子的內容，在不同的時期、不同的地方，所問也有所不同。所謂"禮"，有廣義的與狹義的之分：廣義的是指典章制度方面的"禮"，狹義的是指婚喪朝聘方面的"禮"。年輕時的孔子向老子問禮的內容，主要是狹義的禮，例如：行軍的時候國王的牌位應該放在何處，出喪的時候遇到日食應如何處理，小孩死了以後應該埋葬在近處還是遠處，居喪的時候應該從軍還是應該退役等等。《禮記·曾子問》中所記載的孔子與老子談話的內容大抵如此。而中年以後的孔子向老子請教的內容，就不限於上述方面的"禮"了。《史記》中所記老子同孔子談話的內容，就都是些人生的哲理。據其他古書記載，孔子及其弟子還向老子請教了"持盈之道"，老子還向孔子談到萬物的生成化育等問題。①最值得我們注意的是，孔子與老子還十分可能談到《詩》、《書》、《易》等古典文化。《左傳》昭公二年載韓宣子訪魯時看到《易》、《象》與《春秋》，曾說"周禮盡在此矣"，這說明"禮"的內容是十分廣

---

① 　見《淮南子·道應訓》和《孔子家語》中《三恕》、《王帝》、《執轡》等篇。

泛的，《易》也是包括在"禮"之中的。①又《莊子‧天運》篇說：
"孔子五十有一，南之沛而問道於老子，求之於度數，求之於
陰陽。"這裡的度數、陰陽更是《易經》的基本內容。因此我們
認爲，孔子"晚年喜《易》"，十分可能是受到了老子的啓發和
影響。

　　由於孔子從青年到中年曾數次與老子相會，他向老子請
教的問題又十分的廣泛，同老子的交往是他一生中的重要事
件，因而老子深邃的思想便不能不對他產生影響。這在《論語》
中多有反映，前面我們在第一章第一節中曾列舉了七條，此
處不再重複。

　　老子和孔子這兩位文化巨人的會晤，特別是中年時期的
孔子同晚年老子的會晤，是中國思想文化史上的重大事件，
具有非同尋常的歷史意義。

　　這兩位文化巨人，一個是中國歷史上第一位也是最重要
的一位哲學家，一個是中國歷史上第一位也是最重要的一位
教育家和倫理學家，他們都是中國古老文學傳統的繼承者，
他們的思想對於中華民族的文化傳統和歷史發展都產生了無
與倫比的影響。他們出現於同一個時代，這既是一種歷史的
機緣，也是一種歷史的必然，是特殊的時代造就了這兩位文
化巨人和他們的思想，是人類理性大覺醒的時代呼喚著一代
文化托命之人的出現。

　　這些歷史性的會晤，老子以閱歷豐富的長者的姿態出
現，孔子則對老子充滿了敬仰之情。他們交換了對天下大亂
的感受，在時代無道方面達成了共識。但是在如何對待西周

────────

① 　劉先枚教授亦持此說。劉文《論南方之學和北方之學的辯證發展》，載
　　於唐明邦、羅熾等編《周易縱橫錄》，湖北人民出版社 1986 年版。

以來的宗法封建制度及其文化傳統的問題上，他們產生了重大的分歧。他們都有著極強的歷史使命感，都感受到時代與文化的嚴重危機，但老子的態度更爲激進，主張以抗議、批判的方式加以暴露和解決，而孔子的態度則較爲保守，他試圖以維護傳統和改良舊體制的方式來解救時代的危機。孔子向老子闡述了自己對社會與人生的理解，抒發了自己的政治主張和宏大抱負，言談之中表現出了對政治和倫理的信心與濃厚興趣。老子則表達了不同的看法，婉轉而又語重心長地對孔子提出了批評。他認爲，孔子所魂牽夢縈的那些古代的聖人，他們的骨頭早已腐朽，他們的言論雖然還存留，但早已過時，他們曾賴以經邦治國的禮樂制度和倫理規範也都已破壞殆盡，不僅解救不了現時的社會危機，而且還蛻變爲強人就範的工具，對人心和人性的自然狀態起著破壞的作用，因而應該大膽毀棄。孔子雖然對老子的睿智和哲理深爲嘆服，但卻不能接受老子對西周以來的禮樂政治制度的批判態度。通過與老子的對話，孔子更加明確了自己的歷史使命，堅定了自己救世安民治國平天下的信心。而另一方面，老子對周制和禮治文化的批判態度雖然並不爲孔子所接受，但他對時代的某些極爲清醒的認識和振聾發聵的大膽看法，卻也使孔子受到了一定的震動和啓迪，這也反映到孔子的學說中來，使他在主張維護周禮文化的同時，也主張在原有的體制內進行若干的改良和損益，從而使自己的學說獲得了更多的時代性和長久的生命力。

老子與孔子的會晤，是歷史上儒道兩家的第一次對話。老子與孔子的分歧，是儒道兩家所分別代表的兩種文化觀念的分歧，也是中國古代知識分子的兩種價值取向和處世態度的分歧。作爲中國歷史上影響最大的兩大學派的創始人，他們的思想分別代表了中國文化未來發展的兩種不同的路向。這兩種不同的路向後來發展爲兩種不同的傳統，中國古代的知識分子們基本上是在這兩種不同的傳統中選擇著自己的人生道路，出老則入孔，出孔則入老，儒道兩家最終成爲了中國文化史上的兩大主幹。

老、孔二人對傳統和現實政治的不同態度也決定了儒道兩家截然不同的歷史命運，孔子所創立的儒家最終得以成爲官方正統思想的代言者，而老子所創立的道家則只能是在在野的士人中和哲學思維的領域中尋找著生存和發展的空間。

然而，老、孔之間的分歧和對立只是事情的一個方面，儒道兩家思想從一開始就存在著互補性，而二者文化路向和學術宗旨上的差異正是這種互補性所必不可少的前提。正如馮友蘭先生所指出的："中國思想的兩個主要趨勢道家和儒家的根源，它們是彼此不同的兩極，但又是同一軸桿的兩極。"①從文化的深層結構來看，在後來的兩千多年中，儒道互補一直是中國文化歷史演進的主要內容。可以說，與中國學術文化的發展相始終的儒道互補，在他們的創始人老子和孔子會面的時候起，就已經開始了。

----

① 馮友蘭：《中國哲學簡史》第二章《中國哲學的背景》，北京大學出版社1985 年版第 22 頁。

第 四 章
老子的自然主義

在老子的思想體系中，有兩個東西最爲重要，一個是其學說的核心概念——"道"，一個是其思想的基本精神——自然。老子思想體系的建立，靠的是"道"這一基本概念，老子通過對"道"的邏輯結構的展開和對"道"的意蘊的闡發，建構了一個博大精深的思想體系，而在這個博大精深的思想體系中，處處都貫穿和滲透著自然這一基本精神。可以這樣比擬，"道"是老子學說的基石，自然主義則是老子學說的靈魂，離開了這兩個東西，我們就無從了解老子的思想。對自然這一基本精神的闡發，可以使我們對老子的思想首先獲得一個總體上的認識。

一、"自然"與"無爲"

人們常用"自然無爲"來概括老子的思想，一般來說，"自然無爲"可以認爲是老子哲學所要表達的最重要的觀念。但如果仔細說來，"自然無爲"實包含著"自然"與"無爲"兩層內容。

"自然"是一種觀念、態度和價值，也是一種狀態和效果，"無爲"則是一種行爲，是實現"自然"的手段和方法。"自然"與"無爲"密不可分、相得益彰："自然"的觀念、態度、狀態必然要求"無爲"的行爲，"無爲"的行爲必然體現"自然"的觀念，必然實現"自然"的價值和效果。

我們首先需要對"自然"與"無爲"的涵義進行一些必要的分析和闡釋。

老子所謂的"自然"，不是現代人所謂的"自然界"或"大自然"，而是自己如此、本來如此的意思。在老子看來，宇宙是一個和諧的、平衡的整體，這種和諧、平衡的狀態，是通過構成這個宇宙的萬事萬物自身不受外界強力干擾的存在與發展而達成和維持的。也就是說，萬事萬物在不受外界強力干擾的情況下，通常都能發揮出自己的最佳狀態，都能與周圍的其他事物保持著良好的關係，整個宇宙就在萬物的最佳狀態和良好關係中達到了和諧與平衡，發揮出最大的功能。這就是老子所謂的"自然"。

自然需要無爲的保障才能實現。"無爲"的含義需要準確地加以把握，我們不能僅從字面上把它理解爲不要任何作爲、排斥任何人爲。廣義的"爲"字泛指人的一切行爲，而"無爲"的"爲"字卻不是這樣的廣泛，它的意義要從自然與人爲的關係上才能獲得正確的理解。自然和人爲是一對矛盾，但又不是絕對排斥的，關鍵在於人爲的程度、性質與其導致的結果如何，會不會破壞事物的自然狀態。事物本身就具有存在和發展的一切潛在的可能性，無須附加任何外界的意志制約它。但一般來說，人爲的作用在一定的範圍內和程度上，其性質都是溫和的，並不至於對事物的自然狀態造成破壞。只要不是勉強的、強力的，不是猛烈的、突然的，不是違反常規的行為，就仍然可以保持事物的自然和諧與平衡。老子所說的"無為"中的"為"字，正是指的這種不必要的、不適當的作為。《老子》中的許多語句都證明了這一點。如：

　　為無為，則無不治。（三章）

　　輔萬物之自然，而不敢為。（六十四章）

　　功成事遂，百姓皆謂："我自然。"（十七章）

這裡的"無不治"、"輔萬物"、"功成事遂"，都表明老子不僅主張要有所作為，而且還要大有作為，不過這樣的作為需要以"自然"、"為無為"的方式才能實現。

　　可見老子的"無為"，決不是排斥任何人為，決不是什麼都不做。"無為"的含義，一是指順任事物之自然，一是指排除不必要的作為或反對強作妄為。這兩方面的含義又是相通而一致的。萬物的生成變化完全是一個自然而然的過程，任何外力的參與和干預都是不必要的。對於一個自然的過程來說，任何不必要的外在作用都是強加的，都是妄為，不但無助於事物的存在和發展，反而會破壞事物發展的自然過程。只有不妄為，順其自然，讓事物自由發展，才是唯一合理的態度。順其自然不妄為，實際上也是"為"，是一種獨到的、有深刻意蘊的"為"，這就是《老子》第六十三章所說的"為無為，事無事"，即以"無為"的態度去"為"，以清靜無事的方式去"事"。這就是老子的"無為"的確切含義。

　　老子的"無為"，雖然不去勉強地"為"，刻意地"為"，干擾性地"為"，而是順任自然之理去做事，但卻可以收到"無不為"的實效。老子說：

　　道常無為而無不為。（三十七章）

　　“道”永遠是“無爲”的，然而沒有一件事不是它所爲，天地萬物都是它創生的，又都有賴於它才得以存在和發展，離開了“道”的世界是不可想像的，然而這一切恰恰又都是“無爲”的結果。

　　“無爲而無不爲”從形而上的層面落實到社會政治領域，產生了極好的實際效果。《老子》五十七章說：

　　　　我無爲而民自化，我好靜而民自正，我無事而民自
　　　　富，我無欲而民自樸。

　　事實上，“好靜”、“無事”、“無欲”都是“無爲”思想的寫狀，都是“無爲”的內涵。“好靜”是針對統治者的騷亂攪擾而提出的，“無事”是針對統治者的煩苛政舉而提出的，“無欲”是針對統治者的貪得無厭而提出的。老子認爲，如果統治者爲政能夠做到“無爲”，讓人民自我化育，自我發展，自我完成，那麼人民自然就能夠安平富足，社會自然就能夠和諧安穩，這就是“無不爲”了。反之，如果不是“無爲”，而是不斷地擴張自己的私欲，不停地滋事攪擾，就不可能收到良好的政治效果，反而不能“無不爲”了。

　　對於“無爲而無不爲”這句話，許多人以爲老子的意思是表面上什麼都不做，暗地裡什麼都來，因此認爲老子是個陰謀家。這是對老子的重大誤解，其實老子決非陰謀家，他整本書沒有一句話是含有陰謀思想的。導致這種誤解，完全是因爲不了解老子哲學術語的特有意義所致。所謂“無爲而無不爲”的意思是說：不妄爲，就沒有什麼事情做不成的。“無爲”乃是一種處事的態度和方法，“無不爲”乃是指“無爲”（不妄爲）所產生的效果。這和《老子》第三章所說的“爲無爲則無不治”的意義是一致的。“爲無爲則無不治”的意思是說，以“無

爲”的態度去處理世務，就沒有不上軌道的。“爲無爲”是說以“無爲”的態度去“爲”，可見老子並不像有些人理解的那樣反對人類的主觀努力，主張什麼事情也不做。他仍然鼓勵人們去“爲”，去做，去發揮主觀的能動性，去貢獻自己的力量，只是他同時又提醒人們不要強作妄爲，不要爭奪，不要伸張自己的私欲，不要破壞事物的正常秩序而已。

老子認爲，只要排除了強作妄爲，避免了不必要、不適當的行爲的干擾破壞，事物就會依靠本身具有的功能而自發地達到最佳狀態。他說：

> 道常無為而無不為，侯王若能守之，萬物將自化。（三十七章）

> 道常無名，樸雖小，天下莫能臣，侯王若能守之，萬物將自賓。天地相合，以將甘露，民莫之令而自均。（三十二章）

> 不欲以靜，天下將自定。（三十七章）

這裡的“自化”、“自賓”、“自均”、“自定”以及前引第五十七章的“自正”、“自富”、“自樸”等，都是“自然”的不同表述或表現，都是“無爲”才能達到的效果，同時也都是事物存在與發展的最佳狀態。

二、“道法自然”

自然作爲老子思想的基本精神和最高價值，其與老子哲學的核心概念之“道”是一種什麼樣的關係呢？《老子》二十五章對此做了明確的回答：

> 人法地，地法天，天法道，道法自然。

　　這裡的"法"是效法、取法的意思：人以地爲法則，取法於地，地取法於天，天取法於"道"，"道"則取法於"自然"。其實這裡說的是，不僅"道"要效法"自然"，天、地、萬物、人所要效法的也是"自然"。

　　對於"法自然"，王弼《老子注》是這樣解釋的："法自然者，在方而法方，在圓而法圓，於自然無所違也。"這裡是說，"自然"是一個普遍的、根本的原則，任何具體的事物，都要與所處的客觀環境保持和諧，順遂外界的變化而不干涉，不破壞外界事物之自然，這樣，其自身的存在也就保持著自然的狀態了。而"道"不是具體的事物，它是沒有任何對待的最高的存在，對它來說不存在自我與非我、主體與客體、自我與環境，無須與他物保持和諧，但它同樣也要遵循和效法自然的原則。所謂"道法自然"，其一是說，"道"以它自己的狀況爲依據，以它內在的原因決定了本身的存在和運動，而不必靠外在的其他原因；其二是說，"道"對待萬物也是遵循這一自然的原則。可見"自然"既不是我們今天所說的自然界、大自然，也不是一個具體存在的東西，而是形容事物自己如此、本來如此、自然而然的一種狀態。同時，由於"自然"這種狀態又是事物存在與發展的最佳狀態，所以它還是包括人在內的天地萬物所必須遵循的最高原則。

　　"自然"作爲最高的"道"所遵循的基本原則，當然也就是宇宙萬物間最普遍的原則。它具有普適性的價值，普遍地適用於處理道與萬物、人與自然、人與社會、人與人之間以及個體的身心和諧等各種關係。

　　這裡我們再對道與萬物的關係所體現的"自然"作進一步的討論，對於人類社會生活中的種種關係，我們將在下面的幾節中予以討論。

《老子》五十一章集中表述了"道法自然"的思想：

> 道生之，德畜之，物形之，勢成之。是以萬物莫不尊
> 道而貴德。道之尊，德之貴，夫莫之命而常自然。故
> 道生之，德畜之；長之育之，亭之毒之，養之覆之。
> 生而不有，為而不恃，長而不宰，是謂玄德。

"道"創生了萬物，又內在於萬物，成為萬物各自的本性（"道"分化於萬物即為"德"，故曰"德畜之"）；萬物依據各自所得之於"道"的本性（"德"）而發展為獨立的存在（"物形之"）；周圍環境的培養，使得萬物生長成熟（"勢成之"）。這就是萬物生長的過程。萬物的生與長既然離不開"道"與"德"的作用，所以"莫不尊道而貴德"。

然而"道"所以受萬物尊崇，"德"所以被萬物珍貴，恰恰在於它對萬物不加干涉，完全順其自然地任萬物自我化育、自我完成，而不絲毫加以外力的限制與干擾。《老子河上公注》曰："道一不命召萬物，而常自然應之如影響。"是說道雖然創生了萬物，但卻不對萬物發號施令，而是甘為萬物的影子和回聲，順道萬物之自然。"夫莫之命而常自然"一句中的"命"字，帛書甲、乙本均作"爵"。成玄英《道德經開題序訣義疏》曰："世上尊榮必須品秩，所以非久，而道德尊貴無關爵命，故常自然。"①成玄英的解釋與孟子關於"天爵"與"人爵"的論說相通。孟子曰："有天爵者，有人爵者。仁義忠信，樂善不倦，此天爵也；公卿大夫，此人爵也。"②孟子認為，公卿大

---

① 轉引自劉笑敢：《老子》，世界哲學家叢書，（台北）東大圖書公司1997 年版第 72 頁。
② 《孟子·告子上》。

夫等爵位是君子授予的（"人爵"），因而也是可以被剝奪的；而仁義忠信等道德觀念是天賦的，我固有之也，這樣的"天爵"是任何人都無法剝奪的。同樣道理，道德之尊貴是天然固有的，不是外在的力量所"爵命"授予的，所以才能"常自然"。河上公的解釋，是說"道"從不對萬物發號施令，從而贏得了萬物的尊敬；成玄英的解釋，則是說"道"之尊貴不是外力附加的，因而能夠永遠以自然的態度對待萬物。這兩種說法都可以解釋得通，而以後者更為順暢。這兩種古老的解釋都隱含著老子思想中的一個深層觀念，那就是：自然的便是最尊貴的，自然是最高的價值，也是事物存在與發展的最佳狀態。

"道"創造和成就萬物並不含有意識性，也不帶有目的性，從不將萬物據為己有而宰制之，也不恃望有所回報，所以說"生而不有，為而不恃，長而不宰。"這一章裡的"生"、"為"、"長"、"育"、"亭之毒之"（即"成之熟之"，說見本書第五章第三節）、"養之覆之"，都是說明"道"的創造功能；"不有"、"不恃"、"不宰"都是說明"道"不具占有意欲。"道"只是輔助萬物的生長，此即六十四章所謂"輔萬物之自然而不敢為"。"道"的這樣一種品德，就是"玄德"。

總之，無論是"道"創生萬物，還是其與所創生的萬物之關係上，"道"都是完全自然的，都是遵循著自然的原則。"道"與萬物的關係最能說明自然的價值，最能體現"道法自然"的原則。

三、"自然"、"聖人"與社會秩序

　　我們在本書第三章中，曾經對隱士的出現及其社會批判意識有所論及，並指出春秋時期的隱士乃是道家思想的先驅者。在現代的學者中，人們往往非常強調道家思想與隱者的關係，隱者被認爲是道家的社會基礎。固然，隱士可以視爲道家思想的先驅人物，但我們還要認識到，道家學派及其思想是非常複雜的，如陳榮捷先生所說："（隱士）最多不過反映道家思想的一個角度，而這個角度又不是最重要的。"①實際上，過分強調道家思想與隱者的關係，往往會給人留下道家消極而出世的印象，這是人們對老子思想容易發生誤解的一個重要原因。

　　隱士的特點是不與當權者合作，但不與當權者合作不等於不與社會合作，不等於消極出世。隱士之"隱"是遠離政治鬥爭的漩渦，但這並不等於不參與政治、不關注政治，更不等於不關注社會。事實上，遠離政治鬥爭的漩渦才有可能對社會政治現狀保持清醒的頭腦，從而對社會特別是對政治採取批判的姿態，而這種批判本身就是關注社會的一種表現，就是對政治的一種特殊形式的參與。

　　《史記》說老子是"隱君子"，誠然有一定道理，因爲老子確實有過從王官到隱士的經歷。但我們不應忘記，老子是在晚年由於王子朝之亂才不得已而退出政治的，而《老子》一書中反映的豐富思想，應該說主要都是在他作周王朝的守藏史時所產生並成熟的。長期作爲史官的特殊生活背景，使得老子對政治極爲關注，而"歷記成敗存亡禍福古今之道"的職業經歷，也使得老子積累了極爲豐富的政治經驗，對政治有著

①　陳榮捷：《中國哲學論集》，（台北）中央研究院，中國文哲研究所1994年版第168頁。

深刻而獨特的見解。我們可以認爲,《老子》一書,就是老子在告別了王官的生活,遠離了政治鬥爭的漩渦,避開了宮廷的喧囂後,才得以靜下心來創作而成。一部《老子》五千言,可以說是充滿了實際政治的經驗,充滿了對社會的體察,充滿了對人生的思考與洞見。《老子》一書的創作,就是老子積極入世的見證。

《老子》一書,可以說就是老子的一套社會改革方案。在這套社會改革方案中,老子對人類社會生活的各個方面都提出了一個總的指導原則,這個原則就是"自然"。

"自然"這一原則,顯然是主要針對當時的社會特別是政治的狀況提出的。同孔子一樣,老子也有"天下無道"的感受。孔子社會改造的方案,目標是恢復並完善以禮爲核心的政治秩序,而以發揮人的內在道德自覺和道德自律爲實現這一目標的方法。老子則看到了更深的層面,在他看來,社會的混亂無序誠然與人們不能以道德自覺自律有關,而道德之失落卻有著更深層的原因,那就是自然價值的失落,因爲社會的道德觀念體系和評價機制嚴重地背離了自然主義的原則。因而,通過"無爲"的方法,恢復"自然"的崇高價值,使人類社會生活的各個方面都遵循"自然"這一最高原則,從而重建合乎"自然"的社會秩序,就是老子提出的社會改革方案。

政治從來就是人類社會生活的焦點,老子的社會關懷,主要也是集中在政治生活方面,自然無爲的觀念,主要就是作爲社會政治生活的原則提出來的。

政治的核心問題是社會秩序。在天下大亂、社會失序的時代,思想家們都對建立什麼樣的社會秩序和如何建立這種社會秩序提出了自己的設計方案。儒家要建立的是以禮爲核心的社會秩序，並以加強道德自覺自律爲達到此種秩序的根本方法；墨家要建立的是"尙同"的社會秩序，而以"兼愛"爲實現此種秩序的主要途徑；法家要建立的是絕對君權的社會秩序，以法治國則是達到此種秩序的唯一方法。老子並不否認社會需要秩序，他只是反對矯揉造作的秩序和強加於人的秩序，他所要建立的，是一種更高、更好的秩序，即自然的秩序，而以"無爲"爲達到自然秩序的方法。這種自然的秩序旣不需要強制性的手段來建立和維持，也不需要強制性的人爲規定的規範，它完全是自然而然的、自己如此的、本來如此的，是人類社會最和諧的狀態，人類的潛能在這種自然的秩序中可以得到最充分的發揮。

政治的關鍵在於掌握政權的人，即侯王、君主。要建立和維持自然的秩序，君主的觀念和行爲是最重要的，老子之"自然"，首先就是向君主進言。爲了使君主能夠遵循自然的原則，老子爲他們樹立了效法的榜樣——"聖人"。儒家和道家都以聖人爲最高的理想人物，但兩家的聖人標準又有重要的差異：儒家的聖人是典範化的道德人，道家的聖人則體任自然。這一區別，《老子》三十八章說得明白：

　　　上德不德，是以有德；下德不失德，是以無德。

"上德"之人，不表現爲形式上的德，也不自恃有德，完全因任自然，這是最高的德，故曰"有德"；"下德"之人，拘守著形式上的德，自以爲不離失德，這樣的"德"已經是有了居心，不是出於自然，算不上眞正的德，故曰"無德"。兩相比較，道家的"聖人"取法於自然，與自然融爲一體，這種自然之德方爲"德"之最高境界。

聖人之取法於自然，在《老子》第五章中有具體的說明：

> 天地不仁，以萬物為芻狗；聖人不仁，以百姓為芻
> 狗。

"天地不仁"，是說天地無所偏愛，天地只是個物理的、自然的存在，並不具有人類般的情感，萬物在天地間依循著自然的法則運行著。"芻狗"是祭祀時使用的用草紮成的狗，蘇轍《老子解》說："結芻爲狗，設之於祭祀，盡飾以奉之，夫豈愛之？適時然也。旣事而棄之，行之踐之，夫豈惡之？亦適然也。"天地無所偏愛，任憑萬物自然生長，故以萬物爲芻狗；聖人亦應取法於天地之無所偏愛，視百姓爲芻狗，讓他們自然而然、自由自在地生活而不加干預。《老子》二十五章亦曰：

> 道大，天大，地大，王亦大。域中有四大，而王居其
> 一焉。人法地，地法天，天法道，道法自然。①

在這域中"四大"裡，老子所要強調的實際上只是"道"與"王（人）"兩端，"天"和"地"都只是起過渡的作用。再進一步說，老子在這裡所列的有五項內容："人（王）"、"地"、"天"、"道"、"自然"，其中"地"、"天"、"道"都只是過渡，他所要說明的，實際上只是兩端——"人（王）"與"自然"的關係，強調人（特別是"王"——人間的君主們）應該"法自然"。

聖人"法自然"的具體做法就是"無爲"：

> 聖人處無為之事，行不言之教。（二章）

聖人的行事，依循著自然的原則而不勉強作爲，天地之

---

① "王亦大"、"王居其一焉"之"王"，傅奕本、范應元本作"人"，通行本、河上本、帛書本均作"王"。

間，萬物欣然興作，各呈己態，聖人僅僅是從旁輔助，任憑事物的生命各自展開其豐富的內涵，此即"處無爲之事"。"言"即聲教號令，也就是各種政令，"行不言之教"，即不輕易發號施令，只是身體力行，進行潛移默化的引導。此與二十三章所謂"希言自然"以及十七章所謂"悠兮其貴言"是一致的。可見，"自然"就是施行清靜安和的政治，以不擾民爲原則，擾民就不符合自然了。人民和政府之間相安無事，相忘於無爲，這就是自然無爲。應該說，這樣的自然無爲也是一種"爲"，而且是一種難度更大的"爲"，誠如錢鍾書所言："老子所謂‘聖’者，盡人之能事以效天地之行所無事耳。"[1]不"盡人之能事"，是無法達到"自然"之境界的。

　　實行"自然"的程度如何，反映在統治者與人民的關係上，就形成了不同等級的政治狀況，也就形成了極爲不同的君民關係。老子指出：

> 太上，不知有之；其次，親而譽之；其次，畏之；其次，侮之。信不足焉，有不信焉。悠兮其貴言，功成事遂，百姓皆謂："我自然。"（十七章）

　　"不知有之"，王弼本、河上本、帛書本、郭店簡本均作"下知有之"，其意爲：最好的統治者，人民雖然知道他的存在，卻不必去理會他的存在。而"不知有之"，指人民根本感覺不到統治者的存在，其意義更爲深長，故據吳澄本、焦竑本等改。在老子看來，"太上"是最好的政治，人民根本感覺不到政府力量的存在，這樣的政府是最理想、最成功的，生活在這樣的政治條件下的人民也是最自然、最幸福的。至於

---

[1]　錢鍾書：《管錐編》第二册，第 421 頁。

那種努力爲人民做事，人民對他感恩戴德而親近並讚美他的統治者，正是儒家心目中的聖王的標準，可是在老子看來，這樣的君主做事已經不是出於眞實的自然，而是有了居心，這已經是多事之政了，因而算不上是最好的政治。再次一等的是昏聵的統治者，他們會做出傷害人民的事，令人民畏懼而逃避之。最差的統治者令人民憎恨，這就是連昏君都不如的暴君了。在老子看來，理想的政治莫過於"貴言"、"希言"、"不言"，統治者悠然自處而不輕易發號施令，"輔萬物之自然而不敢爲"（六十四章），任憑人民自由自在地生活，人民絲毫感覺不到政府的干預，政府和人民相忘於無爲，大家都覺得自由自在。這樣的狀況，對於統治者來說，便是"功成事遂"了，便是"無不爲"、"無不治"了，而百姓們卻覺得這是他們自己發展的結果，他們本來就是如此的（百姓皆謂"我自然"）。

　　以上便是老子提出的以"自然"爲原則、以"無爲"爲方法的社會改革方案。這種社會改革方案所針對的，顯然是當時列國統治者背離了自然的原則的過分的"有爲"政治。它的目的，是要建立起一種自然和諧的社會秩序，一種自發的、自然而然形成的社會秩序。這種社會秩序的建立與維護，旣不需要禮樂仁義等非強制性的道德觀念與行爲規範，亦不依賴政令刑罰等強制性的政府力量，而是靠社會內部自我調節、自我平衡的固有機制實現的。對於這種機制來說，任何強制與非強制的干預、干擾都是多餘的，都會破壞這種機制，而人類質樸純眞的天性，便是這種機制的永不枯竭的源泉和動力。

第五章
老子的道論

　　老子創立的學派之所以稱爲道家，就在於他提出了一個以道爲最高範疇的完整的思想體系，從道的高度考察自然、社會和人生問題。在老子的學說中，道不僅具有宇宙本原的意義，而且還具有規律、原則和方法的意義，不僅是支配物質世界運動變化的普遍規律，而且也是人類社會所必須遵循的基本法則。道是全部中國傳統哲學中最爲抽象、思辨性最強、含義最豐富的範疇，它的存在，標誌著中國哲學具有極高的理論思維水平。在古往今來所有的外國哲學中，都找不到一個能夠與中國的道相當和對應的、具有如此廣泛與深刻涵義的哲學範疇。道不僅在中國傳統哲學中具有極高的地位，而且也深深地影響著整個中國傳統文化的面貌。

一、老子道論的思想來源

　　道範疇的提出，首先應當歸功於老子，因爲道成爲最高的哲學範疇，乃是經老子之手實現的。但是，道由一個日常生活中的普通名詞上升爲一個高度抽象的哲學範疇，卻經歷過一個漫長的過程。也就是說，老子之所以能夠提出道這樣一個高度抽象的哲學範疇作爲其思想體系的核心概念，是離不開前人提供的思想素材和思維經驗的。下面我們就來進行一番歷史的追溯，看看老子之前的人們是如何對道進行哲學思考，不斷豐富道的內涵，並逐步使道上升爲一個抽象的哲學範疇的。

　　道字最早出現於西周早期的青銅器銘文中，本義是指人行走的道路。道的本義雖然很普通，但在這一原始意義中卻包含著許多可以被引申的潛在因素。在漫長的歷史進程中，隨著社會生活的需要和語言文字的發展，人們不斷在道的原始意義上進行引申，使道的涵義越來越豐富。從道路這一原始意義上看，由於道具有確定的指向，是人們達到特定目標的必經之路，於是引申爲事物存在與發展的必然趨勢；由於人們要在道上重覆往返，於是引申爲事物運動變化的規律；由於人們必須沿著道一直走下去才能達到目的地，於是引申爲事物的發展和人的行爲所必須遵守的原則；由於道爲人們提供了達到既定目的的途徑和手段，於是又引申爲認識事物、解決問題的根本方法；如此等等。

　　以上所說道的這些引申涵義，都已經具有了一定的抽象性和普遍意義，或者說都已經是在哲學的意義上使用道這個概念了。這些普遍意義和抽象性決不是輕而易舉獲得的，而是古人在無數次社會實踐中不斷地思考、探索和總結才逐步概括出來的。根據從具體到抽象這一人類思維發展的一般規律，道由一個具體的生活名詞上升為一個具有極廣泛涵義的哲學範疇，其間必然經歷了一個逐步與日常生活相脫離，並由社會而自然，再到社會與自然的統一的不斷抽象的過程。事實也正是如此，這一點可以從《詩經》、《尚書》、《左傳》、《國語》等古代典籍中所保存的材料得到證明。

《詩經》是反映先民日常生活的最早的一部詩歌總集，先民對道的抽象在那裡已經開始了。《詩經》中道字反覆出現，其中有一些看上去仍然是指"道路"，如"道阻且長"、"道阻且躋"①等，而實際上這些道字都具有雙關的意義，是先民運用"比興"、"比擬"的文學手法，借道路的迂迴遙遠來隱喻不合理的社會現實和自己遭受的無盡苦難，表達心中的悲傷之情。可見，《詩經》中道字的使用，已開始不自覺地出現與本義相脫離的傾向，儘管還沒有脫離本義，但它卻是道由具體的生活名詞向抽象的哲學範疇演變的過程中所邁出的艱難而又重要的第一步。

《尚書》②是商周文獻史料的匯編，其中蘊含著古代理論思維的萌芽。《尚書》已經開始對道進行初步的抽象，如《洪範》中說："無有作好，遵王之道；無有作惡，遵王之路；無偏無黨，王道蕩蕩；無黨無偏，王道平平；無反無側，王道正直"，這是說要求人們做事要像周王朝的國道那樣平坦正直，

---

① 《詩經·秦風·蒹葭》。
② 《尚書》分為《今文尚書》和偽《古文尚書》，這裡所引用的限於《今文尚書》。

不要有偏私和個人好惡，遵循著周王所規定的原則和方式生活。《君奭》中有"天不可信，我道惟寧王德延"的話，意思是發揚周王之道，使周王朝長治久安，便是我的主張、原則和方法。《顧命》中有"皇天用訓厥道，付畀四方"的話，意思是皇天讚賞周王的德行，於是順應天數運行的規律，把天下交給他來治理。以上所舉《尚書》中使用的道，都不是在日常生活的意義上來使用的，而是用來說明社會現象，包含了善惡是非的道德觀念於其中，並在一定程度上含有了規律、原則、方法等抽象意義。可見，《尚書》對道的抽象已經邁出了關鍵性的一步，自覺地與道的本義相脫離，這是道範疇演變過程中的飛躍。

到了春秋時期，出現了一個以談論道為時尚的社會思潮。在反映這一時期社會政治、經濟和思想面貌的《左傳》和《國語》①二書中，大量地使用了道這一概念。從其使用的涵義來看，這些道可以分為三類：一是說明社會規律的"人之道"，一是說明自然規律的"天之道"，一是在"人之道"和"天之道"相統一的意義上使用的道。"人之道"包含的內容十分廣泛，主要是從社會上人際關係的角度來講指導人們行為的倫理道德規範，還包括社會的典章制度和組織原則，甚至還包括人的自然本性。如《國語·晉語》有"思樂而喜，思難而懼，人之道也"的話，把喜好安樂、懼怕苦難說成是"人之道"，這顯然是在講人的自然本性。《左傳》和《國語》的作者認為，每一具體的社會現象或社會生活的每一方面都有自己的道，如

---

① 《左傳》和《國語》的作者和成書年代，學界歷來頗多爭議，筆者認為，即便將此二書的成書年代推遲至戰國，但其記敍的是春秋史事，其中保存了大量春秋時期的思想資料，這是無可爭辯的事實。

“生民之道”、“古人之道”、“德之道”、“親之道”、“忠信卑讓之道”、“朋友之道”、“憂之道”、“亂之道”、“存亡之道”等等。他們從這些具體的社會之道中概括出具有一般意義的人類社會之道，分爲“有道”和“無道”兩類情況：凡是維持著傳統認可的秩序、天下太平、人民安居樂業的社會和努力維持、實現這種社會的行爲，都是“有道”的表現，反之就是“無道”或“不道”。這種“人之道”對道的抽象，總的來看同《尚書》對道的抽象處於相同的水平，但比《尚書》更加明確、更加豐富，也更容易進行進一步的抽象了。

　　《左傳》和《國語》的作者並沒有停留在用道來說明社會規律的水平上，而是更進了一步，由社會現象推演到自然現象，由“人之道”上升到“天之道”。如“盈而蕩，天之道也”，①“盈必毀，天之道也”②，揭示了物極必反的自然法則。又如“天道皇皇，日月以爲常，……陽至而陰，陰至而陽。”③講的是自然界的運行規律和陰陽兩種對抗勢力的相互轉化。需要指出的是，先民眼中的“天”不單是指自然之天，同時也指有意志的神祕之天，後者甚至是更主要的。所以在《左傳》和《國語》中，“天之道”一方面具有自然規律的意義，另一方面又被視爲一種人力所無法與之抗爭的神祕力量，成爲人們尊崇的對象和效法的榜樣，比如“天道無親，唯德是授”④，“天道盈而不溢，盛而不驕”⑤，“天道賞善而罰淫”⑥等。由於“天”

---

① 《左傳》昭公四年。
② 《左傳》哀公十一年。
③ 《國語·越語下》。
④ 《國語·晉語六》。
⑤ 《國語·越語下》。
⑥ 《國語·周語》。

具有人格的意義，從而就使得道由"人之道"、"天之道"進一步抽象爲天人合一之道成爲可能。

　　按照中國古人的思維習慣，天與人在本質上是合一的，因而"天之道"與"人之道"旣互相區別，又互相聯繫，並且本質上還是一致的、合一的。《左傳》和《國語》就是這樣，實際上其中沒有一處是專講自然界的"天之道"，而總是以天喻人，打著天的旗號教人如何去做，或者是以"天意"爲自己開路。即便是像"盈而蕩"、"盈必毀"、"日月以爲常"這類看起來似乎是專談自然規律的語句，實際上也不過是由"天之道"來引出和論證"人之道"。《左傳》和《國語》的作者認識到，天道是不以人的好惡爲轉移的，而人道卻不能違背天道，並且最終要受制於天道，人的思想行爲"必順天道"，要"因天之常，與之俱行"①，否則就不會成功。這樣，《左傳》和《國語》的作者就在"人之道"的基礎上推演出"天之道"，再反過來以"天之道"爲基礎，把天道和人道統一了起來，於是，道就成爲了一個在自然界和社會領域都普遍適用的哲學概念。

　　總上所論，道的含義經歷了一個漫長的演變過程，不斷地與其本義相脫離而向哲學概念發展，由社會領域進到自然領域，再將自然與社會統一起來。可以說，在老子創立道家學派之前，對道的哲學抽象的過程已大體完成，按照這條路發展下去，道成爲最高的哲學範疇並獲得宇宙論和本體論方面的意義，已經是中國古代哲學發展的內在邏輯所決定的必然要求了。這就是老子以道爲核心的哲學體系的建立提供了必不可少的思維經驗和思想材料，離開這些思維經驗和思想

---

① 《國語・越語下》。

材料，老子無論如何也是無法創立道家的思想體系的。老子
的貢獻只是在於，他以前人的終點爲新的起點，進一步把道
上升到宇宙論和本體論的高度，使道成爲世界的本原和萬物
存在的根據，產生並決定宇宙萬物，並以道爲核心概念，建
立起一個完整而嚴密的理論體系，由此創立了中國古代最早
的學術流派——道家學派。可以這樣說，老子關於道的思想
體系是對前人有關思想的總結和提高，前人關於道的思想是
老子學說最重要的一個思想來源，老子的道論是中國古代哲
學發展的合乎邏輯的必然結果。

二、道的形而上之意義

　　道是老子哲學的核心概念，他的全部思想體系都是由道
而展開的。而道之所以能夠作爲老子哲學的核心概念，關鍵
就在於它所獨具的形而上的特性，它不屬於形器世界，沒有
確切的形體，也沒有確切的稱謂，人們無法用感官來感知
它，只能運用理性的力量來確知它的存在。離開了這一形而
上的特性，一切就都無從談起。

　　道雖然不屬於可感知的形器世界，但它確實是眞實存在
的東西，否則，一切也無從談起。老子首先要努力證明的就
是這一點：

　　　　有物混成，先天地生。寂兮寥兮，獨立而不改，周行
　　　　而不殆，可以爲天下母。吾不知其名，強字之曰道。
　　　　①（二十五章）

---

① “強字之曰道”，通行本“字”上缺“強”字，應補。參看陳鼓應《老子注譯
　　及評介》，中華書局 1984 年版第 164～165 頁注釋⑥。

> 視之不見，名曰"夷"；聽之不聞，名曰"希"；搏之不
> 得，名曰"微"。此三者，不可致詰，故混而為一。其
> 上不皦，其下不昧，繩繩不可名，復歸於無物。是謂
> 無狀之狀，無物之象，是謂惚恍。迎之不見其首，隨
> 之不見其後。（十四章）
>
> 道之為物，惟恍惟惚。惚兮恍兮，其中有象；恍兮惚
> 兮，其中有物。窈兮冥兮，其中有精；其精甚真，其
> 中有信。"（二十一章）

老子說，有一個混然一體的東西（"有物混成"），早在
天地形成之前就已經存在了（"先天地生"），不知道它的名
字，勉強叫它作"道"。為什麼不知道它的名字呢？因為我們
既聽不到它的聲音（"聽之不聞"），又看不見它的形象（"視
之不見"），也觸摸不到它的形體（"搏之不得"）。換句話
說，它不是一個有具體形象的東西。《管子‧心術上》說："物
固有形，形固有名"，"形"是隨"名"而來的，既然"道"沒有確
定的形體，當然就"不可名"了。

道之不可名，乃是由於它的無形，那麼為什麼老子要設
定"道"是無形的呢？因為如果道是有形的，那它必定就是存
在於特殊時空中的具體之物了，而存在於特殊時空中的具體
事物是會生滅變化的。而在老子看來，道卻是永久存在的東
西，所以他要肯定道是無形的。為什麼老子又要反覆聲明道
是"不可名"的呢？因為有了名，就有了規定性，就會被限定
住了，就成了具體的存在物，而道是無限性的，是沒有任何
規定性的。通常我們用名來指稱某一事物，某一事物被命名
之後，就不能再稱為其他的東西了。由於道的無限性和無規
定性，無法用語言文字來指稱它，所以它只能是無名的。可

見，道的存在與任何具體事物的存在都有著本質的不同，這個本質的不同就在於道的形而上之特性，即“無形”、“無名”。具體事物都只是形器世界中的存在，都只是形而下者，形器世界中最大的存在物莫過於天和地，但在老子看來，天和地也是可以感知的、有生有滅的，同樣也不能作爲萬物的最後根源。只有永恆的、無限的道才有資格作爲包括天和地在內的萬物的最後根源（“可以爲天下母”）。《老子》第一章的開頭就說：“道可道，非常道；名可名，非常名。”眞常的道是不可言說的，無法用概念來表達的，只是爲了方便起見，爲了論述、描述的需要，才不得已“強字之曰道”。

　　道雖然沒有固定的形體，雖然超越了我們感覺知覺的作用，但它卻並非空無所有，“其中有象”、“其中有物”、“其中有精”、“其中有信”，都說明了道是一個眞實的存在體。高亨在《老子正詁》中指出，“精”與“情”古時通用，他認爲“精”當讀爲“情”，並舉《莊子·大宗師》“夫道有情有信，無爲無形”爲證。“情”者“實”也，“其中有情”即指道爲實有之物。“信”也有“實”義，“其中有信”即指道是一種眞實的存在。所謂“無狀之狀”，是指沒有固定的形狀，沒有固定的形狀畢竟也是一種形狀，是一種特殊的形狀。所謂“無物之象”，是指沒有普通事物那樣的具體形象，沒有具體的形象畢竟也是一種形象，是一種特殊的形象，老子稱之爲“大象”。老子又告訴我們，道這個形而上的眞實的存在體，在宇宙間是唯一的、絕對的，而萬物則是雜多的、相對的。道又是一個變體，是一個動體，它本身是不斷運動著的，所以說它“周行而不殆”。整個宇宙萬物都隨著道的運動而在“變”、在“動”，但具體事物在變動中都會消失熄滅；而道則永遠不會消失熄滅，它永久長存，不會隨著外物的變化而消失，也不會由於外在的力量而改變，所以說它"獨立而不改"。

老子既要說明道並非空無所有，而是真實的存在體，又要說明道的形而上之特性，強調道與具體事物的本質區別，在那個科學和思維的發展水平還十分低下的時代，這是一件十分困難的事。老子敏銳地認識到，作爲世界的本原和根據的最高的本體，是不能在萬物的範圍內尋找的，萬物生於天地之間，但在老子看來，天和地也是可以感知的具體事物，仍然沒有超出萬物的範圍，因而不能作爲世界的本原。作爲世界本原的最高本體必須是超感覺的、絕對的存在，因此老子才大講道不同於具體事物的特殊性，說它"視之不見"、"聽之不聞"、"搏之不得"、"不可名"等等。但是單方面強調道的這種形而上的特殊性，很容易否定道的實存性，使道成爲虛無、空洞的非存在，空虛不真實的東西怎能作爲世界的本原呢？老子意識到這一點，於是又大講道的實存性，說它是"有物混成"、"其中有象"、"其中有物"、"其中有精"、"其中有信"等等，以說明"道"確有其物。但是，道的實存性講多了，又很容易湮沒了它的特殊性，難以同形器世界中可感知的具體事物區別開來，失去作爲世界本原的資格。面對這樣一個人們未曾思考過的高深的理論問題，老子提出了"有"與"無"這對範疇，巧妙地解決了這一棘手的難題。

老子從日常生活的經驗中提煉出了"有"與"無"這對範疇，將道視爲"有"與"無"的統一體。具體的事物要麼有，要麼無，不可能既有又無。道則不然，由於它是不可感知的超經驗的存在，因而相對於具體的可感知的事物而言，可以稱之爲"無"。唯其如此，道才能從萬物中脫穎而出，成爲最高的本體。另一方面，道雖幽隱無形，不可感知，但並非空無所有，其中有"象"、有"物"、有"精"、有"信"，是眞實的存在，因而相對於空無所有的虛無來，又可以稱之爲"有"。唯其如此，道才能成爲世界的本原，化生出天地萬物。這樣一個"有"與"無"的統一體，旣恰當地強調了道的形而上之特殊性，體現了道與具體事物的區別，又恰當地突出了道的實存性，體現了道與具體事物的聯繫。把道規定爲有與無的統一，是老子對中國傳統哲學的一個重要貢獻。

在弄清了道是有與無的統一體之後，我們便可以比較準確地理解《老子》四十章中的一句引起過許多爭議和困惑的話：

天下萬物生於有，有生於無。

這裡的關鍵是如何理解"有生於無"。有人認爲，"有生於無"的"有"是可以感知的具體的存在，而"無"是感覺不到的存在，即絕對的存在，它是不存在的存在。這種看法是似是而非的，因爲"感覺不到的存在"並不等於"不存在的存在"，感覺不到並不意味著不存在。以哲學上的物質概念爲例，現代哲學講的物質就是一種感覺不到的存在，說它是絕對的存在是可以的，但說它是"不存在的存在"則不妥。還有些人根據四十章這句話，認爲老子主張無中生有，萬物都是從虛無中產生的，這種看法是僅從字面上來理解老子這句話。魏晉玄學家王弼根據"有生於無"的命題，提出"以無爲本"的"貴無"論，把道與萬物的關係視爲一種母子、本末、體用的關係，遂凸顯了道體之"無"，而略去了道體之"有"，甚而將"有"降至萬物的層面。許多學者受王弼解《老》的影響，更把"無"等同於道，而把"有"等同於"萬有"或"萬物"，這樣就更把"無"

和“有”分爲了兩橛。而在我們看來，在老子的哲學中，“有”和“無”都是指稱道的，道旣是“有”，又是“無”，或曰“有”和“無”都是“道”的別名。說它是“無”，是因爲它無法感知和表述；說它是“有”，是因爲它含藏著無限未顯現的生機，蘊涵著無限之“有”。只有這樣的理解，才不至於造成老子思想體系中的矛盾，才能使得老子對道的表述前後一致，因爲在《老子》的第一章中有這樣的表述：

> 無，名天地之始；有，名萬物之母。故常無，欲以觀其妙；常有，欲以觀其徼。此兩者同出而異名，同謂之玄。

顯然，這裡的“無”、“有”、“常無”、“常有”、“玄”都是對道的指稱和描述，“無”和“有”乃是“同出而異名”，“有”並非“萬物”，而是“萬物之母”，而“萬物之母”也就是道。而如果我們將“有生於無”的“有”理解爲“萬有”或“萬物”，就會使老子對道的論述出現無法自圓其說的前後矛盾。可是，第四十章卻又明明白白地說“有生於無”，旣然是“有生於無”，那就有一個本末和先後的問題了，這顯然與《老子》第一章的論述無法對應。這到底是怎麼回事呢？難道老子眞的是前後矛盾、思維混亂嗎？這個問題長期地困擾著我們，使我們百思不得其解。

所幸的是，新近郭店戰國竹簡本《老子》的出土，終於爲我們揭開了這個謎團。原來今本《老子》四十章“天下萬物生於有，有生於無”，竹簡本爲“天下之物，生於有、生於無”，今本衍出了一個“有”字。雖然只是一字之差，卻足以導致解釋上的大相徑庭，本來，“有”和“無”乃是道的一體兩面，都是指稱道體的（“同出而異名”），它們之間原本並無本末、體用和先後的問題，可是今本"有生於無"的表述卻導致了本末先後的判斷，給老學體系帶來了不一致的解釋。現在郭店簡本的出土，長期以來困擾著學術界的這一難題終於得以冰釋，同時也印證了我們的一貫判斷："無"和"有"乃是道的兩種屬性，都是指稱道的，所謂"無"，即指道的形而上性，所謂"有"，乃是指形而上之道蘊涵著無限未顯現的生機，最終要由形而上的世界落向形而下的世界而創生萬物。這樣，《老子》四十章這句話，就可以而且也應該理解爲：天下萬物生於"無"和"有"相統一的道，道是天下萬物的總根源。老子的這一認識無疑是深刻的。

　　以上是對道體的描述，下面我們再來討論道與天地萬物的關係。

三、"道"與天地萬物

㈠宇宙本原、萬物始基之"道"

　　老子認爲，道這個實存體，不僅"先天地生"，在天地形成以前就存在，而且天地萬物還是它創生的。在下面幾章中，老子都明白地指出道是創造天地萬物的根源：

　　　無，名天地之始；有，名萬物之母。（一章）

　　　天下萬物生於有，有生於無。（四十章，此處依今本）

　　　道生一，一生二，二生三，三生萬物。（四十二章）

　　　道生之，德畜之，物形之，勢成之。是以萬物莫不尊道而貴德。（五十一章）

老子認爲，道具有一種獨特的超越性，它在品位上、在時序上都先於任何東西，它不受時間和空間的限制，不會因他物的生滅變化而有所影響。道是一切存在的根源（“萬物之宗”），也是一切存在的始源。道是自然界中最初的發動者，它具有無窮的潛在力和創造力。萬物蓬勃的生長，都是道的潛在力之不斷創發的一種表現。從萬物生生不息、欣欣向榮的成長中，可以看出道有一種無窮的活力。道是唯一永恆的存在，其中潛藏著一切的可能，這些潛能由隱到顯的過程，便是道創生萬物的過程。

具體地說，道之所以能夠創生萬物，首先就在於它有“虛”、“藏”的特性。老子曰：

> 道者，萬物之奧。（六十二章）

據《老子河上公注》，“奧”是“藏”的意思，萬物莫不蘊藏於道中，道潛在地包容著一切，含藏著一切可能。老子又說：

> 道沖，而用之或不盈。淵兮，似萬物之宗。（四章）

“沖”是“盅”的通假字，也是“虛”的意思。這一章是說，道是一個取之不盡、用之不竭的淵泉，它是萬物之所由來（“萬物之宗”）。《老子》第一章曰：

> 無，名天地之始；有，名萬物之母。

如前所論，這裡的“無”和“有”都是指道而言，所以帛書本《老子》有這樣的描述：“兩者（指“無”和“有”）同出，異名同謂，玄之又玄，衆妙之門。”此即是說，作爲“有”與“無”的統一體的道是“天地之始”、“萬物之母”，它創生了天地萬物。第五十二章亦曰：

> 天下有始，以為天下母。

這裡的“始”、“母”同第一章一樣，亦是指道而言。

現在我們再將這兩章關於"母"、"始"的論述同"道者萬物之奧"以及"淵兮似萬物之宗"聯繫起來思考，就可以清楚地看出，"始"、"母"、"奧"、"宗"、"淵"這幾個概念的含義在這裡是完全一致的，老子使用這樣幾個概念，是爲了更好地表達道爲天地萬物的根源或始基這一重要的思想。

那麼，具體來講，作爲天地萬物的根源或始基的道是如何創生萬物的呢？老子認爲，道創生萬物不是一下子完成的，而是經歷了一步步展開、一層層向下落實的過程，第四十二章將這一過程表述爲：

　　道生一，一生二，二生三，三生萬物。

下面我們來對"道生萬物"的全過程進行逐步的分析。

"道生一"是這個演化過程的第一個階段。這裡的"道生一"，不應理解爲道首先生出個"一"，事實上，這個"一"乃是對道體本身的描述。道是一個絕對的、獨立的存在，具體的事物都是有對待的、有偶的，道卻是無對待的、無偶的。按照老子的描述，道是一個"混而爲一"（十四章）、渾沌未分的"混成"之物，其中蘊涵著一切的可能。有人把"一"解釋爲"氣"，認爲"道生一"就是"道生氣"，這是析道與"氣"爲二，認爲在"氣"之上、之外還有個道。其實在老子那裡，"道"、"氣"、"一"是一個東西，因而不能說是"道生氣"。那麼既然道就是"一"，爲什麼還要說"道生一"呢？我們認爲，一來這是爲了行文的需要，以便和下文的幾個"生"字相一致，二來是爲了給無形質的"道"化生出有形質的萬物做個過渡和鋪墊。

"一生二"是這個演化過程的第二個階段，也是至關重要的階段。因爲道如果停留在渾沌不分的"一"的狀態，就無法創生萬物。然而老子又說：

> 萬物負陰而抱陽，沖氣以為和。（四十二章）

根據"道生萬物"的邏輯，萬物所負抱之陰陽毫無疑問是來自其所由之創生的道因而道在自身中早已潛在地蘊涵有陰和陽兩種相反相成的要素或性質，由於這種內在矛盾機制的作用，道在"周行而不殆"的運動中便分離為陰陽二氣。相對於陰陽二氣，那陰陽未分的原始狀態的氣（即道）便是"一"了。由道化分為陰陽二氣，標誌著抽象的、無形質的道演化為具體的、有形質的萬物的開始，是道創生萬物過程的第一步展開。

在中國古人的觀念中，陽氣的特點是清而輕，陰氣的特點是濁而重，輕清的陽氣上升而成為天，重濁的陰氣則凝滯而為地。這樣的觀念在先秦至兩漢的古籍特別是道家典籍中多有表述，而溯其始源，則來自道家的創始人老子的思想。《老子》三十九章中就明確說過："天得一以清，地得一以寧"，天所得乃是"道"（"一"）之陽的方面，故以"清"；地所得乃是"道"（"一"）之陰的方面，故以"寧"。這裡需要對"天"和"地"的特點作些必要的說明。前面我們說過，在老子眼中，天和地也是可以感知的、有生有滅的有形質之物，在這一點上，天和地同萬物是沒有本質區別的；而在這裡我們又說，在道創生萬物的過程實現之前，就先分化為陰陽二氣而有了天和地，這顯然是把天地與萬物作了本質區分。我們要申說的是，這既不是我們的邏輯混亂，也不是我們的疏漏，因為在老子那裡，天地與萬物本來就是既相同又不同的。就其相同而言，天地與萬物一樣，都是形器世界中之物，都是形而下者，天地也不具備作為世界本原的資格，老子正是在

這一意義上將天地與萬物視爲無別，強調道"先天地生"、"是
謂天地根"，從而突出了道作爲世界本原的形而上之意義；就
其不同而言，從直觀上看，萬物都生於天地之間，存在於天
地之中，在天地中生滅變化，常識告訴人們，天地先於萬物
而存在，天地與萬物之不同乃是人所共見共知，老子亦是在
這一層面上承認天地的特殊性。他說：

> 天長地久。天地所以能長且久者，以其不自生，故能
> 長生。（七章）

天地就是這樣，與萬物旣相同又不同，因而老子才能將天地
作爲道與萬物的中介，把天地的形成作爲道創生萬物的中間
環節。質言之，天地與萬物的不同存在於日常生活的理解範
圍內，其相同僅存在於哲學的思辨中，天地只是在關於世界
本原的思考中才失去了其永恆性。老子的卓越之處就在於對
常人常識的超越，在於他對世界本原問題的終極思考，也正
是通過這一終極思考，老子把握了道的奧祕，實現了哲學上
的偉大突破。

　　"二生三"是演化過程的第三個階段。陰陽二氣產生了之
後，並不是互不相干的，相互作用是它們的本質屬性。陰陽
交感、二氣和合、天地氤氳，預示著演生出萬物的無限生
機。這裡的"三"，從動態上來看，是指的陰陽兩種對立勢力
的相互作用；從靜態上來看，指是的陰陽二氣相互作用所生
成的和合之氣。這種和合之氣還不是道創生的具體事物，它
只標示著"道"孕育著萬物的一種飽滿的狀態，萬物在道的母
體中可以說已是呼之即出了。"二生三"是道創生萬物過程的
進一步展開，是道向萬物的又一層落實。至此，"道生萬物"
的過程雖然尚未實現，但卻只有一步之遙了。

　　"三生萬物"是演化過程的最後一個階段。陰陽二氣交感氤氳的和合之氣所含能量的釋放，其結果便是萬物的生成。萬物都是陰陽二氣相互作用的結果，因而都具有陰陽兩種屬性（"負陰而抱陽"），都是陰陽兩種性質的統一體。至此，"道生萬物"的邏輯過程已完全展開，道經過了一層層的落實，終於完成了創生萬物的歷程。

　　以上就是"道生萬物"的全部過程，也就是老子的宇宙生成論。

　　這裡需要注意的是，道生萬物的"生"，不能理解爲"生殖"，而應理解爲"成"，即生成、分化、演化、發展。我們在上面的論述中使用的是"創生"、"化生"的提法，就是爲了避免產生這樣的歧解。"道生萬物"的過程，是一個由抽象到具體、由形而上到形而下、由少到多、由簡單到複雜的過程。在這個過程的四個階段中，第一個階段（"道生一"）和第三個階段（"二生三"），分別是對道和天地陰陽的狀態及特性的描述，因而整個過程也可以理解爲：道生天地陰陽，天地陰陽生萬物。老子這一思想在歷史上產生了深遠的影響，成爲中國古人對於萬物生成的一般看法。

㈡萬物存在根據之道

　　道在創生萬物之後並不是就無事可做了，道就如同一個母親，對自己創生的萬物不是丟下不管，而是要培育它們、覆養它們，使它們得到成熟。正如五十一章所說：

　　　道生之，德畜之，長之育之，亭之毒之，養之覆之。

　　這裡把道比做母親，只是一種比喻和借用的說法，事實上道與萬物的關係並不等同於母與子的關係。因爲母生子後雖然還要養育之，但此時的母與子已經相離爲各自獨立的存在，此種養育是一種外在的養育；而道與萬物卻不是這樣，道對所創生的萬物的培育和覆養，並不是一種外在於萬物的培育和覆養，此時的道並不離開萬物，它內在於萬物，作爲萬物之所以爲萬物的原因和根據而存在於萬物之中。從萬物的角度來看，不僅萬物的產生離不開道，道是萬物所由之產生的根源，而且萬物的存在也離不開道，道是萬物賴以存在的根據。換句話說，道對萬物的培育和覆養，乃是通過存在於萬物之中、作爲萬物之所以爲萬物的內在根據的方式實現的。因而老子說：

> 天得一以清，地得一以寧，神得一以靈，谷得一以盈，萬物得一以生。……萬物無以生，將恐滅。（三十九章）

這個“一”就是道，“萬物得一以生”的“生”，在這裡即是生長、存在之義。萬物之所以是它自己而不是他物，之所以有使自己同他物區別開來的特質，乃是由於有道作爲其內在根據的緣故，如果失去了這個內在的根據，萬物將不再是它自己而不復存在。因而老子又說：

> 大道氾兮，其可左右。萬物恃之以生而不辭。（三十四章）

大道廣泛流行，無所不在，萬物憑恃大道才得以存在，而不能離開它。所以道並不在萬物之外，而是在萬物之中。從道的角度來看，不僅萬物離不開道，道也離不開萬物，離開了萬物，道的作用就無法體現，人們也就無法體認道。萬物在創生之前，潛存於渾沌未分的道中，與道爲一體；萬物創生之後，內在地包含著道，體現著道，道與萬物仍然是一體。可見，道與萬物從來就沒有分開過，正如一位古人所說："道不離物，物不離道，道外無物，物外無道。"①詹劍峰把這一道理表述為"道物不二"，他說：

> 所謂道物不二，即道不離物，物不離道，故道之於物，猶水之於波。蓋老子認為宇宙乃運動不息的長流，流水在下，眾波在上，每一波紋皆流水的表現，而流水亦不在眾波之外。②

以水波之喻說明道物關係，可以說是既形象又恰當。

體現於萬物之中並作為萬物存在根據的道，老子稱之為"德"。"道生之，德畜之"，即是說"道"創生了萬物，"德"養育、成就了萬物。"道"是本體，"德"是本體的作用，體現著道。《莊子‧天地》曰："物得以生謂之德"，《管子‧心術上》也說："德者得也，得也者，謂其所得以然也。""德"與"得"古時通用，萬物所得之"道"就是"德"，它是道在具體事物中的體現，是事物所以如此的根據。因此也可以說，"德"就是存在於萬物之中的"道"，就萬物的生成來講是"道"，就萬物的存在來講則是"德"，"道"與"德"是不可分離的二位一體。"道"與"德"的關係進一步印證了"道不離物，物不離道，道外無物，物外無道"的道理。

㈢萬物歸宿之道

在前面的分析中我們看到，老子曾把道稱為"萬物之母"和"天下母"，但是我們也應該看到，老子這裡不過是借用母

---

① 顧歡：《道德真經注疏》。
② 詹劍峰：《老子其人其書及其道論》，湖北人民出版社 1982 年版第 233頁。

子關係來表述道爲天地萬物的根源或始基這一思想。換言之，母子之喻只是在道創生萬物這一範圍內適用。我們這樣說有兩點理由：其一，母與子是一種外在的關係，道則內在於萬物之中，作爲萬物存在的根據而不能與之相離，而我們卻不能說母是子存在的內在根據，這一點已如前所論。其二，道是永恆的，萬物的存在則是暫時的，都有生滅變化，萬物消失之後不是化爲烏有，而是復歸於永恆的道。這一點更是與母子關係不同，母子之間只有生與被生的關係，不存在復歸的問題。

萬物生生不息，道乃是萬物取之不盡、用之不竭的源泉。萬物有生亦有滅，最後都要向道復歸，道又是萬物的最終歸宿。關於萬物向道的復歸，老子有這樣的表述：

> 吾不知其名，強字之曰道，強爲之名曰大。大曰逝，
> 逝曰遠，遠曰反。（二十五章）

"大"是說道廣大無邊，無所不在。"逝"指道的周流不息的運行。王弼《老子注》曰："逝，行也。"吳澄《道德眞經注》亦曰："逝謂流行不息。""遠"指大道運行不息，向無限的遠方伸展。"反"借爲"返"，即返回到本根，復歸於最初的本原。具體來講，道廣大無邊，無所不在，故道不離物，它落實於一切具體的事物之中。由於"周行而不殆"是道的本性，萬物得道而生，運動變化也就成了萬物的本性，道通過萬物的存在和變化表現著自己的本性，或者說萬物的運動變化乃是道的本性的自然流露。通過萬物存在的無限多樣性和運動的永恆性，道將自己的本性和作用伸展到無限的遠方，在這一意義上，可以說離自己的原始狀態越來越遠。然而萬物的存在與運動無論走到多遠，最終都要返回到本根，向道復

歸，返回到出發點的萬物於是完成了自己的一個循環過程。由於萬物的復歸，道中又凝聚著新的生命力，集結著新的創造力，孕育著新的事物，醞釀著另一輪循環過程。這就是老人向人們描述的關於道與萬物運動的周而復始的無限循環過程。

　　萬物向道的復歸，老子又稱之爲"歸根"、"復命"、"復歸於朴"。他說：

　　　　萬物並作，吾以觀復。夫物芸芸，各復歸其根。歸根
　　　　曰靜，靜曰復命。（十六章）
　　　　常德不忒，復歸於無極。……常德乃足，復歸於朴。
　　　　朴散則為器。（二十八章）

大千世界，芸芸衆生，層出不窮，生生不息，老子從這紛亂的世界中找出了一條規律，那就是萬事萬物最終都不可避免地要向自己的本根復歸。相對於變動不已的外部世界，本根之處是呈"虛靜"狀態的，因之萬物向道的復歸，亦可看作是由"動"返"靜"。在老子看來，虛靜的狀態乃是一切存在的本性，本性亦即命，故曰"歸根曰靜，靜曰復命。"老子關於"復命"的思想對後世學術理論的發展產生了重要的影響。其一，就政治的好壞而言，受此影響，儒家主張向堯舜時代的盛世復歸，道家則主張向更爲久遠的原始時代復歸。其二，就人心的好壞而言，受此影響，儒家主張向先天本有的善性復歸，道家則主張向質樸純眞的自然本性復歸。唐代李翱的復性說，繼承此種學說的宋代理學家，可以說都受到了老子"復命"思想的啓發和影響。

　　"復歸於朴"，"朴"是未經雕琢的原木，與"朴"相對的"器"則是雕琢而成的器物。這裡的"朴"指代形而上之道，"器"指

代形而下之萬物。"朴散則爲器"指的是無形質的道落實爲有形實的萬物，即道生成萬物的過程，"復歸於朴"則是萬物最終向自己的本根狀態——道的復歸。在這裡，老子借"朴"的未經雕琢來描述道的自然狀態，同時也是借"朴"來表達純真、質樸、敦厚的人類天性。老子提倡返樸歸真，主張"見素抱朴"，保持淳樸自然的天性和美德，反對伸張物欲、浮華虛僞和投機取巧。這一思想對其後繼者影響很大，是道家學派一以貫之的重要主張。關於老子的這一思想，我們留待後面的有關章節中再進行詳細的討論。

四、規律性的道

在老子的哲學中，道固然是無形而不可見、恍惚而不可隨的，但它作用於萬物時，卻表現了某種規律性，這些規律不僅爲萬物的運動變化所遵循，而且也應爲我們人類的行爲所取法。因而在《老子》書中，除了描述實存意義的道之外，許多地方所說的道乃是意指規律性的道。

道作爲規律，爲人類的行爲所取法和遵循，表現爲人類生活的各種準則，關於這方面的內容，我們留待後面的有關章節中再進行敘述。

按照現在通行的哲學觀念，"規律"本應屬於辯證法所討論的內容，不過爲了更集中地闡述老子的道論，我們把老子關於道的運動規律的思想從其辯證法體系中提出來，放到這裡討論。

老子提出"常"這一概念，來表述事物運動的規律性。對此，我們還需從《老子》第一章說起：

　　　　道可道，非常道；名可名，非常名。

　　在這裡，老子開宗明義地指出了“常道”和普通人在常識的意義上使用的道概念的區別：可以用言詞表達的道，就不是“常道”，而是常識中的普通的道；可以說得出來的名，就不是“常名”，而只是常識中使用的普通的名。這裡的“常道”和“常名”就是老子在哲學的意義上使用的道，它同普通的常識之道的區別，關鍵就在於這個“常”字。這個“常”字，其基本意義就是“永恆”，在馬王堆帛書本《老子》中，這個“常”正作“恆”字，可證“常”字乃是“永恆”、“恆常”之義。

　　在《老子》書中，“常”字在這個意義上被使用的例子是很多的。最早爲《老子》作注釋的韓非就是在“永恆”的意義上理解“常”的，他說：

　　　　凡理者，方圓、短長、粗靡、堅脆之分也，故理定而後物可得道也。故定理有存亡，有死生，有盛衰。夫物之一存一亡，乍死乍生，初盛而後衰者，不可謂常。唯夫與天地之剖判也俱生，至天地之消散也不死不衰者謂常。而常者，無攸易，無定理。無定理，非在於常所，是以不可道也。聖人觀其玄虛，用其周行，強字之曰道，然而可論。故曰：道之可道，非常道也。①

　　從韓非的注解我們可以看出，老子用“常”來規定道，其含義有二：其一是用“常”來表述道的超越性、形而上性和永恆存在；其二是用“常”來表示道所具有的常住性。道的這第二個含義正是我們在這裡所要關注的：它“不死不衰”、“無攸

────────────────

①　《韓非子・解老》。

易"，永恆如此；它雖然"非在於常所"，變動不居，又"無定理"，無所謂方圓、短長、粗靡、堅脆之分，但又"周行"不息而不易其則，在永恆的運動中表現出某種一定之規和常住性。這種於循環往復的運動中普遍存在並反覆出現的不變性和常住性，正是我們平時所說的規律。

"常"的意思是不變，是與"變"相對立的，而老子卻用道這一概念，將"常"與"變"統一了起來。在上面的分析中我們已經看到，道是永恆運動的，它既不會停留在任何一個地方，沒有固定的形狀，這是"變"；同時又表現爲穩定的法則和確定不移的趨勢，這是"常"。"常"和"變"的這種辯證關係可以概括爲"常變統一"和"變中有常"。老子首先肯定包括道在內的一切都是永恆變化的，同時他又認爲，事物的變化都是依照一定的規律進行的，都有一定的常規可循。世界上沒有不變的事物，規律就存在於運動變化之中，離開了運動變化，規律就無法體現，離開了規律，事物的變化就成了不可捉摸的一陣風。總之，"變"是有"常"之"變"，"常"是"變"中之"常"，"常道"這一概念就體現了"常"與"變"的統一。這就是老子的常變觀，就是老子對於規律的一般看法。

老子對道的變動性和規律性還有如下的論述：

> 有物混成，先天地生。寂兮寥兮，獨立而不改，周行
> 而不殆，可以爲天下母。吾不知其名，強字之曰道，
> 強爲之名曰大。大曰逝，逝曰遠，遠曰反。（二十五
> 章）

關於"寂兮寥兮，獨立而不改，周行而不殆"，河上公注曰："寂者無音聲，寥者空無形，獨立者無匹雙，不改者化有常。"司馬光《道德眞經論》對"不改"有這樣的解釋："變化終

不失其常"。他們都是從"變"和"常"的統一即運動變化和規律性的統一的觀念出發來理解老子的道的。"周行而不殆",是說道處於永不停息的循環運動之中,河上公注曰:"道通行天地,無所不入,在陽不焦,託陰不腐,無不貫穿,而不危殆也。"宋人林希逸《老子口義》亦曰:"周行於萬物之中,無不遍及而未嘗窮匱,故曰不殆。"根據這些解釋,"不殆"乃是指道可以永恆存在,而道之所以能夠永恆存在,正是由於它處在不斷的循環運動("周行")的狀態,那"獨立不改"的"常"(規律),就貫穿於"周行不殆"的運動變化之中。

《老子》十六章說:

> 復命曰常,知常曰明。不知常,妄作凶。

這裡的"常",即指萬物運動與變化中的不變之規律或法則。老子指出,萬物的運動和變化都依循著循環往復的律則,對於這種律則的認識和了解,就叫做"明"。老子認為,認識和掌握了事物運動變化的律則,可以用來指導人類的行動,知道什麼事可以做,什麼事不可以做,就可以造福於人。反之,不了解事物運動的律則("不知常"),輕舉妄動,盲目亂來,就會帶來禍患("妄作凶")。

這樣,老子通過"獨立而不改,周行而不殆",通過"大曰逝,逝曰遠,遠曰反"以及"歸根"、"復命"等一系列概念和命題的闡發,向人們揭示了這樣的道理:事物無不向遠離自身的相反方向運動發展,同時這種運動發展最終還要回到本來的根源狀態。這種回到原來出發點的循環往復的運動,鮮明地表現了事物運動的規律性。老子第一個揭示了這種回到本根的運動,並把它看作是宇宙萬物運動的總規律。

五、道的無神論之意義

在老子所處的時代，人們的思想長期以來一直籠罩在宗教神學的迷霧之下，上帝與鬼神的觀念仍很濃厚。在這樣的思想文化背景下，老子提出的道論具有突出的無神論的意義，它用哲學取代了神學，用理性取代了迷信，標誌著古代人文意識的眞正覺醒。

老子道論的無神論意義，主要表現爲對主宰一切的人格之天和上帝鬼魂的否定。

春秋之前，人們普遍接受這樣的一種觀念，即"天"是有意志、有人格的最高的神靈，世間的一切都是天所生，都被天所主宰，天的意志和命令表現爲"天命"，國家、社會和個人無不受"天命"的支配。在《尙書》、《詩經》等古代典籍中，我們可以看到很多對天和天命的這種神學化的描述。到了春秋時代，天命開始受到越來越多的懷疑，天的至高無上的地位開始動搖，這樣的狀況在《左傳》、《國語》等典籍中多有反映。但此時的人們尙無力否定人格之天的存在，還提不出某種足夠成熟的思想觀念來與天命觀念相對抗。老子的思想就是在這樣一種文化條件下提出來的。

將"天"還原爲自然之天，是老子道論的一個突出貢獻。

在老子的思想體系中，天不再具有至高無上的地位和意義，老子將道置於在天之上、之前。老子說：

天地尙不能久，而況於人乎？（二十三章）

這就是說，天的存在也是暫時的，而不是永恆的，因而只有相對的意義。老子又說：

> 有物混成，先天地生。（二十五章）

> 玄牝之門，是謂天地根。（六章）

這個渾然一體的東西，就是道，它不僅在時間的順序上先於天地的形成而存在，而且還是一個微妙的母性之門，它是天地萬物的"根"，天地萬物都是由它生成的。如本章第三節所指出的，老子還用"始"、"母"、"宗"、"淵"、"奧"表達"道"是天地以及其間萬物的根源或始基這一重要的思想。不僅如此，天還要取法於道（"天法道"），從"道"那裡獲得自己所遵行的法則。道又稱爲"一"，一切事物都從這個"一"獲得自己所以如此存在的根據，天地也不例外，老子說：

> 昔之得一者：天得一以清，地得一以寧。（三十九章）

天地之所以如此存在，乃是由於得到了這個"一"而獲得了自己的根據。這樣一來，老子就用自然之"道"否定了天的至高無上的地位。

在老子的時代，"天"乃是人格之天，能夠賞善罰惡，主宰著世間的一切。老子用自然無爲之"道"否定了主宰之天，這在三十四章有集中的論述：

> 大道氾兮，其可左右。萬物恃之以生而不辭，功成而不有。衣養萬物而不為主，可名於小；萬物歸焉而不為主，可名為大。

道雖然生成了萬物，但並不聲稱是自己所生，萬物也不知自己所由之生；雖然成就了萬物，卻從不據爲己有；雖然覆養了萬物，卻一任萬物之自然，不做萬物的主宰。在這個意義上，道自居於微不足道的地位，故可名之爲"小"；萬物雖然感覺不到有什麼力量在主宰和支配著自己的運動，但最終都要復歸於道，並在這個無所不包的本根之處積聚能量，

醞釀著新一輪的循環，故道又可名之爲"大"。萬物從生成、
成長直至回到自己的最終歸宿，這種周而復始的循環運動完
全是自然而然的，並沒有任何外在力量的決定和主宰。這
樣，老子道論的提出，便否定了任何超自然的神祕力量，否
定了人格化的主宰之天的存在。

道生成天地萬物是一個自然而然的過程，並沒有任何預
設的目的，這種觀點的提出又是對當時流行的神學目的論的
否定。按照宗教神學的傳統觀念，天是最高的主宰，一切自
然現象的發生都表現了天的意志，而天的所有活動又都是爲
了人，萬物都是天有目的地爲人而生的，宇宙間發生的一切
都是天事先安排好了的。這種觀念不僅由來已久，而且深入
人心，影響久遠，在老子之後的《墨子》一書中，我們可以看
到對這種目的論的系統表述：

> 吾所以知天之愛民之厚者有矣，曰：以磨爲日月星
> 辰，以昭道之；制爲四時春秋冬夏，以紀綱之；雷降
> 雪霜雨露，以長遂五谷麻絲，使民得而財利之；列爲
> 山川谿谷，播賦百事，以臨司民之善否。①

《墨子》成書不早於戰國初期，彼時尚且如此，可以想見
老子當時此種目的論的思想觀念必定相當流行，左右著人們
的思想和行爲。

老子第一次把宇宙間的一切都看成是一個自然而然的過
程，用自然論取代了目的論。在他的學說中，天不再是萬物
的創造者和決定者，不再是萬物和人類的主宰，不再具有神
祕的屬性和意義，天的意志和目的被否定了，成了普通的自

① 《墨子·天志中》。

然之物。這種自然論對後世哲學思想的發展產生了重大而積極的影響，這種影響突出地表現在道家學派的作品中。從戰國中期的《莊子》和《管子》，到戰國後期的《呂氏春秋》和受道家影響的《荀子》和《韓非子》，直到漢代的《淮南子》、《論衡》、《潛夫論》等著作，都可以看到這種天道自然論的重要影響。

　　老子的道論不僅否定了主宰之天，也否定了上帝和鬼神。

　　宗教神學所謂的"天"，是最高的人格神，實際上不過是上帝的代名詞。在《詩經》、《尚書》等典籍中，有許多關於上帝的記載，如：

　　　　皇矣上帝，臨下有赫，監視四方，求民之莫。（《詩經
　　　　·皇矣》）

　　　　上帝臨女，無貳爾心。（《詩經·大明》）

　　　　有夏多罪，天命殛之。予畏上帝，不敢不正，致天之
　　　　罰。（《尚書·皋陶謨》）

　　　　類於上帝，禋於六宗，望於山川，遍於群神。（《尚書
　　　　·堯典》）

在這些記載中，上帝乃是人格化了的天，它君臨一切，宰制一切，先於一切，是最高的權威。而老子卻否定了這個權威，把道置於上帝之先：

　　　　道沖，而用之或不盈，……吾不知誰之子，象帝之
　　　　先。（四章）

"象"者，猶今所謂"似乎"也。老子說，道體是虛空的，然而它的作用卻永不窮竭，我不知道它是從哪裡產生的，似乎在上帝之前就有了它。在這裡，老子雖然沒有直接否認上帝的

存在，雖然用的是疑似的口氣，可見當時宗教神學的勢力還相當強大，但不管怎樣，他畢竟是把道放在了上帝之先的位置。這樣，老子就通過論證世界的本原、探討宇宙的起源和發展問題的方式，否定了上帝作爲造物主的資格，否定了上帝的權威，使神學讓位於哲學。

　　道也否定了鬼神之靈。鬼神的觀念可能比上帝的觀念更爲久遠。中國古人歷來是多神崇拜的，故有"百神"、"群神"之說。他們更相信人死爲鬼，鬼能爲厲，相信人間亦是鬼神的世界。而老子卻說：

> 以道蒞天下，其鬼不神；非其鬼不神，其神不傷人；
> 非其神不傷人，聖人亦不傷人。夫兩不相傷，故德交
> 歸焉。（六十章）

"非其鬼不神"之"非"字，據高亨《老子正詁》所言，是"不唯"二字的合音。老子說，用"道"治理天下，鬼怪就起不了作用；不但鬼怪起不了作用，神祇也不侵害人。因爲以道蒞臨天下，無爲而治，則人們皆得安於自然，外無所求，內無所畏，陰陽和調理順，鬼神也就不靈了。這也說明，安危禍福全在人爲，如果人爲得當，禍患便無由降生。雖然老子在這裡並沒有直接否定鬼神的存在，但他卻用自然無爲之道否定了鬼神之靈，從而使得鬼神的存在失去了意義。

　　老子無神論思想的重要性主要有兩點：其一，老子是古代用哲學理論的方式闡述無神論思想的第一人，他的無神論思想在當時起到了重要的啓發蒙昧、解放思想的作用。其二，老子提出的天道自然無爲的思想，是其後幾千年的無神論者取之不盡、用之不竭的思想資源。這兩點，尤其是第二點，使得老子的思想在中國古代無神論思想史上具有了極爲

特殊的地位。

　　道論是全部老子學說的核心，內容十分豐富，道作爲宇宙本原，僅是其基本意義之一。"道"在《老子》書中出現了七十餘次，除了本章所討論的形而上之宇宙本原、本體和萬物的運動變化所遵循的規律之外，在有些地方，道指的是人類生活的準則；在有的地方，道又指人類所能獲得的最高知識和智慧；在有些地方，道還是個人修養的最高境界，甚至是社會政治所能達到的理想狀態。道的以上諸多意義並不是互不相關的，而是彼此相通的，相互之間有著密切的聯繫。

第 六 章
老子的認識論

　　老子建立了中國古代第一個完整的認識論體系，就這方面而言，老子在中國歷史上的影響超過了任何一位思想家。老子的認識論是建立在以"道"爲核心範疇的宇宙論的基礎之上的，在宇宙論中，"道"是天地萬物的本原和根據；在認識論中，"道"成爲認識的終極對象和歸宿。老子認識論的豐富思想，都是圍繞著"道"這一軸心展開的。

一、"爲學"與"爲道"

　　老子的認識論首先揭示了兩種不同層次的認識對象——"學"與"道"，並由此兩種不同層次的認識對象之獲得，而有兩種不同乃至相反的認識途徑與方法——"爲學"與"爲道"。

《老子》四十八章曰：

> 為學日益，為道日損。損之又損，以至於無為，無為
> 而無不為。

"為學"是指探求外物的普通的求知活動；"為道"亦稱"聞道"
①，是指通過玄思或體驗去領悟和把握最高的大道。"益"是
增加、積累，"損"是減少、排除。"為學"所追求的是關於形
而下的具體事物的知識，這種知識通過感覺經驗即可獲得，
它貴在增益，日積月累，積少成多，所以說"日益"。"為道"
則不同，首先，"道"是形而上的，它"視之不見"、"聽之不
聞"、"搏之不得"，超感覺超經驗，用認識具體事物的方法是
不可能獲得的，經驗知識的積累不僅無助於"為道"，而且搞
得不好還易於產生成見、偏見甚至欲望、智巧，反而會妨礙
對大道的認識。其次，道是一種精神境界，一種生活的態度
和原則，人類的自然眞樸之性本是最符合大道的，但人類過
多的和不適當的行為卻破壞了這種自然的狀態，徒增了許多
的私欲、偏見和機巧，以至於離大道越來越遠，因而人要"為
道"，要仿效"道"的樣子而生活，要復歸於自然，就必須排除
這些多餘的東西，排除得越徹底越好。因而"為道"貴在減
損，"損之又損，以至於無為"，即損到無可再損的地步，所
以說"日損"。多餘的、不自然的東西損盡之日，就是體認把
握"大道"之時，這就是"無為而無不為"。

　　老子的這段話極易引起誤解，我們應細心謹愼地加以理
解。

　　一些學者依據這一章的文字，認為在老子那裡，"為學"

---

① "為道"，帛書《老子》甲、乙本均作"聞道"。

與"爲道"是互相排斥的，"爲學"就無法"爲道"，"爲道"就必
須放棄"爲學"。這是一種誤解，是由於僅從字面上孤立地理
解這句話，而沒能將它同老子的一貫思想聯繫起來加以理
解。實際上，這一章雖然強調了"爲學"與"爲道"的不同，卻
不曾將它們截然對立起來，不曾將它們看成是互相排斥的。
因爲老子這裡所要"益"和"損"的對象是不同的，"日益"的是
經驗知識，"日損"的卻是私欲、偏見、智巧等。對此，我們
可以引證馮友蘭在《中國哲學史新編》第二冊中的一段論述，
來幫助讀者正確理解老子的意思。馮先生說：

> 它（指《老子》，引者）認為，為道就要日損，為學就
> 要日益，但是，所損所益並不是一個方面的事。日
> 損，指的是欲望、情感之類；日益，指的是積累知識
> 的問題。這兩者並不矛盾，用我的話說，為道所得的
> 是一種精神境界，為學所得的是知識的積累，這是兩
> 回事。一個很有學問的人，他的精神境界可能還是像
> 小孩子一樣天真爛漫，用《老子》表達的方式，一個人
> 也應該知其益，守其損。

所以，一個人應該日益其知，成爲一個知識淵博的有學之
人，同時又應該日損其欲，成爲一個境界高尙的有道之人，
使"爲學"與"爲道"同時並進。

　　還有不少學者依據這一章的文字，認爲老子注重"爲
道"，反對認識客觀世界中的具體事物，否認經驗知識的意
義。這種看法顯然過於籠統。因爲老子在宇宙論上注重道與
萬物的區別，是爲了突出道的形而上之意義和特性，進入了
認識論的領域，老子提出"爲學"與"爲道"的區別，仍是爲了
強調"道"的形而上之特殊性，不能用探求形而下之"物"的普

通方法來獲得。在"爲學"的範圍內，老子承認外部世界是可
以認識的，承認人們可以通過感官獲得關於外部世界的知識
和經驗，並認爲這種知識和經驗可以積累。但是在老子看
來，經驗知識的積累並不能獲得對形而上之大道的把握，亦
不能導致精神境界的提高，因而，如果拘泥於以往的經驗，
侷限於普通的知識，是永遠也不可能獲得大道的，甚至有礙
於"爲道"。正是在這一意義上，也僅是在這一意義上，老子
指出了"爲學"與"爲道"的不同，"爲學"靠的是"日益"，"爲道"
卻要"日損"。老子雖然主張"爲學"與"爲道"並進，但同時又
認爲"爲道"要高於"爲學"，"爲道"應是人生最高的追求。道
不僅是人生最高的精神境界，而且同時又是人類認識的最高
目的。可見，老子並沒有否定經驗知識，而只是在提醒人
們，認識不應停留在經驗知識的層次，還應以大道爲更高的
追求。而"爲學"與"爲道"這兩種不同層次的認識活動，是通
過不同乃至相反的途徑和方法進行的。應當承認，老子的這
一思想是相當深刻的。

　　老子認爲，要了解外部世界就要對其進行直接的觀察，
這種觀察必須是如實地反映事物的本來面貌，而不能有任何
歪曲和附加。老子說：

　　　　以身觀身，以家觀家，以鄉觀鄉，以邦觀邦①，以天
　　　　下觀天下。吾何以知天下然哉？以此。（五十四章）
這可以說就是"爲學"的具體內容和方法。事物各有其特點和
本性，因而認識事物必須從事物本身出發，對具體的對象進

---

① "邦"，王弼本作"國"。按"邦"當爲本字，帛書甲本即作"邦"，乙本因
　避劉邦之諱而改爲"國"。另范應元本、傅奕本均作"邦"，《韓非子·解
　老》篇引同。

行具體的觀察分析，方能得知事物之本然。老子的這種方法可以概括爲"以物觀物"，其中包含有按照世界的本來面貌認識世界的合理內容。老子並指出，人們之所以能夠"知天下之然"，就是用的這一方法。這也進一步表明，認爲老子排斥經驗知識的看法是不正確的。

　　然而，老子雖然承認感覺經驗的作用，雖然主張通過接觸外物來獲取和積累具體的經驗知識，但他又認爲這種關於具體事物的經驗性知識——"爲學"並不是認識的終極目的，認識應該以"道"爲終極對象，以體認和把握"大道"——"得道"或"聞道"爲最終目標。換言之，老子是將認識區分爲"爲學"和"爲道"兩個不同的層次："爲學"只是一種初級的認識活動，普通人的認識活動侷限於這一範圍；而"爲道"則是一種高級的認識活動，是一種高度抽象的哲學思維，它要追尋的是宇宙萬物的終極原因和普遍規律，探討解決社會與人生問題的根本方法。老子認爲，這樣的高級認識活動，"衆人"是不去從事也是無力從事的，這對於人類來說，無疑是極大的遺憾和欠缺，因而他說：

　　　學不學，復衆人之所過。（六十四章）

有道之人學衆人之所不學，超越"爲學"而探求"大道"，以彌補衆人的欠缺，挽救衆人的過錯。

　　還有人認爲，老子的認識論重視直覺和體悟而排斥理性思維，這也是對老子的一種誤解。比如，《老子》十六章說：

　　　知常曰明，不知常，妄作凶。知常容，容乃公，公乃
　　　全，全乃天，天乃道，道乃久，沒身不殆。

這個"常"，實際上就是事物運動變化的規律或法則。老子指出，了解並把握了事物的規律就是"知常"，"知常"就是"明"，

就可以對事物的性質和發展變化做出判斷和預見，並以此判斷和預見來指導自己的行動，如此就會"沒身不殆"。相反，"不知常"就是不"明"，就會盲目妄動，就會招致禍患。"知常曰明"這一命題在《老子》中出現了兩次，老子通過這一命題，清楚地揭示了理性思維的力量，並把通過理性思維獲得的規律性認識作爲人類行爲的指導。由此看來，籠統地說老子排斥理性思維，是不妥當的。

我們再以《老子》五十四章中"以身觀身，以家觀家，以鄉觀鄉，以邦觀邦，以天下觀天下"爲例，來進一步澄清這種誤解。王弼對這句話的注解是："彼皆然也"，即是說我之身與他人之身之間存在著共性，就"身"而言，我之身如此這般，他人之身也是同樣道理，因而由我之身出發，則可觀照推知他人之身。同理，我之家與他人之家，我之鄉與他人之鄉，我之邦與他人之邦，皆應作如是觀。宋人林希逸《老子口義》所言甚爲明白："即吾一身而可以觀他人之身，即吾之一家而可以觀他人之家，即吾之一鄉而可以觀他人之鄉。"若非如此，又何以"知天下然"？這是一種典型的由已知推出未知的類比推理方法。可見，老子的"以物觀物"不僅包含著按照事物的本來面目來認識事物從而保持認識的客觀性這一合理內容，而且也是一種常見的理性思維的認識方法。因而，說老子排斥理性思維是一種誤解，產生這一誤解的原因在於沒有區分老子是在談"爲學"還是在談"爲道"。因爲根據老子的邏輯，這種"以物觀物"的方法顯然屬於可以"日益"的"爲學"之範圍，其所要推知的"身"、"家"、"鄉"、"邦"等皆爲形而下之形器世界中之物，而要獲得有關形器世界的知識，就離不開感性經驗和理性推理的認識方法。然而，形而上之"道"卻是這種方法所無法推知的，"聞道"要靠直覺體悟的特殊方法，只有在這個意義上和範圍內，概念、判斷、推理等理性思維的形式才失去了作用。不明了老子認識論的兩個層次而一概地說老子排斥理性思維，這樣的態度是不足取的。

以上分析論述表明，老子並不反對人們去認識客觀世界的具體事物，他只是告訴人們，認識不應該只停留在初級的階段，還應該向更高的階段邁進，去探求宇宙的終極原因和普遍規律，尋求解決社會與人生問題的根本方法。因而在老子那裡，普通的事物和最高的"道"都是認識的對象，只不過是層次不同而已。

老子亦用"母"和"子"來喻指這兩種不同層次的認識對象，他說：

"天下有始，以為天下母。既得其母，以知其子；既知其子，復守其母，沒身不殆。"（五十二章）

"始"為本始，"母"為根源，都是喻指的"道"；"子"則指萬物。老子認為，只要把握了作為萬物的本始和根源的"道"，就能認識萬物；如果認識了萬物，又能持守著萬物的根源，則終身都沒有危險。這裡，老子告訴我們，高級的認識可以涵蓋初級的認識，因為它是建立在初級認識的基礎之上的，有了這種高級的認識，就能更深刻地認識萬物。老子並沒有說"既得其母"就可以不要其子，而是說還要"知其子"，這也證實了老子反對認識客觀事物的說法有誤。

誠然，在"為學"與"為道"的問題上，老子雖主張兩者是可以同時並進的，但最終還是認為"為道"要高於"為學"。這同他的宇宙論是一致的。在宇宙論上，老子為了突出"道"的特殊性，特別強調了形而上之道和形而下之萬物的區別，因而當他以道爲核心範疇建立他的認識論體系時，就必然要突出"爲道"的重要性，致使許多學者由此認爲老子有重"道"輕"學"的傾向。但如前所論，老子畢竟沒有否定"爲學"，畢竟沒有排斥經驗知識，而是看到了經驗知識的侷限性，認爲它不足以揭示和把握世界萬物的本原和總規律——"道"，從而促使他去探索獲得道的特殊途徑和方法。因而老子對經驗知識的侷限性的揭示便包含了積極的意義，它突破了人們日常的感知範圍，把認識的對象從現象界的經驗事實引向了現象界背後的深層次的存在，推進到宇宙的本體和總規律的高度，從而在一定程度上突破了人們習以爲常的思維方式，克服了認識的直觀樸素性，這是對中國古代認識史的重要貢獻。

老子所說的"爲學日益，爲道日損。損之又損，以至於無爲"，還有另一層含義，需要在這裡加以申說。《老子河上公注》曰："'學'謂政教、禮樂之學也；'日益'者，情欲文飾，日以益多。"蔣錫昌《老子校詁》亦曰："'爲學者日益'，言俗主爲有爲之學者，以情欲日益爲目的；情欲日益，天下所以生事多攪也。"這樣的解釋將"爲學"與對仁義聖智禮法的追求相聯，可謂別具一格，它從"政教禮樂"的角度切入問題，旣闡發了老子對政治、社會、文化和人心的態度，又同知識智慧等認識論問題相聯。根據這樣的解釋，老子認爲世俗之"學"只能是滋長人們的貪心和物質欲望，從而導致天下不得太平。爲什麼會是這樣呢？我們嘗試做出如下解釋：

其一，老子當時，社會發生了巨大的變化，官學式微，學在民間，學而優即可入仕，下學則可上達，一旦入仕爲

官，個人的地位和生活便可得到極大的改善，此即孔子所謂
"耕也，餒在其中矣；學也，祿在其中矣。"①一部分人的成
功對更多的人起到了示範的作用，刺激了人們通過"學"的途
徑求取功名改善社會地位的欲望，如《韓非子》所言："中章、
胥己仕，而中牟之民棄田圃而隨文學者邑之半"②，從而在社
會上形成了濃厚的求學風氣。而所"學"不外是列國諸侯所需
要的"政教禮樂之學"。這樣，"學"是爲了干祿求仕，干祿求
仕是爲了滿足物質欲望，"學"與貪欲之間的關係不難洞察。
因而，老子說"學"可以滋長人們的貪欲，乃是鞭辟入裡之
見。

　　其二，"爲學"固然與物質欲望相聯，而就"爲學"本身而
言，它畢竟是一種探求外物以獲取知識的認識活動，必然帶
來知識的積累、經驗的豐富和智能的提高。這對一般人來說
是求之不得的，然而老子卻看到了事情的令人擔憂的另一個
方面。在老子看來，人們在增長知識、經驗和智能的同時，
也會產生浮華、虛榮、機巧和詐僞之心，破壞人心本來具有
的那種純眞、樸素、敦厚的自然狀態。在老子眼中，人心淳
樸質眞的自然狀態是最珍貴的，這種自然狀態的破壞乃是人
類最大的不幸，因而他用了大量的筆墨抨擊了機巧和詐僞，
謳歌了人心自然狀態的美好。同時，機巧詐僞同貪欲也是密
不可分、齊頭並進的，人們總是運用機巧詐僞作爲獲取更多
的物質利益以滿足貪欲的手段，無止境的貪欲又刺激了人們
通過"爲學"去提高機巧詐僞的能力。

　　可見，以"政教禮樂"爲內容的"爲學"，其結果是貪欲和

---

① 《論語・衛靈公》。
② 《韓非子・外儲說左上》。

巧詐之心的"日益"。為此，老子提出與"為學"相反的一種認
識目標——"為道"，即獲得自然無為之"道"。"為道"的方法
是"日損"，《河上公注》曰："'道'謂自然之道也；日損者，
情欲文飾，日以消損。"蔣錫昌亦曰："'為道者日損'，言
聖人為'無為'之道者，以情欲日損為目的。"情欲減損一
分，離"道"就近了一分，就這樣"損之又損"，直至無所可損，
徹底地排除了貪欲和巧詐之心，人心便可返歸至質樸純真的
本然狀態。這種返樸歸真的自然之心，便是老子孜孜以求的
"得道"狀態，它既是道德修養的最高境界，也是人類認識的
終極目標。

二、"智"與"愚"

在老子的認識論中，"知"是一個十分重要的詞匯。《老子》
書中，"知"（含"智"）共出現了64次，這個頻率在《老子》的
重要詞匯中是相當高的，僅次於其核心概念"道"（68次）。
在《老子》通行本中，"智"字凡八見，而在1973年長沙馬王堆
漢墓出土的帛書《老子》甲本和乙本中，"智"皆作"知"，通行
本《老子》為三國時魏王弼注本，蓋"智"字後出，古時"知"、
"智"通用。

"知"字在《老子》中有兩種用法，一是用作動詞，如"知
常"、"知人"、"自知"、"不知"、"知天下"等；一是用作名
詞。在作名詞用的"知"字中，又有兩種用法，一是用作"知
識"之知，其中包括一般的經驗知識和關於大道的知識；一是
用作"智巧"、"機智"之知，即通行本中之"智"。在"知識"這
一意義上使用的"知"，是一個中性詞，而在"智巧"、"機智"

意義上使用的"智"字，在《老子》中卻是一個貶義詞。

　　老子對"智"採取的是貶斥的態度，在通行本《老子》十八章中有這樣一句著名的話：

　　　智慧出，有大偽。

而在郭店竹簡本《老子》的相應位置上，卻沒有這一句，很可能最早的《老子》書中是沒有這一句的，但它卻符合老子的一貫思想。就《老子》全書來看，老子對"智"的貶斥態度是一貫的，"偽"就是詐偽、巧偽，也是老子所一貫反對的，在郭店竹簡本《老子》中就出現了"絕偽棄詐"一句。就一般人的看法而言，"智"不但沒有什麼不好，反而是求之不得的，它可以幫助人們獲得利益，達到特定的目的。而在崇尚自然主義的老子看來，事情卻完全不是如此。在老子這裡，"智"不是今天我們所謂的聰明、智力，不是指辨析判斷、發明創造的能力，而是指的心機、機巧，它不是出於人的本性之自然，不符合自然的原則。老子認為，正是由於"智"的出現，破壞了人心真樸的自然狀態，才出現了詐偽。《老子》書中否定和排斥"智"的言論還出現在如下幾章：

　　　絕聖棄智，民利百倍。（十九章）

　　　民之難治，以其智多。故以智治國，國之賊；不以智治國，國之福。（六十五章）

　　　不貴其師，不愛其資，雖智大迷。（二十七章）

　　　常使民無知無欲，使夫智者不敢為也。（三章）

不難看出，老子所說的"智"，實際上指的是機巧之心、詐偽之心、奸滑之心，是針對時弊和人類的通病有感而發，他反對的是玩弄心機和投機取巧。因而我們不能僅作字面上的理解，籠統地說老子反對一切聰明智慧。

　　通過對"智"的反思和否定，老子提出了他的尚"愚"思想。

　　在《老子》書中，"愚"字共出現了 3 次，卻有兩種完全不同的涵義。一種是老子所極力推崇的"愚"，代表著同於"道"的最高境界；另一種則是一般意義上的含有貶義的"愚"。這後一種"愚"，出現在《老子》三十八章：

　　　　前識者，道之華而愚之始。

何謂"前識"？河上公的解釋是："不知而言知爲前識。"即今所謂不懂裝懂。王弼的解釋是："前識者，前人而識也，即下德之倫也。竭其聰明以爲前識，役其智力以營庶事，雖得其精，奸巧彌密，雖豐其譽，愈喪篤實。"可見前識就是機巧奸僞，即前面所批評的"智"。最早注解《老子》的《韓非子·解老》篇曰："先物行，先理動，之謂前識。前識者，無緣而妄意度。"韓非還舉了個例子：詹何坐在室中，聽見門外的牛鳴，就知道這是一頭白犄角的黑牛。這樣毫無根據的亂猜，即使是懵對了，也是毫無意義的，所以韓非對這種"無緣而妄意度"嗤之以鼻。老子指出，這種"前識"，不過是"道"之虛華，貌似"智"，實際上卻是眞正的愚，是"愚之始"、"愚之首"。①

　　對於另一種"愚"，即老子所崇尚的同於大道的"愚"，《老子》二十章是這樣表述的：

　　　　眾人熙熙，如享太牢，如春登台。我獨泊兮，其未兆；沌沌兮，如嬰兒之未孩；累累兮，若無所歸。眾人皆有餘，而我獨若遺。我愚人之心也哉！俗人昭昭，我獨昏昏。俗人察察，我獨悶悶。……眾人皆有以，而我獨頑且鄙。我獨異於人，而貴食母。

---

① 　馬王堆帛書《老子》甲、乙本"愚之始"作"愚之首"。

“熙熙”，王弼注曰：“衆人迷於美進，惑於榮利，欲進心競。”“有餘”，河上公注曰：“衆人餘財以爲奢，餘智以爲詐。”“昭昭”，王弼注曰：“耀其光也。”釋德清注曰：“謂智巧現於外也。”蔣錫昌云：“‘昭昭’即自見之義。二十二章‘不自見故明’，七十二章‘是以聖人自知不自見’，並與此文互明。”“察察”，釋德清注曰：“即俗所謂分星擘兩，絲毫不饒人之意。”這些皆是對世俗之“智”的寫照。

與衆人之“智”相對照，“愚人之心”則顯得極爲獨特、超脫和純眞：澹泊恬靜，默默無聞，從不炫耀自己（“泊兮其未兆”）；閒散舒緩，從容不迫（“累累兮若無所歸”）；無爲無欲，如愚如陋，如笨如拙（“頑且鄙”）①；無欲無識，含蓄暗昧，渾厚淳樸（“昏昏”、“悶悶”）；渾渾沌沌，好像不知嬉笑、對外部世界毫無所知的嬰兒（“沌沌兮，如嬰兒之未孩”）。這樣的“愚人之心”恰與世俗的“衆人”相反，但卻只有它才符合資養萬物的“大道”之精神（“我獨異於人，而貴食母。”）。②

---

① 《廣雅·釋詁》：“頑，愚也。”《史記·樂書》：“鄙者，陋也。”
② “食母”，喻資養萬物的“道”。“貴食母”，即以守道爲貴。“食母”二字，歷來各家解說紛紜，茲摘引幾家可供參考的注釋：
   王弼曰：“食母，生之本也。”
   河上公曰：“食，用也。母，道也。”
   范應元曰：“食者，養人之物，人之所不可無者也。母者，指道而言也。”
   吳澄曰：“我之所貴者，則大道之玄機也。玄德者，萬物資之以養，所謂萬物之母也。”
   勞健曰：“‘食’音嗣，養也。‘母’謂本也。……‘貴食母’與‘復守其母’同是崇本之旨，‘食母’、‘守母’，乃所以爲道。”
   蔣錫昌曰：“《老子》‘食母’與《莊子》‘食於天’誼同，皆謂養於道也。”

　　老子在這裡通過"衆人"和"我"的對照，鮮明地揭示出兩種截然不同的人格和心態。福永光司在其著作《老子》中就曾指出："老子的'我'是跟'道'對話的'我'，不是跟世俗對話的'我'。"足見老子之"我"格調之高。

　　通過對"智"與"愚"的對照思考，老子向人們提出了一個尖銳而深刻的問題：到底什麼是眞正的智慧？世俗所謂"智"値不值得提倡？世俗之人競相追逐的心機智巧同人類心靈質樸純眞的自然狀態相比，到底哪一個更珍貴？在老子之前，可以說從來沒有人對這樣的問題進行過認眞的思考。很顯然，在老子看來，世俗所謂智與愚恰恰是顚倒的，那些整日裡玩弄心眼兒投機取巧的所謂智者，他們才是眞正的愚昧之人。老子自稱爲"愚人"，他通過對世俗之"智"的否定，將"愚"的價値提升到極高的境界，"愚"即是最可珍貴的人類質樸的自然之心，"愚"的境界即是"道"的境界，也是人類最高的智慧。"愚"的境界亦是人生修養的最高境界，即"聖人"境界，達此境界的聖人"獨異於人"，他擁有完美的德行和最高的智慧，但由於深藏而不露，外表看去卻像是一個"愚人"，故不易爲只知慕戀虛華外表的世俗之人所理解，更談不上被人們所取法了。所以老子感慨地說：

　　　　知我者希，則我者貴，是以聖人被褐而懷玉。（七十章）

"褐"是粗布，"被褐"即穿著粗陋。河上公注曰："被褐者薄外，懷玉者厚內，匿寶藏德，不以示人也。"王弼亦曰："唯深，故知之者希也。知我益希，我亦無匹。"又曰："被褐者同其塵，懷玉者寶其眞也。聖人之所以難知，以其同塵而不殊，懷玉而不渝，故難知而爲貴也。"

如此看來，老子所崇尚的"愚"，實際上是一種大智慧，卻以其反面的形態表現出來，它不是真正的愚，而只是貌似愚，即"大智若愚"。"大智若愚"雖不是老子直接說出來的，但顯然是《老子》書中原有之義，是老子思想的精華。與"大智若愚"相同的句法在《老子》中常可見到，如"大成若缺"、"大盈若沖"、"大直若曲"、"大巧若拙"、"大辯若訥"、"大白若辱"等，都是以反面的形式出現的正面，都是以否定的面貌表現的肯定。這些表述可以用一個"反"字來概括，誠如六十五章所言：

> 玄德深矣，遠矣，與物反矣，然後乃至大順。

"與物反"就是與常人相反、與世俗相反，《老子》七十八章將此概括爲"正言若反"。

　　這一個"反"字，乃是理解老子思想的鑰匙，離開了這個"反"字，不但難以把握老子思想的深義，而且容易產生誤解。比如，常見有人因爲老子崇尚"愚"和"無知"，而認定老子否定文化知識和宣揚蒙昧主義，這是典型的皮相之見，究其原因，乃是由於僅從字面上理解老子的話，未能從"反"字上把握老子思想的深義。老子從來不反對人們去求知，他只是提醒人們首先要思考這樣的問題：究竟什麼是"知"，應該求何種"知"。老子所求的是真正的高深的知，如"知和"、"知常"、"知古始"、"知稽式"、"自知"、"知天下"等。而要想求得這樣的"知"，首先就要有一種求知的正確態度，老子說：

> 知不知，尚矣；不知知，病也。聖人不病，以其病病。夫唯病病，是以不病。（七十一章）

"知不知"，即知道自己有所不知，也就是承認自己無知，老子認爲這樣最好（"尚矣"）。"不知知"，即不知道自己無知，反以爲自己什麼都知道，老子認爲這是一種妨礙求知的錯誤態度（“病矣”）。世俗之人只看到事物的表層，便以爲洞悉了事物的眞相，或一知半解，便不懂裝懂，強不知以爲知。這樣，原有的知識便會成爲獲取新知的障礙。這種態度，乃是浮華和淺薄的表現，欠缺求知所必須的眞誠，所以說犯了謬妄的錯誤。有道的“聖人”則不然，他有自知之明，能夠不斷地進行自覺與自省，保持心的眞誠，以虛心的態度對待求知，所以能夠避免謬妄的錯誤（“夫唯病病，是以不病”）。老子的“知不知”，不應理解爲故作不知，而應理解爲：雖有知識，但仍能保持眞誠虛心的態度，以便接受新的知識。可見，老子提倡的“無知”，乃是以一種“無知”的態度即謙虛的態度來對待“知”和“求知”。這樣的“無知”或“知不知”，即老子所崇尚的“愚”。老子的尚“愚”，是要將人們引向“大道”的境界，探尋人生的眞諦，返樸歸眞，遠離醒齪的低級趣味，做一個高尚的人。老子的尚“愚”，爲人們指出了一條告別浮華和淺薄之路，引導人們擺脫自我中心的侷限，克服耍小聰明和自以爲是的毛病，啓發人們進行玄遠的哲學思考，去尋求人生的眞諦，認識和把握宇宙萬物的本質和普遍規律──“道”，獲得眞知和最高的智慧。這樣的思想絕不是蒙昧主義，恰恰相反，是一種啓蒙主義，是對人類智慧和哲學思維的開發和啓蒙。

　　老子通過對“智”與“愚”的反思和分析，揭示了人類認識發展的必由之路：人本來是沒有知識的，這是原始的“無知”或原始的“愚”；通過“爲學”的途徑獲得了一定的知識，否定了原始的“無知”或“愚”，進入了有知；再經過“爲道”的不懈努力，否定了有知（智巧、心機、詐僞），重又達到了“無

知”或“愚”。這是一條否定之否定的道路，最後達到的“愚”是
高級的“愚”，是“大智若愚”的“愚”，它既具備了知識，又保
持了眞樸，可以減免過多的心智和機巧帶來的社會問題，因
而是眞正的智慧和人類認識的高級階段。這無疑是一種十分
深刻的認識和十分重要的思想，但是在老子的時代，人類剛
剛脫離原始思想不久，剛剛學會進行哲學思考，老子道論的
深刻思想還難以被人們所理解和接受，甚至在世俗之人看
來，這種“深矣，遠矣，與物反矣”的道論還非常可笑。對
此，老子早有充分的估計，他說：

> 上士聞道，勤而行之；中士聞道，若存若亡；下士聞
> 道，大笑之。不笑不足以為道。（四十一章）

眞理受到無知者的嘲弄，這在古今中外都是屢見不鮮的，在
眞理剛被揭示出來時更是如此。面對淺薄的“下士”的哂笑，
老子這番話語中也透著幾分深深的無奈。莊子說：井蛙不可
以語於海，夏蟲不可以語於冰，曲士不可以語於道，就是對
老子這段話的最佳注釋。

三、“滌除”與“玄鑒”

老子以“道”爲最高的知識，以得道或“聞道”爲認識的最
終目的，但他同時又極言“道”的形而上之特殊性，一再申明
“道”不能用認識普通事物的方法獲得。由此我們可以知道，
在老子的哲學中，必定存在著一條可以達到最高的道的特殊
途徑，或者說必定存在著一種可以獲得最高知識的特殊方
法。

老子確實爲人們提供了這樣的途徑和方法，那就是“滌除

玄鑒”：

　　　　滌除玄鑒，能無疵乎？（十章）

對於“滌除玄鑒”，歷來存在著不同的甚至相反的解釋。通行
本與河上公本“玄鑒”作“玄覽”，奚侗《老子集解》認爲，這裡
的“玄”借爲“眩”。朱謙之《老子校釋》據此加以發揮：“《文子
·上德篇》、《淮南子·主術訓》均云：‘心有目則眩。’‘玄
覽’猶云‘妄見’，欲使心無目也。心無目則虛壹而靜，不
礙於物矣。”①蔣錫昌《老子校詁》亦曰：“常人於閉目靜坐後，
腦中即現種種日常聲色之現象，老子名此現象爲‘玄覽’。
行導引者，應使此種現象完全驅之腦中之外，務令吾心海闊
天空，不著一物，然後運氣乃能一無阻礙。‘滌除玄覽，能
無疵乎？’謂滌除種種妄見現象，務使一塵不染，一物不留
也。”按照這些解釋，“玄鑒”或“玄覽”乃是應當被“滌除”的對
象。

　　高亨對此卻有完全不同的解釋，他說：“‘覽’讀爲
‘鑒’，‘覽’‘鑒’古通用。……玄者形而上也，鑒者鏡
也，玄鑒者，內心之光明，爲形而上之鏡，能照察事物，故
謂之玄鑒。《淮南子·修務》篇：‘執玄鑒於心，照物明
白。’《太玄童》：‘修其玄鑒。’‘玄鑒’之名，疑皆本於
《老子》。《莊子·天道》篇：‘聖人之心，鏡乎天地之鑑，萬
物之鏡也。’亦以心譬鏡。”②

　　這樣兩種相去甚遠的說法到底哪一種正確呢？馬王堆帛
書《老子》甲乙本的出土，證明了高亨先生的說法是正確的。

---

① 　朱謙之：《老子校釋》，中華書局“新編諸子集成”叢書本，1984 年版第
　　140 頁。
② 　高亨：《老子正詁》，中國書店 1988 年影印本第 24 頁。

帛書甲本作"修除玄藍（鑒），能毋疵乎？"，乙本作"修除玄
監（鑒），能毋有疵乎？"這個"監（藍）"即是古"鑒"字。帛
書《老子》出土之後，高亨進行了研究，並指出："'覽'字當
讀爲'鑒'，'鑒'與'鑑'同，即鏡子。……乙本作
'監'，'監'字即古'鑒'字。古人用盆裝上水，當作鏡
子，以照面孔，稱它爲監，所以'監'字像人張目以臨水盆
之上。後人不懂'監'字本義，改作'鑒'字。"①

　　"鑒"旣爲喩心之鏡，那麼什麼是"玄鑒"呢？"玄"的本義
是幽深、幽遠，唯其幽深，故能觀其微妙，唯其幽遠，故能
照見一切。可見"玄鑒"乃是對事物本質和全體的一種深遠的
觀照，誠如河上公注曰："心居玄冥之處，覽知萬事，故謂之
玄覽也。"

　　帛書本"滌除"作"修除"，"修"有掃除之義，故與"滌"的
涵義在這裡是一致的，"修除"即"滌除"。高亨曰："洗垢之謂
滌，去塵之謂除。《說文》：'疵，病也。'人心中之欲如鏡
上之塵垢，亦即心之病也。故曰：'滌除玄鑒，能無疵
乎'，意在去欲也。"②河上公注亦曰："當洗其心使潔淨
也。"顯然，"滌除"在這裡是借用日常生活中的洗除塵垢，來
喩指排除附加在人們心中的私欲和成見，使人心保持清潔明
澈的自然狀態，此時再去觀察事物，就可以看得深、看得
遠，就可以洞察事物的本質和規律，把握最高的"道"。可
見，"滌除玄鑒"中包含著同一認識過程的兩個不同層次和步
驟，其中"滌除"是"玄鑒"的前提和條件，"玄鑒"則是"滌除"

---

① 　高亨、池曦朝：《試論馬王堆漢墓中的帛書老子》，載《文物雜誌》1974
年第 11 期。

② 　高亨：《老子正詁》，中國書店 1988 年影印本第 24 頁。

的目的和結果，"玄鑒"必先"滌除"，"滌除"方能"玄鑒"。

老子認爲，貪欲是妨礙人們"爲道"的第一個障礙，必須首先滌除。貪欲的產生是由於受到了外物的刺激，老子指出：

> 五色令人目盲，五音令人耳聾，五味令人口爽，馳騁畋獵令人心發狂，難得之貨令人行妨。（十二章）

老子於此力陳追求物欲的弊害：繽紛的色彩使人眼花繚亂，紛雜的音調使人聽覺不敏，飲食饜饗使人舌不知味，縱情狩獵使人心旌放蕩，稀有的貨品使人行爲不軌。這種種貪欲造成的後果可以概括爲一件事，那就是對人心自然狀態的破壞。人心已破壞至此，又怎麼可能去體認大道呢？因而必須首先杜絕貪欲，淨化人們的心靈。爲此，老子提出了一種簡單的方法：

> 不見可欲，使民心不亂。（三章）

"可欲"即可以引起貪欲的東西，老子認爲，只要斷絕人心與外物的聯繫，就可以使貪鄙不生，欲念不起，從而使心靈不受外界的惑亂，保持無私無欲的自然狀態。這是體認"大道"所必須具備的起碼條件。

妨礙人們"爲道"的第二個障礙是智巧和詐僞。如前所論，老子對"智"持貶斥的態度，"智"是指的機巧之心和繼之而來的詐僞之心，他認爲，世俗之人熱衷於玩弄心機和詐僞，他們的心靈不再保有純眞樸實的自然狀態，他們自以爲聰明睿智，其實是堵塞了體認大道的途徑。這樣的"智慧"越多，離大道就越遠，因而要想"爲道"，就必須排除這一障礙，打開通往大道的途徑。於是，老子提出了"絕聖棄智"、"見素抱樸"的主張，以使人心返歸本眞的自然狀態。這樣一來，智巧和詐僞就成了必須"滌除"的對象。

　　妨礙人們"爲道"的第三個障礙是成見和偏見。人類在認識上最容易陷入的一個誤區，就是以自我爲中心。世人皆以自我爲價值的中心來看待事物，思考問題，對待他人，這種自我中心就表現爲主觀的成見、偏見和排他性，由此產生狹隘、閉鎖的心靈，妨礙人們對外界事物作客觀的認識，對於人們體認大道更是構成了嚴重的蔽障。因而，"爲道"就必須滌除自我中心的價值觀和由此產生的成見與偏見，使心靈從狹隘、封閉的侷限性中提升出來，不沾染絲毫主觀的成分，以廣大的、超脫的、開放的心靈來觀照萬物和宇宙的眞諦，如此才能體認大道。正是在這個意義上，老子認爲：

　　　不出戶，知天下；不闚牖，見天道。其出彌遠，其知彌少。（四十七章）

在他看來，人們的心智活動如果向外馳求，將會使思慮紛雜，精神散亂，這樣一種輕浮躁動的心靈，自然無法明澈地透視事物的本來面目和本質規律，所以說"其出彌遠，其知彌少。"他認爲，世界上的一切事物都依循著某種規律運行著，掌握了這種規律，便可洞察事物的眞情實況，而大道或"天道"就是事物運動的總規律。大道或"天道"毋須向外馳求，而只能是反身內求，使心靈達到某種不受任何外界干擾的特定狀態，這樣便可獲得大道。老子認爲，主觀成見和偏見是心靈達到這種特定狀態的障礙，必須予以"滌除"或貶損，貶損得越徹底越好，這就是四十八章所說的"爲道日損，損之又損，以至於無爲。""無爲"的狀態即是成見和偏見已無所可損的狀態，或曰已徹底"滌除"的狀態。不難看出，老子所要使心靈達到的這種特殊的狀態，便是人心返樸歸眞的自然狀態。人的心靈一旦眞正達到了這種狀態，便會清淨明澈，毫無阻滯，而與大道自然相合了。

以上我們分析了老子的"爲道"須"滌除"的三個障礙——貪欲、巧僞和成見偏見。滌除這三個障礙所要達到的實際上只有一個共同的目的，那就是人心返樸歸眞的自然狀態。而一旦人心達到這種特定的狀態，便進入了同於"道"的境界，就可以進行"玄鑒"了。這就是"滌除"的全部意義。因而也可以說，"滌除"蔽障的過程亦即"爲道"的過程，"滌除"完成之日即是具備了"玄鑒"的所有條件，亦即獲得"大道"之時。

"滌除玄鑒"還有一些具體的做法。

首先是"塞兌"和"閉門"。老子曰：

> 塞其兌，閉其門，終身不勤；開其兌，濟其事，終身不救。（五十二章）

"兌"字有多種不同的訓釋。或謂"兌"當讀爲"穴"[1]；或謂"兌"當讀爲"隧"，意爲道路或途徑[2]；或以"口"訓"兌"，引申爲凡有孔竅者皆可稱爲"兌"[3]。這幾種說法雖然各有不同，但意旨相通，都是把"兌"視爲耳目鼻口等感覺器官。"塞其兌"即諸塞嗜欲的孔竅，同"閉其門"文義一致。老子把耳目感官看成是私欲和成見得以進入的門戶，"塞兌"、"閉門"就是對閉私欲和成見的來路，防止對"大道"進行"玄鑒"時出現障礙。老子認爲"塞兌""閉門"則會受益無窮（"終身不勤"），相反，如果打開嗜欲和成見的門徑（"開其門，濟其事"），就會不可救藥（"終身不救"）。顯然，如果不能做到"塞兌""閉門"，

---

① 見俞樾：《諸子平議》。
② 見孫詒讓：《老子札記》。
③ 見奚侗：《老子集解》。

那麼"滌除"就只能是句空話。

《老子》五十六章亦曰：

> 塞其兌，閉其門，挫其銳，解其紛，和其光，同其
> 塵，是謂玄同。

堵塞嗜欲的孔竅，封閉成見的門徑，再經過"挫銳"、"解
紛"、"和光"、"同塵"的功夫，就可以達到"玄同"的最高境
界。達此境界者，消除了自我為中心的錮蔽，化解了所有封
閉隔閡，超越了偏狹的世俗紛擾，以開豁的胸懷和無所偏私
的心境去對待一切。不難看出，"玄同"的境界即"玄鑒"的境
界，亦即與"大道"合一的境界。達此境界者，便可直接觀照
和體認玄遠深奧的"道"，從而也就獲得了最高的知識。

"滌除玄鑒"的另一個具體的做法，是"致虛"和"守靜"。
老子曰：

> 致虛極，守靜篤。萬物並作，吾以觀復。（十六章）

"虛"是形容清明空靈的心境，"靜"是指心靈寧靜安和的狀態。
"極"和"篤"都是指極度和頂點。"致虛極"即是心智作用的消
解，消解到沒有一點心機和成見的地步。一個人運用心機就
會蔽塞明澈的心靈，固執成見就會妨礙明晰的認識，所以"致
虛極"就是徹底消解心中的蔽障，以便接受新知。致虛必守
靜，"守靜"即釐清混亂的心智活動，一個人的心靈難免要受
到外界的惑擾而躁動不寧，心緒混亂就會妨礙認識活動。認
識的目的是為了"聞道"，而道本來就是"寂兮寥兮"的，所以
要想"聞道"就只能以靜觀靜。"守靜篤"就是保持內心的極度
寧靜，使思慮不生，雜念不起，外物不能惑亂本心，以利於
體認道。這樣，儘管"萬物並作"，"為道"之人仍可以靜制
動，以不變應萬變，於紛擾雜亂之中深觀遠照萬事萬物的本

質和規律（"觀復"），從而把握大道，獲得最高的知識。

　　經過了這番"塞兌""閉門"和"致虛""守靜"的功夫，才算是真正做到了"滌除"，便可以進行"玄鑒"了。

　　"玄鑒"是一種深遠的認識，這種認識完全不同於耳目感官的感性活動，在老子看來，通過耳目感官只能得到淺近的認識，而不能得到形而上之大道。這種認識也不同於現代哲學所謂的理性認識，理性認識必須以概念為基礎，以判斷和推理為方法，而"玄鑒"的對象卻是沒有任何規定性的道，它無須概念，也無須以概念為基礎的邏輯判斷和推理。因而"玄鑒"不僅超感覺、超經驗，而且超理性。"玄鑒"是一種直觀，是對大道的直接觀照，它屬於直覺思維，是對大道的整體的、直接的體悟和把握。換言之，按照道的本質和特性，它既不能用感覺經驗來獲得，也不能用理性思維來把握，而只能靠"玄鑒"這種直覺的方式來體認。

　　老子"滌除玄鑒"的認識論把排除"欲"作為獲得真知的先決條件，應當承認，他對"欲"的理解是有片面性的。他只看到"欲"帶來的害處，而沒有認識到"欲"是人的自然本性的必然要求，有其存在的合理性，沒有看到物質欲望對生產的發展和社會的進步有著重要的推動作用。然而，透過這種理解，我們仍可以發現老子的主張在方法論上有其合理的內容。他主張獲得真知必須先要排除主觀成見、偏見和雜念、私欲，這對於順利地接受新知識，如實地反映事物的本來面貌，把握事物的本質和規律，都是十分必要的。

　　老子在中國歷史上第一個把道作為求知的終極目標，這是他對古代認識論的貢獻。他區分了"為學"與"為道"，"為學"的對象是形而下之"物"，"為道"的對象是形而上之道。在宇宙觀和本體論上，老子承認"道"在化生了萬物之後並不離開萬物而獨存，而是作爲萬物之所以爲萬物的原因和根據而存在於萬物之中。按照這一邏輯，則"物"與"道"是相通的，它們之間是個別與一般、特殊與普遍的關係，人們本可以而且也只能通過具體的"物"，來把握作爲世界本原和根據的"道"。但進入了認識論的領域，老子卻撇開了感性經驗和理性思維，而試圖通過"玄鑒"這種直覺的認知方式來把握"大道"。應當承認，這種認知方式輕視經驗知識，輕視邏輯推理和論證，有其一定的侷限性。但我們也應該看到，這種直覺認知的方式是老子的一個重要貢獻。直覺思維是一種創造性的思維方式，它具有形象思維和邏輯思維所不能代替的功用，文學藝術和科學研究中的"靈感"、"妙悟"等都是直覺思維的具體表現，現代思維科學對此也十分重視。老子"滌除玄鑒"的直覺主義認知方法不僅奠定了道家學派認識論的基本特徵，而且對整個中國古代哲學的發展產生了重要而深遠的影響。戰國時期《管子》學派的"靜因之道"、荀子的"虛一而靜"、魏晉玄學的"得意忘象"、宋明理學的"豁然貫通"等理論的出現，都在一定程度上受到了老子這一認知方式的啓發和影響。

第七章
老子的辯證思維

　　在中國歷史上，老子的道論和他的辯證思維都產生了重大的影響。老子道論的價值主要在於它有很強思辨性和很高的抽象程度，極大地提高了中國哲學的理論思維水平；老子辯證思維的價值則主要在於它的方法論意義和較強的應用性，它滲透於社會生活的各個方面，自古及今，上自帝王將相，下至市井百姓，無不運用著它，受益於它的思想成果。

一、思維方式

　　就哲學而言，思維方式指的是思考自然、人生及其關係等問題的方法和規則。不同的哲學可能有不同的思維方式，如中西哲學的思維方式就有很大的差異。西方哲學一般把自然和人分別開來處理，而中國哲學則把它們視爲一個整體。就先秦時期的主要學派而言，道家、儒家、墨家思考問題的方法並不同，但在戰國中期至秦漢以後，各家卻逐漸趨同，這種趨同，是以老子所開創的道家學派所特有的思維方式爲依歸。

由老子所開創的道家思維方式，可以歸納爲四種：一是對反的思維方式，二是循環往復的思維方式，三是天道推衍人事的思維方式，四是天地人整體性思考的思維方式。這四種思維方式又可歸約爲兩個原則：一是推天道以明人事及天地人一體觀，一是對立及循環觀。

推天道以明人事是道家承繼於史官而來的一種思維方式，其要點在於從自然現象中確定社會、人生的法則。老子在自然道論的基礎上建立起政治人生哲學，就是此種思維方式的一個集中體現。在《老子》中，推天道以明人事的思維方式貫穿於全書，較爲典型的表述有如下四條：

> 天地不仁，以萬物爲芻狗；聖人不仁，以百姓爲芻狗。（五章）
>
> 天地相合以降甘露，民莫之令而自均。（三十二章）
>
> 天之道，損有餘而補不足；人之道則不然，損不足以奉有餘。（七十七章）
>
> 天之道，利而不害；聖人之道，爲而不爭。（八十一章）

其中第一條是說聖人治天下應效法天道之無私無爲，聽任百姓自然生活；第二條是說天降甘露不含任何目的與意志，而萬物無不得其滋潤，因之統治者若能效法天道無爲而治，則人民無須指使自會相安無事，自然均平；第三條是採取社會批判的角度，從反面指出人道應取法自然規律的均平調和；第四條是說人應取法大自然之博施利物，不相爭故能不相害。此外，在《老子》的其他許多章中，都有這種思維方式的明顯反映。

老子推天道以明人事的思維方式直接影響到戰國中後期的各個學派。在戰國中期左右的黃老學派的著作中，這種思維方式被大量運用，並被概括爲“因天道”，其中最具代表性的莫過於《管子》和馬王堆出土的帛書《黃帝四經》，在黃老派學者愼到、田駢、尹文的殘存材料中，也都貫穿著這種“因天道”的思維方式。戰國末期盛行的陽陰家學說依天道而確定人事，採用的也是這種思維方式。同樣的思維方式也爲戰國末期著名法家人物韓非所慣用。特別值得指出的是，早期儒家的論述僅限於人道的範圍，這種推天道以明人事的思維方式在早期的儒家著作中並無體現，然而戰國末期的儒家大師荀子卻明顯地接受了這一思維方式。荀子思想受到了戰國中期以來盛行的黃老思想的重要影響，這是學術界公認的事實，顯然，荀子正是通過黃老學派這一中介接受了這一老子所開創的獨特的思維方式。

天道推衍人事實際上就是把天、地、人（自然與人）視爲一個整體，認爲它們遵循著一個共同的法則，這就是老子所開創的另一個道家思維方式——天地人整體性思考的思維方式。將天、地、人視爲一個整體來加以思考，這種觀念在《老子》書中最典型的莫過於二十五章中的兩段話：

　　道大，天大，地大，王亦大。

　　人法地，地法天，天法道，道法自然。

老子這種天地人一體觀在此後出現的黃老之學的著作中有著

更明顯的體現，特別是《黃帝四經》和《管子》中，這一觀念被大加發揮。通過黃老之學這一中介的滲透作用，這一觀念也被戰國中後期的其他學派如儒家、法家、名家、陰陽家等所普遍接受。

對立及循環的思想最早也是由老子系統表述的。

在老子看來，一切事物都處在兩兩相對的關係之中，對反的概念、範疇及命題遍見於《老子》全書。老子這種獨特的富於哲理的思維方式，可以稱之為對反的思維方式。

老子不僅突出事物的對反關係，而且更為留意事物在對反關係中的相互依存，並由之推展出他那著名的相反相成的哲理。在對反的關係中，雙方都以對方為本方存在的前提條件，失去了一方，另一方就無法孤立地存在，也就是說，唯其相反，故能相成。老子雖然沒有明確概括出相反相成的命題，但這一觀念卻貫穿對《老子》全書，這是誰也無法否認的。

老子揭開了對反雙方的互相依存，更揭示了對反雙方的互相轉化。老子認為，事物終歸要發生變化，這種變化是一個向對立面轉化的過程。也就是說，事物的變化不是無章可循，而是有著確定的規律性，任何事物最終都要向自己的對立面轉化。當事物的發展走到極端時，這種轉化就成不可避免的了，這就是物極必反的規則。老子雖然沒有直接概括出物極必反的命題，但這一規則卻無庸置疑地是由老子率先揭示的，這點我們後面還要詳論。

由於這種向對立面轉化的持續進行，因而事物變化的基本模式便表現為循環。在老子的學說中，事物循環轉化的內在原動力來自道，作為宇宙本原的道，其本身就處在不斷的

循環運動之中。道化生萬物，萬物從道那裡稟受了形質，也
同時稟受了運動變化的本性。萬物生生不息、變動不居，最
終又"復歸於樸"，返回到道的出發點，接下來是"樸散則爲
器"，又開始新的循環。這種循環往復的運動，《老子》書中多
有表述。茲舉數例如下：

> 萬物並作，吾以觀復。夫物芸芸，各復歸其根。（十
> 六章）

> 有物混成，先天地生。寂兮寥兮，獨立而不改，周行
> 而不殆。（二十五章）

> 吾不知其名，強字之曰道，強為之名曰大。大曰逝，
> 逝曰遠，遠曰反（返）。（二十五章）

> 反者道之動。（四十章）

在這些著名的哲學命題中多次出現的"反"、"復"、"周行"等
概念，都是表述事物依照循環往復的規律而運行。這種循環
往復的思維方式也爲其後的黃老學派等所繼承和發揮。

由於對普遍存在於事物之中的對反關係及其雙方互相依
存和轉化的深刻認識，使得老子極爲善於從反面思考和解決
問題，從而提出了一些與常識常規相反的觀念和方法，這些
觀念和方法在實際運用中往往可以出奇制勝，收到常人意想
不到的效果。無爲而無不爲、柔弱勝剛強、不爭而善勝、以
退爲進、欲取姑與等等，都是這種"用反"的典型。所有這些
都屬於一種逆向思維，或稱反向思維、否定思維，它是老子
辯證思維中最具特色、應用性最強、對後世影響最大的內
容。這種逆向思維，即是由對反及循環的思維方式中推展出
來的。

老子所系統表述的這種對立及循環的思維方式以及其中

的相反相成、物極必反、"用反"等原則對後世產生了普遍的
影響，成爲人們在處理政治、社會及人生問題時常用的方
法。

　　老子最早系統地提出來的上述思維方式，對後來的其他
各家各派產生了廣泛的影響，從而成爲先秦哲學史上主要的
思維方式。它對後世哲學思維的影響，更是至深且巨，成爲
歷代中國哲學的主要思維方式乃至中國人思維方式的象徵。

二、"反者道之動"

　　《老子》辯證思維最著名的一個命題就是四十章提出的"反
者道之動"，它可以說是老子辯證思維的核心。

　　"反者道之動"，在郭店楚墓竹簡《老子》中作"返也者，道
動也"，可知在最古早的《老子》的本子中，是用的"返"字。
"反者道之動"和"返者道之動"，含義是不矛盾的。第一，在
古漢語中，"返"本是"反"中之一義，古往今來對《老子》的注
解，也都不離這樣兩種相關的意義。第二，"返者道之動"突
出了大道終而復始、循環往復的外在運動形式，是對大道的
運動的直觀描述，似乎可以說，對於道之運動，人們首先觀
察到的應是較爲直觀的"返"，而不是較爲抽象的"反"。第
三，"返"是相對於"往"而言的，先是有"往"，然後才會有與
"往"對反的、相對於"往"爲反向運動的"返"，因而"返"中原
本也蘊涵了"反"之義，而這個含義更爲抽象、更爲豐富的
"反"，正可以提取出來作爲一種普遍的方法，對反、用反即
由此而來。因而，由"返者道之動"到"反者道之動"，乃是一
個合乎規律的推進和發展。

“反者道之動”這一命題有著豐富而深刻的涵義，其中第一層涵義就是：“反”是世界萬物運動變化的原因和動力。

老子認爲世界萬物都處於永恒不息的運動變化之中，那麼這種運動變化的動力來自哪裡呢？或者說，是什麼原因使得事物在不斷運動變化呢？是神意的安排嗎？是由於某種外在力量的推動嗎？老子的回答都是否定的。在老子看來，事物運動變化的原因就在事物的內部，它們是自己運動、自己變化的。萬物從道那裡稟受了形質，同時也從道那裡稟受了運動變化的本性，這種由道所賦予的本性就是萬物運動變化的動因。

道自身的運動本性和推動萬物運動的作用，通過“反”——對立相反得到具體的表現，或者說這種本性及其作用就落實和表現在一個“反”字上。

具體來說，在老子的哲學中，“一”是道的代名詞，它表明道最初是一個渾然一體的東西，是一個渾沌未分的“混成”之物，是世界的原本狀態。然而“道”在自身中潛在地蘊含有兩種對立相反的力量——“陰”和“陽”，正是由於這種內在的活躍機制的作用，才使得道具有了運動的本性，道之所以能夠“周行而不殆”，就是由於這一內在機制的推動。在“周行而不殆”的運動中，陰陽這兩種相反相成的對立勢力互相氤氳、排斥、交感、激盪，由此化生出天地萬物。可見“道”化生天地萬物也是由於這種內在的機制和動力——“反”的推動。道中有陰陽，由道化生的萬物也必然在自身中包含著陰陽，所以老子才說：

　　萬物負陰而抱陽，沖氣以為和。（四十二章）
“負陰而抱陽”就是背陰而向陽，萬物都是一陰一陽、一正一反的統一。因而對反的現象普遍地存在一切事物之中，這種內在的相反雙方旣互相排斥又互相吸引，由此推動了事物的運動變化。

總之，從本原的道到具體的萬物，無不包含著內在的對反作用——"反"，正是由於這種內在作用的存在，才使得"道"能夠循環不止、化生萬物，才使得萬物能夠變動不居、生生不息。一句話，"反者道之動"，"反"是事物運動變化的內在動因。

"反者道之動"命題的第一層涵義解答了事物運動的原因問題，事物運動的規律性則是這一命題的第二層涵義所要解答的問題。

老子認爲自然界中事物的運動和變化莫不依循著某些規律，其中的一個總規律就是"反"：事物向相反的方向運動發展；同時，事物的運動發展總要返回到原來基始的狀態。"反"的總規律中蘊涵了兩個概念：1.相反對立，老子由此揭示了對立轉化的規律；2.返本復初，老子由此揭示了循環運動的規律。下面分別說明。

(一)對立轉化的規律

老子認爲，任何事物都有它的對立面，同時又都因著它的對立面而形成。那麼爲什麼是這樣呢？也就是說，這個對立面是如何形成的呢？老子以人們最爲熟悉的"美"與"惡"、"善"與"不善"爲例，對此進行了十分精闢的回答，他說：

　　天下皆知美之爲美，斯惡已；皆知善之爲善，斯不善已。（二章）

常見有人把這兩句解釋爲：天下都知道美之爲美，就變成醜了；都知道善之爲善，就變成不善了。這樣的理解很成問題。老子的原意其實不在於說明美的東西"變成"了醜，而是在於說明有了美的觀念，醜的觀念也就同時產生了，有了善的觀念，不善的觀念也就同時出現了。讓我們先來看看古人的解釋：

王安石《老子注》曰："夫美者，惡之對；善者，不善之反，此物理之常。"

范應元《老子道德經古本集注》曰："儻矜之以爲美，伐之以爲善，使天下皆知者，則必有惡與不善繼之也。"

吳澄《道德眞經注》曰："美惡之名，相因而有"。

陳懿典《老子道德經精解》曰："但知美之爲美，便有不美者在。"

王夫之《老子衍》曰："天下之萬變，而要歸於兩端生於一致，故方有美而方有惡。"

以上各說，都在說明"美""惡"事端或概念乃相對而生。知道了什麼是美，也就知道了什麼是醜，或者說知道了什麼是美，正是由於知道了什麼是醜，離開了醜，就無所謂美，也就不知道什麼是美。根據這一道理，老子指出，一切事物及其稱謂、概念與價值判斷，都是在相對待的關係中產生的。於是他接著說：

> 有無相生，難易相成，長短相形，高下相傾，音聲相
> 和，前後相隨。（二章）

沒有了長，也就沒有了短，離開了高，也就不知什麼是低，反之亦然。相對待的事物之間的這種依存關係，就是所謂的相反相成。

老子認爲，這種相反亦相成的對反依存關係在自然界和

社會現象中是普遍存在的。兩兩對立的概念在《老子》書中可謂俯拾皆是，除以上例舉的美惡、有無等之外，還有巧拙、動靜、盈沖、曲全、枉直、洼盈、少多、敝新、雌雄、白辱、輕重、靜躁、歙張、弱強、廢興、取與、貴賤、明昧、進退、成缺、辯訥、寒熱、禍福、損益、正奇、柔剛、虛實、開闔、清濁、存亡、親疏、主客、終始、治亂、成敗、有爲無爲、有事無事、有道無道等等，在短短的“五千言”中，他舉出了這種相反相成的對反概念達八十餘對。這些對反的雙方都是相比較而存在的，失去了一方就等於失去了雙方。老子列舉的這些對反概念，涉及到天文、地理、數學、物理、生物等自然領域和經濟、政治、軍事、思想意識、道德修養、人際關係等社會生活諸方面，其涉及面之廣，觀察之細微，論證之精闢，均令人嘆爲觀止，在中國古代思想史上是僅見的。

在老子的辯證思維中，對反雙方的關係是複雜的，不只是對立和依存。從表面上看來，對反的雙方是相持不下、互不相容的，但老子經過深入的觀察和思考後發現，它們之間又是互相包含、互相滲透的。他舉例說：

禍兮！福之所倚；福兮！禍之所伏。（五十八章）

一般人只看到事物的表面，而不能進一層地透視其中隱藏著相反的可能性。而在老子看來，禍患的事情中未始不倚傍著幸福的種子，幸福的事情也未始不潛伏著禍患的根苗。實際上，不僅是禍福，美醜、善惡、好壞等等，一切對反的事物都是如此，你中有我，我中有你，很難把它們絕對分開。正是由於對立雙方的這種互相包含互相滲透，才使得它們之間能夠彼此相通，並最終導致了它們的互相轉化。

　　在老子看來，事物間對立相反的關係不是僵死的、凝固的，而是可以變動的，當事物發展到某種極限的程度時，便會改變原有的狀態，而向反面轉化，這就是古語說的"物極必反"。"物極必反"的命題最早見於戰國末期的《鶡冠子》一書，作"物極則反"，①"物極必反"則出於《近思錄‧道體》②。顯然都是由老子的有關思想中來的，所以一般都認為"物極必反"是老子的思想。常言所謂盛極必衰、樂極生悲、否極泰來等，都可以說是老子這一思想的具體表述。這裡特別值得注意的是，老子看到了事物的變化不是變為任何別的東西，而是變為自己的反面，之所以如此，正是由於存在於對立相反的事物之間的那種互相包含和滲透，決定了事物轉化的必然趨勢和方向。事物向對立面轉化的規律，在西方是由近代哲學所系統論述的，而老子在公元前六世紀便已發現並具體闡釋了這一規律，足見老子這一思想的重大價值。

　　老子認定，"物極必反"是宇宙間的一個普遍法則，任何事物的變化莫不如此。老子以"物極必反"的眼光深入地觀察自然和社會，舉出了許多方面的例證，如：

　　　物壯則老。（五十五章）

　　　兵強則滅，木強則折。（七十六章）

　　　甚愛必大費，多藏必厚亡。（四十四章）

事物達到強的頂峰、盛的極致時，便是向下衰落的轉折點；事物強壯到了極點，便會走向衰老；樹木強硬了就會失去柔韌性，容被風摧折；兵器過於堅硬就容易折斷；過分吝嗇就

---

① 《鶡冠子‧環流》："物極則反，命曰環流。"
② 《近思錄‧道體》載錄《程氏遺書》第十五程頤語曰："物極必反，其理須如此。"

會導致大的破費，儲藏過多必然要招致嚴重的損失。總之，鼎盛乃是衰落的標誌，事物的變化莫不如此。關於事物向對立面轉化的思想是《老子》中講得最多的，其中提到的所有對反的關係都是可以互相轉化的。可以說，"物極必反"的法則貫穿於老子學說的各個方面，它是"反者道之動"命題中最重要的內容之一。

老子爲什麼這樣重視事物相反對立的狀態和事物對立面的轉化呢？這不外有下面幾個原因：

第一、老子認爲事物是在對立關係中造成的。因此觀察事物不僅要看它的正面，也應該注視它的反面（對立面），兩方面都能兼顧到，才能算是對於一項事物有了全面的了解。在一定意義上可以說，關注事物的反面往往更爲重要，因爲大多數只知執守著事物正面的一端，老子則提醒大家更要從反面的關係中去把握正面的深刻含義，這就使他具有了與眾不同的眼光。

第二、老子不僅提醒大家要從反面的關係中來觀看正面，以顯示正面的深刻含義，同也提示大家要重視相反對立面的作用，他甚至還認爲如能執守事物對立面的作用，當更勝於正面所顯示的作用。例如在雄雌、先後、高下、有無等等對立狀態中，一般人多要逞雄、爭先、登高、據有；老子卻要人守雌、取後、居下、重無。老子認爲守雌要勝於逞雄，取後要勝於爭先。他強調下是高的基礎，奠基不鞏固，高的就要崩塌了。老子指出，一般人都知道"有"的用處，卻往往忽略了它的反面"無"的作用，《老子》十一章舉了三個例子說明"無"的作用：第一，有車轂的中空，才有車的作用。（"三十輻共一轂，當其無，有車之用。"）第二，有器皿的中空，才有器皿的作用。（“埏埴以爲器，當其無，有器之用。”）第三，有門窗四壁的中空，才有房屋的作用。（“鑿戶牖以爲室，當其無，有室之用。”）所以老子指出：“有”給人便利，“無”發揮了這種作用。（“有之以爲利，無之以爲用。”）顯然，如果沒有這些中空的“無”，那麼“有”就不可能發揮出作用來。這些例子都生動地說明，對於反面作用的把握往往比正面的作用更大。

第三、老子認爲事物的發展到了某種極限的程度時，就改變了原有的狀況，而轉變成它的反面了。天下的事物，勢極則反，就好比月之將缺，必極盈（月極盈乃是將缺的徵兆）；燈之將滅，必熾明（燈熾明乃是將滅的徵兆）；花之將謝，必盛開（花盛開乃是將謝的徵兆）。這些都是物勢之自然。了解這種物極必反的道理，對於許多事情，當可先行一步，防患於未然，也可優先掌握情勢，轉危爲安。

總結上面所說，老子認爲道表現了這樣的規律：它的運動是向對立面的轉化，亦即是朝相反的方向進行著。當道作用於事物時，事物也依循著這個變化規律而運行。

老子還指出，事物向反面的轉化不是一下子就能實現的，需要經歷一個數量上不斷積累的過程。他說：

> 合抱之木，生於毫末；九層之台，起於累土；千里之
> 行，始於足下。（六十四章）

合抱的大樹是由“毫末”的萌芽逐漸生長而成的，九層的高台是由一點一點的泥土堆積起來的，千里的行程是從腳下一步一步開始的。基於這種認識，老子提出：

> 圖難於其易，爲大於其細；天下難事必作於易，天下
> 大事必作於細。（六十三章）

爲之於未有，治之於未亂。（六十四章）

難與易、大與細都是質的不同，但難與大都是易與細逐漸積累而成的，因而老子提醒人們，在處理難艱的事情時要從容易處著手，處理大問題時要從細小處開始。同時，對細小的隱患也不能掉以輕心，因爲它可以引起大的禍亂，要預見到事物的未來，先行一步，把禍亂消滅在萌芽狀態，在問題還很容易時就把它解決了，從而防患於未然，避免事情向不利的方面轉化。這些思想表明，老子在思考對立轉化的規律時，也已經直觀地、初步地接觸到或猜測到了量變和質變的辯證關係。

㈡循環運動的規律

老子關於循環運動的規律的思想，我們已在第五章第四節中有所論述。根據這些論述我們知道，在老子看來，事物的運動變化無不遵循返回原點的規律性，這種回到原來出發點的循環往復的運動乃是世界的一個總的運動規律，這個總規律實際上就是"道"的運動規律。在這一節中，我們繼續來討論老子關於這一運動規律的思想。

老子十分重視事物相反對立的關係和事物向對立面轉化的作用，但他更爲重視返本復初的思想。他概括萬物生滅變化的規律說："夫物芸芸，各復歸其根"，萬物爲什麼一定要返回本根呢？河上公對此句的注解可以給我們一種合理的解釋，他說："萬物無不枯落，各復返其根而更生也。"原來萬物之所以要返本歸根，是爲了從本根那裡"更生"，即獲得新的生命。萬物回到本根處獲得新的生命力後，重又聚集了能量，再次投入到新的一輪循環。這種終而復始的循環運動生生不已，永不止息，這就是宇宙大化的眞諦。可見，老子關於返本復初的思想中，實蘊涵著再始更新的重要觀念。

"返"和"復"、"歸"，與"周行"同義，都是循環的意思。這是"反"的一個重要含義。

"反"若作"返"講，則"反者道之動"即是說："道"的運動周而復始、循環不已的；循環運動是"道"所表現的一種規律。關於"道"的循環運動，老子說：

> 有物混成……周行而不殆……強字之曰"道"，強為之名曰"大"。大曰逝，逝曰遠，遠曰反。（二十五章）

> 致虛極，守靜篤。萬物並作，吾以觀復。夫物芸芸，各復歸其根。歸根曰靜，靜曰復命。復命曰常，知常曰明。不知常，妄作凶。（十六章）

老子形容道時，說到道是"周行而不殆"的。"周"是一個圓圈，是循環的意思，"周行"即是循環運動。"周行而不殆"是說道的循環運動永不停息。"強爲之名曰‘大’，大曰逝，逝曰遠，遠曰反。"就是對"周行而不殆"的解釋，它是說，道是廣大無邊的，萬物都從出來（"大"），萬物從道分離出來以後，周流不息地運動著（"逝"），萬物的運行越來越離開了"道"（"遠"），離"道"遙遠，剝極必復，又回復到原點（"反"）。這樣一"逝"一"反"，就是一個"周行"。

十六章所說的"復"，也是"周行"的意思。老子從萬物蓬勃的生長中，看出了往復循環的道理（"萬物並作，吾以觀復"），他認爲紛紛芸芸的萬物，最後終歸要各自返回到它們的本根。本根之處是一種什麼狀態呢？老子認爲，萬物的本根之處是一種虛靜的狀態（"歸根曰靜"）。在他看來，道是合乎自然的，虛靜是自然狀態的，道創生萬物以後，萬物的運動發展就越來越離開道了，離道越遠，就越不合乎自然，萬物的煩擾紛爭都是不合自然的表現。所以只有返回到本根，持守虛靜，才體合於自然，才不起煩擾紛爭。

以上就是老子辯證思維的核心命題"反者道之動"的兩層基本含義。

"反者道之動"向人們展示了世界萬物辯證運動的總畫面；第一，萬物在"道"的作用下運動不息；第二，萬物的運動都是向相反的方向的運動；第三，萬物循環運動，返回原點。這既是萬物運動的總規律，也是"大道"運動的總規律。

三、"弱者道之用"

老子通過對"反者道之動"命題含義的層層展開，揭開出相反相成和物極必反這兩條重要的辯證法則，這是老子對古代辯證思維的重要理論貢獻。然而揭示出這兩條法則並不是老子的目的，他的目的在於：通過對兩條法則的認識和把握，引出貴柔、守雌的"弱用之術"，作爲指導人們行爲的原則和處理問題的方法。這就是《老子》四十章所說的"弱者道之用"。不難看出，"弱者道之用"是"反者道之動"的實際應用。

老子從經驗世界中觀察到，凡是柔弱的東西都是充滿生機的和具有發展前途的，凡是剛強的東西都是快要走下坡路的。他舉例說：

> 人之生也柔弱，其死也堅強。草木之生也柔脆，其死也枯槁。（七十六章）

人活著的時候身體是柔軟的，死了以後就變得僵硬了；草木生長的時候也是柔軟的，死後卻變得乾枯了。他由此得出結論：

　　　　堅強者死之徒，柔弱者生之徒。（七十六章）

　　　　堅強處下，柔弱處上。（七十六章）

　　　　柔弱勝剛強。（三十六章）

"柔弱勝剛強"後來成爲千古流傳的格言。老子喜歡以水爲例
來說明"柔弱性剛強"的道理，他說：

　　　　天下莫柔弱於水，而攻堅強者莫之能勝，以其無以易
　　　　之。（七十八章）

《老子》河上公本對這句話有很好的注解："圓中則圓，方中則
方，壅之則止，決之則行。水能懷山襄陵，磨鐵消銅，莫能
勝水而成功也。夫攻堅強者，無以易於水。"奚侗《老子集解》
亦曰："擊之無創，刺之不傷，斬之不斷，焚之不然（燃），
天下固無有可以變此水之物也。"天下沒有什麼東西比水更柔
弱的了，但任何堅強的東西都不能改變水的本性，因而沒有
什麼東西可以勝過水；相反，滴水可以穿石，洪水可以沖決
一切堅固的東西，衝擊堅強的東西沒有什麼可以超過它，也
沒有什麼東西可以代替它。因而可以說，水是至柔的，又是
至剛的。

　　老子十分欣賞水的品質，他說：

　　　　上善若水。水善利萬物而不爭，處衆人之所惡，故幾
　　　　於道。（八章）

水最顯著的特性和作用有三：一是柔，二是停留在卑下的地
方，三是滋潤萬物而不與之相爭。老子在這裡用水性來比喩
上德者的人格，他認爲最完善的人格也應具有水一樣的心態
和行爲："處衆人之所惡"，去別人不願去的地方，做別人不
願做的事，堅忍負重，居卑忍讓；"善利萬物而不爭"，盡其

所能地貢獻自己的力量去幫助別人，但不和別人爭名奪利。由於水這些美德，所以老子認爲，在萬物中，水是最接近於"道"的了（"幾於道"）。

　　根據老子的'道'論，宇宙間只有"大道"才是永恒存在的。常言道，人生一世，草木一秋，任何具體的事物都要經歷一個產生、成長、衰老、死滅的過程，都不可能逃避死滅的最終結局。那麼是不是說，人們在這種自然規律面前就只能坐等最終結果的到來，做什麼事都沒有意義了呢？根據老子的辯證法，回答又是否定的。"柔弱勝剛強"就是其中的關鍵所在：旣然懂得"柔弱勝剛強"的道理，答案也就在其中了。在老子看來，柔弱與剛強也是對反的雙方，任何事物在它新生的時候都是柔軟和弱小的，事物成長的過程也就是由柔弱而剛強的過程，並通過剛強最終走向死滅。旣然如此，只要事物盡量保持柔弱的狀態，經常處於柔弱的地位，就可以延緩乃至防止向剛強的轉化，從而推遲乃至避免走向死滅的到來。於是，《老子》二十八章提出了這樣的對策：

　　　　知其雄，守其雌，為天下谿。

　　　　知其白，守其辱，為天下谷。

深知什麼是雄強，卻安於雌弱；深知什麼是明亮，卻安於暗昧。《老子》五十二章稱這種方法爲"守柔"。顯然，"守柔"、"守雌"、"守辱"都不是目的，而是一種策略或手段，它的妙用就在於可以帶來相反的效果。這種效果，《老子》二十二章說得極爲簡練明白：

　　　　曲則全，枉則直，窪則盈，敝則新，少則得，多則
　　　　惑。

委曲反能保全，屈枉反能伸展，低窪反能充盈，敝舊反能生

新，少取反能多得，貪多反而迷惑。常人所見只是事物的表面現象，看不到事物的裡層，老子以其豐富的生活經驗所透出的智慧告訴人們：事物常在對待的關係中產生，我們必須對事物的兩端都加以徹察，必須從正面去透視負面的意義，對於負面意義的把握，更能顯現出正面的內涵；所謂正面與負面，並不是兩種截然不同的東西，它們經常是一種依存的關係，甚至於經常是浮面與根底的關係。常人對於事物的執取，往往是急功近利，只貪圖眼前的喜好，老子則曉喻人們要伸展視野，在觀賞枝葉的同時，也應注視根柢的牢固，有結實的根柢，才能長出豐盛的枝葉來。由於事物的這種依存關係，所以老子認為：在"曲"裡面存在著"全"的道理，在"枉"裡面存在著"直"的道理，在"窪"裡面存在著"盈"的道理，在"敝"裡面存在著"新"的道理。因而，在"曲"和"全"、"枉"和"直"、"窪"和"盈"的兩端中，把握了其中之底層的一面，自然可以得到顯相的一面。常人總是喜歡追逐事物的顯相，莫不張揚顯溢，求"全"求"盈"，老子卻提供了一種全新的思路：從反面入手，這樣反而能得到"全"和"盈"。這就是為什麼要"知其雄，守其雌"、"知其白，守其辱"的道理所在。

　　"守柔"的方法含藏著深刻的哲理和超人的智慧。以"知雄守雌"為例，在雌雄的對待中，只有對"雄"的一面有了深入透徹的了解，才能準確地選擇處於"雌"的一方。因而"守雌"是對事物的深層結構的準確把握，是對事物的全面了解和掌握，甚至可以說是對事物發展進程的主宰。"守雌"的前提和要害是"知雄"，誠如嚴復《老子道德經評點》所說："今之用《老》者，只知有後一句，不知其命脈在前一句也。"

　　"守柔"的方法也是對"物極必反"法則的深入把握和合理

運用。旣然是"物極必反"，那麼人們就不能眼睜睜地看著事情發展到極端而走向反面，就應該採取措施，爭取主動，盡力使事物保持在柔弱的地位，推遲乃至防止事物向不利的方面轉化。"守柔"的方法在這方面的運用，可以化爲三種具體的方法：一曰"柔弱"，二曰"不盈"，三曰用"反"。關於這三種具體的方法，我們將在下面一節中進行較爲詳細的討論，這裡暫略。

顯然，"守柔"的方法是一種新奇的方法，積極的方法，也是一種高明的方法。這種"守柔"、"守雌"的弱用之術，從思維方式上來講屬於辯證思維中的逆向思維，它是對"反者道之動"的實際應用，即"弱者道之用"。

四、誤解的澄清

老子的辯證法是中國最古老也是最龐大的辯證法思想體系，在包括今天在內的幾千年歷史上產生了重大而深遠的影響。它的影響不僅表現在哲學思維的領域，而且滲透到社會生活的各個方面，它在一定程度上決定著中國人的思維方式和生活態度，成爲中國傳統文化的重要組成部分。老子提出的以及由老子思想衍生出來的許多極富辯證意味的格言警句，如柔弱勝剛強、以柔克剛、相反相成、物極必反、欲取姑與、欲擒故縱、禍福相依、大器晚成、大智若愚、功成身退、知足常樂、不爭而善勝、無爲而無不爲等等，早已深入人心，成爲中國人民的寶貴精神財富和智慧源泉。如此深遠的影響本身就足以說明它的巨大價值。

然而，自古以來，人們對老子辯證法的評價卻是襃貶不

一、毀譽參半。時至今日，人們對老子辯證法的價值講得似乎不少，但細觀之，無非是說它比較詳盡地揭示了矛盾雙方的互相依存和轉化云云。而對其缺陷的分析，卻似乎是過於挑剔，非議頗多，特別是一些廣爲流傳、採用的中國哲學通史的教材和專著更是如此。若依非議者所言，則老子辯證法的價值就要大打折扣了，這同數千年來老子辯證法的巨大影響和重要地位似乎很難相稱。我們認爲，這些非議中有許多誤解，澄清這些誤解是十分必要的。爲此我們不吝筆墨，擇其要者論列如下。

　　1.常見有人把老子的貴柔、尙弱說成是懦弱、膽怯、"不敢鬥爭"、"害怕鬥爭"、"消滅人的鬥志"①等等，這樣的評價不符合老子貴柔的本意。在老子眼中，柔弱是一種難得的、優秀的品質，是新生的標誌，是生命力的象徵，充滿了生機，具有遠大的發展前途；與此相反，剛強則是敗亡的標誌和衰落的徵兆，凡是堅強的東西都是走下坡路的、喪失了發展前途的東西。與剛強相比，柔弱具有明顯的優越性，老子由此得出"柔弱勝剛強"的結論。這個"勝"字，往往被人們理解爲"戰勝"或以柔克剛的"克"，其實在這裡，老子主要是在"勝過"或"優於"的意義上使用"勝"這個字的，是說柔弱要優於剛強。如前所說，老子喜歡以水爲例來說明"柔弱勝剛強"的道理，他說：

　　　　天下莫柔弱於水，而攻堅強者莫之能勝。（七十八章）

"莫之能勝"，許多《老子》古本作"莫能之先"。這就是說，在所有"攻堅強者"中，水是最優勝的，沒有哪個能超過它，因

---

① 　參看馮友蘭：《中國哲學史新編》1983 年修訂本第二冊，人民出版社 1984 年 10 月版。

爲滴水可以穿石，洪水可以沖決一切。所以老子又說：

> 天下之至柔，馳騁天下之至堅。（四十三章）

柔弱的東西從表面上看是弱小，其實卻是眞正的強大，因爲它具有生命力和發展的前途。故而老子又說：

> 強大處下，柔弱處上。（七十六章）

> 守柔曰強。（五十二章）

足見老子的“柔弱”具有十足的後勁，包含著無堅不摧的力量，怎能說成是“懦弱”、“膽怯”呢？誠然，《老子》六十七章的確講過“不敢爲天下先”的話，主張“不爭”，但這只是前一半，更重要的還在後一半：

> 聖人後其身而身先，外其身而身存。（七章）

> 夫唯不爭，故天下莫能與之爭。（二十二章）

> 不爭而善勝。（七十三章）

這些辯證的哲理包含著深邃的智慧，給人以峰迴路轉、柳暗花明之感。足見老子的不爲天下先並非甘居落後，而是一種策略和手段。《莊子・天下》篇說老子“人皆取先，己獨取後”，顯然是獨闢蹊徑，爲了出人意料地後發制人。老子的不爭也並非放棄爭，而是以不爭爲爭，是爭的一種特殊方式，是一種更有效、更深入的爭，是不爭於一時而爭於久遠，不爭於表面而爭於根本。在老子看來，常人之爭先爭強乃是不善於爭的表現，是不懂得爭的藝術，他們爭得的只是表面的、一時的勝利。在人們只知正面直截了當地爭強爭先的時代，老子獨反其道而用之，提倡一種韜光養晦的迂迴之爭，避免與人正面交鋒，力求出奇制勝，後發制人，取得最終的勝利，這在當時確實是一種高明的爭，老子可謂古之善爭者。宋儒朱熹曾說：“老子心最毒，不與人爭者，乃所以深爭之也。"①此話雖尖刻，卻道出了老子"不爭"的本意。因而我們有理由認爲，老子辯證法的實質仍然是進取的。在一定意義上，這種隱晦的迂迴的進取與那種直截了當的進取相比，顯得更爲深刻、更有後勁，它教給人們一種更爲巧妙、也往往更爲有效的鬥爭方式，因而說老子的貴柔尚弱是"不敢鬥爭"、"消滅人的鬥志"等，顯然是對老子辯證法的一大誤解。

2.常見有人認爲老子思想中含有陰謀詐術，說老子是"陰謀家"、"兩面派"等等，這是因爲將《老子》書上的一些文句割離了它的脈絡意義而產生的誤解。例如：

第一，"無爲而無不爲。"（四十八章）這句話常被解釋爲：表面上不做，暗地裡什麼都來。事實上，"無不爲"只是"無爲"的效果，即是說，順其自然不妄爲，就沒有一件事情做不好，就能收到最好的效果。

第二，"非以其無私邪？故能成其私。"（七章）有些人認爲老子這話是叫人爲"私"的，"無私"只是個手段而已。其實這一章的重點正是在於申說"無私"。老子認爲聖人的行爲要效法天地的無私無欲，一個身在高位的人，由於機會的便利，往往容易搶先占有，因而老子喚醒人們要貢獻而不是占有。如果能做到退讓無私（"後其身"），自然就會贏得人們的愛戴（"身先"）。所謂"成其私"，相對於他人來說，是得到大家的擁戴；相對於自己來說，是成就了個人的精神生命。

第三，說《老子》中有權詐之術，最主要的一條論據就是三十六章中提出的"欲取姑與"的方法：

---

① 《朱子語類》卷一三五。

　　　　將欲歙之，必固張之；將欲弱之，必固強之；將欲廢
　　　　之，必固興之；將欲取之，必固與之；是謂微明。"
在對老子思想的誤解中，這一段文字引起的誤解最大，近代
許多研究老子思想的學者也感到困惑不解。爲此，我們有必
要對此進行較多的討論。

　　首先我們要申說的是誤解的由來。這種誤解早在戰國時
代就開始了，《韓非子・喻老》篇說：

　　　　越王入宦於吳，而觀之伐齊以弊吳。吳兵既勝齊人於
　　　　艾陵，張之於江濟，強之於黃池，故可制於五湖。故
　　　　曰："將欲翕之，必固張之；將欲弱之，必固強之。"
　　　　晉獻公將欲襲虞，遺之以璧馬；知伯將欲襲仇由，遺
　　　　之以廣車。故曰："將欲取之，必固與之。"
這是把陰謀權詐同"欲取姑與"的應用聯繫了起來。韓非以
後，以宋儒的誤解最深。如二程曰：

　　　　與奪翕張，固有此理，老子說著便不是。①
　　　　老子之言，竊弄闔闢者也。②
　　　　問《老子》書若何，曰：《老子》書，其言自不相入處如
　　　　冰炭其初欲談道之極玄妙處，後來卻入做權詐看上
　　　　去，如‘將欲取之，必固與之’之類。然老子之後有
　　　　申韓，看申韓與老子道甚懸絕，然其原乃自老子
　　　　來。」③
韓非和宋儒固然對此有嚴重的誤解，但歷代卻有不少學者做
出了正確的解釋，下面證徵引數條供作參考：

①　《二程全書・遺書七》。
②　《二程全書・遺書十一》。
③　《二程全書・遺書十八》。

宋人范應元曰：

> 天下之理，有張必有翕，有強必有弱，有興必有廢，
> 有與必有取。此春生夏長，秋斂冬藏，造化消息，盈
> 虛之運固然也。然則張之、強之、興之、與之之時，
> 已有翕之、弱之、廢之、取之之幾伏在其中矣。幾雖
> 幽微而事已顯明也。故曰"是謂微明"。或者以數句為
> 權謀之術，非也。①

明人薛蕙說：

> 此章首明物盛則衰之理，次言剛強之不如柔弱，末則
> 因戒人之不可用剛也。豈權詐之術？夫仁義聖智，老
> 子且猶病之，況權詐乎！按《史記》陳平本治黃帝老子
> 之術，及其封侯，嘗自言曰："我多陰謀，道家之所
> 禁，吾即廢亦已矣，終不能復起，以吾多陰禍也。"由
> 是言之，謂老子為權數之學，是親犯其所禁，而復為
> 書以教人，必不然矣。②

明人林兆恩說：

> 世之詭譎者，即謂其得老子之術，豈非妄執"必固張
> 之"之數言而詬訕之邪！且盈而必缺，中而必昃，寒往
> 而暑，晝往而夜，天道之常也。吾嘗執天道而仿老子
> 之詞曰："將欲缺之，必固盈之；將欲昃之，必固中
> 之；將欲暑之，必固寒之；將欲夜之，，必固晝之。"
> 謂之天有術可乎？萬物之生而死，榮而悴，成而毀，
> 亦天道也。天何心哉！由是觀之，則世之非老子者，

---

① （宋）范應元《老子道德經古本集注》。
② （明）薛蕙《老子集解》。

非惟德不達老子之意，亦且目不涉老子之文。①

如果我們細讀以上各家的注解，就可以充分了解老子的原義，就不會簡單地斥之爲陰謀權術了。老子的"欲取姑與"包含著深刻的哲理，有自然界辯證運動的客觀法則爲依據，這些辯證的法則對任何人來說都是完全敞開的，只不過平庸者不識或識之不多罷了。"欲取姑與"是建立在對"物極必反"這一客觀世界的辯證法則的深刻認識之上的，是運用辯證的極好範例。由於它正確地反映了客觀事物本身的辯證運動過程，因而也就具有了普遍的指導意義。由此可見，據此斷定老子是"陰謀家"是不妥當的。老子並沒有教人如何運用心機去算計、坑害別人，更沒有教人如何運用卑劣的手段來達到不可告人的目的。恰恰相反，老子最反對人運用心機、智巧和詐謀，他在自己的書中一再提到"嬰兒"，希望人們都能夠返樸歸眞，像嬰兒那樣天眞無邪、純樸自然，保持一顆赤子之心，這也是他所開創的道家學派的基本精神和一貫主張，這樣的人怎能算是陰謀家？說老子是陰謀家、兩面派，似乎老子的人格也成了問題，其實，如果說老子這裡是在教人如何，也不過是教人一種行之有效的行爲方法和策略，教人一種辯證的思維方式，這與老子的人格可謂風馬牛不相及。當然，個別野心家利用老子的這一思想達到其目的的情況，在歷史上也是常有的，然而老子的思想被人利用是一回事，老子本人是否是陰謀家則是另一回事，兩者之間並沒有必然的聯繫。它所能證明的唯一事實，就是老子的這一辯證方法的普遍適用性。

---

① 　（明）林兆恩《道德經釋略》

3.學術界有一種似乎早已成爲定論的說法，認爲老子雖然揭示了對立面相互轉化的辯論法則，但卻脫離了條件講轉化，把對立面的轉化看成是無條件的。這種看法由來已久，且影響很大①。我們認爲，這是對老子辯證法的又一個重大誤解。對於這一理論性較強的問題，有必要在此詳加闡述。

《老子》五十八章曰：

　　禍兮福之所倚，福兮禍之所伏，孰知其極？

這是認定老子脫離了條件講轉化的人們的主要論據，我們的論辯也從這裡開始。

　　老子這句話被人們普遍誤認爲他講對立面可以無條件自動轉化。張岱年對此提出了不同的看法，他說："老子講轉化，也未嘗不講轉化的條件"，這裡的"極字正是表示轉化的條件。"②我們認爲，張岱年先生的這一觀點十分重要，有助於澄清多年來對老子思想的這一重大誤解。但張先生只是提出了這一觀點，卻沒有展開論證何以"極"就是轉化的條件，從而使人有似懂非懂的感覺。自張先生提出這一觀點以來，學術界已逐漸有一些人接受，但都是人云亦云，語焉不詳。下面我們就來接著張岱年先生的觀點往下講。

　　提起老子這句著名的話，自然使人聯想到"塞翁失馬"的成語故事。"塞翁失馬"，典出《淮南子·人間訓》，作者在講述了一個禍福相因的有趣故事之後評論道：

　　故福之爲禍，禍之爲福，化不可極，深不可測也。

這裡同樣是在講禍福之間的微妙關係，同樣使用了一個"極"

---

① 任繼愈主編的《中國哲學史》，肖箑父、李錦全主編的《中國哲學史》，楊憲邦主編的《中國哲學通史》等均持此種看法。
② 見《學術月刊》1989 年第 6 期。

字，可以肯定與老子那句名言之間在理論上是一脈相承的。這裡的"化不可及"的"化"字顯然是指轉化，而"極"字卻難以解釋爲轉化的條件，而應是"窮盡"之義。全句的意思是說，福與禍之間的相互轉化是無窮無盡的，其中道理是高深莫測、難以把握的。

將《淮南子》與《老子》這兩句話聯繫起來思考，筆者遂以爲，張岱年先生把"極"直接解釋爲"條件"，雖然從意義上是可以講得通的，並可用來解釋老子關於對立面轉化的許多命題，但一是使人仍有突兀之感，有必要加以展開分析論證；二是仍不夠準確，有必要加以修正。

在《說文解字》中，許愼將"極"與"棟"互訓。段玉裁注云："極者，謂屋之至高之處。"《莊子・則陽》載："孔子之楚，舍於蟻丘之漿，其鄰有夫妻臣妾登極者。"陸德明《釋文》引司馬云："極，屋棟也，升之以觀也。"可爲《說文》之證。故段玉裁又云："引申之義，凡至高至遠者皆謂之極。""極"字在古代典籍中主要在兩種意義上使用：第一種意義是"中"，中者正必、平也，唯其中正、正平，故可作爲衡量的標準來界定他物，在此標準之內者爲是、爲可，超出此標準之外者爲非、爲否，故可引申爲"界限"之義。第二種意義有多種表述，如"至"、"終"、"止"、"已"、"竟"、"致"、"窮"、"盡"等。《周脾算經・上》云："至，晝夜長短之所及"，我們至今仍然在這一意義上使用"冬至"和"夏至"的概念。這兩個節氣又是古人根據日月的運行確定的，《周脾算經・下》云："凡日月運行四極之道。"在古代蓋天說的觀念中，天和地是對等的，地的盡頭亦是天的盡頭，故而《爾雅・釋地》對"四極"有這樣的解釋："東至於泰遠，西至於邠國，南至於濮鉛，北至於祝栗,謂之四極。"日月的運行所達到的最遠處便是"四極",這也就是說,日月只能在"四極"之內運行,不能超出這個界限或範圍。這就是"極的基本含義"。至於"終"、"止"、"已"、"竟"、"致"、"窮"、"盡"等,亦都是"極"的不同表述。由此可見,"極"字的以上兩種含義是相通的,均有界限、限度、極限之義。日月的運行如此,任何具體事物的存在與變化也莫不如此,都不能超出一定的界限,一旦超出,事物也就不再是它自身了。用現代辯證法的語言來說,任何事物都有一個質的規定性,它的存在和變化都有一個許可的限度,在這個限度之內變化,事物便保持著這個質的規定性而是它自身,一旦超出了這個限度,突破了臨界點,事物便喪失了原有的質而轉化為自己的對立面。這個臨界點便是"極"。

老子也是在這個意義上使用"極"這個概念的。"孰知其極"即是說,福與禍之間存在著一個界限,但這個界限並非是不可逾越的,一旦超出這個界限,禍即轉化為福,福即轉化為禍。福與禍在常人看來隔得很遠,在老子看來卻離得很近。二者互相包含、互相滲透,禍中就倚傍著福的因子,福中也隱伏著禍的根苗,禍為福的寄寓之所,福即禍的藏身之處,兩者之間僅一轉之差,不能把它們看死了。互相包含互相滲透便可以彼此相通,存在著互相轉化的趨勢和橋樑,所以才有因禍得福和因福得禍的情況發生。老子接著說:"人之迷,其日固久。"世俗之人慣常於把禍福截然對立起來看待,而不了解它們之間還可以互易其位,此"迷"固久有時日。禍福之間的這種複雜微妙的關係不是一般人所能理解的,老子卻能夠理解;禍福之間的界限是絕少有人通曉的,老子卻能夠通曉。老子對禍福關係的辯證理解僅在當時來說是極為難得的，即便在現在看來也是相當精彩的，理論上也沒有什麼漏洞，故而才能被古往今來無數次社會生活實踐所證實，成爲千古名言。

以上我們把老子所謂"極"解釋爲界限、限度，這同張岱年先生把"極"直接解釋爲"條件"雖不相同，但也並不矛盾，而是可以相通的。因爲界限雖然還不等於轉化的條件，但對界限的觸及或突破便是轉化的條件。當事物的變化尙未達到一定的限度，還沒有走到極端，就仍有發展的餘地，尙不具備轉化的條件。只有觸及或突破了一定的界限，轉化才能發生，因而可以說，對"極"的觸及或突破乃是對立面轉化的必要條件。當事物的變化突破了一定的界限，達到了"極"這個轉折點時，便具備了轉化的條件，必然要向反面轉化，因而可以說，對"極"的觸及或突破又是對立面轉化的充分條件。此兩種情況均毫無例外。試想，當月相的變化尙未達到盈滿時，難道可以說已經具備了虧缺的條件嗎？如果說已經具備了，那就等於承認有什麼力量可以使月相未圓而缺，這顯然是不可能的；當鮮花的開放已經達到了全盛時，它的凋謝難道還需要別的條件嗎？如果說還需要，那就等於承認有什麼力量能夠阻止它的凋謝，這也是不可能的。老子關於"物極必反"的思想便是通過對諸如此類的自然現象的長期觀察和思考而總結出來，再推而廣之，在實際生活中運用並反覆驗證了的。

通過上面的分析我們看到，"孰知其極"的"極"字還是一個名詞，指的是界限，而"物極必反"的"極"字已是一個動詞，指的是對界限的觸及或突破。因而嚴格地說，前者尙不能解釋爲轉化的條件，後者才是轉化的條件。關於物極必反的例證，老子講了很多，如：

> 物壯則老。（三十章）
>
> 兵強則滅，木強則折。（七十六章）
>
> 甚愛必大費，多藏必厚亡。（四十四章）
>
> 持而盈之，不如其已；揣而銳之，不可常保；金玉滿
> 堂，莫之能守；富貴而驕，自遺其咎。（九章）
>
> 是以聖人去甚、去奢、去泰。（二十九章）

這裡的壯、強、甚、多、盈、銳、滿、驕、奢、泰等，都是些極端的、過火的行爲，都是"極"的不同表現，相當於現代哲學所謂"度"的突破，都是導致事物向反面轉化的條件。

綜而言之，老子關於對立面轉化的條件性的思想是很豐富的，認爲老子脫離了條件講轉化或認爲老子講對立面可以無條件自動轉化，是對老子辯證法的誤解。脫離了條件講轉化是相對主義，如莊子就是這樣。在常人眼裡，對立事物之間的界限猶如一道鴻，這就把事情看僵、看死了，而莊子卻走上了另一個極端，他把問題看得過於靈活了，認爲彼此、是非、大小、生死、榮辱、成毀、美醜都是齊同的，都可以任意轉化。老子卻沒有講禍即是福、福即是禍，人們沒有把老子說成是相對主義者，一個重要的原因就是他沒有否認對立物之間的差別和界限，沒有把對立物的轉化看成是無條件的、不可捉摸的一陣風，他講轉化顯然是與莊子不同的。

4.與此相關的一種誤解認爲，既然老子那裡轉化是無條件的，那也就是說不必經過主觀努力事物也可以自動轉化，有了主觀努力也不能影響轉化的進程，因而老子必然忽視甚至否認人的主觀努力在對立轉化中的作用。對此我們也要進行一些必要的澄清。

　　我們認爲，老子揭示了對反雙方的界限不是絕對的，是可以互相轉化的，並且論述了這種轉化的條件性，這無疑是寶貴的辯證法思想，但這還僅僅是老子關於對立面轉化思想的一半，而且還不是最重要的一半。如何對待這種轉化，如何在實際生活中掌握和運用轉化的條件性來達到預期的目的，才是更爲重要的一半。換句話說，老子通過對大量自然和社會現象的觀察思考，總結出關於對立面轉化及其條件性的理論之後，並沒有停步不前。理論是產生於實踐的需要並爲實踐服務的，如何運用這一理論來解決現實生活中遇到的問題，達到人們預期的目的，才是老子的興趣所在，才是老子研究辯證法的目的。倘如論者所言，老子認爲對立物可以無條件地自動轉化，人們在這種轉化面前無能爲力、無可奈何，只好放棄主觀努力，聽之任之，則老子的辯證法便毫無實用價值可言，那麼，數千年來老子辯證法得到了廣泛應用這一事實又將如何解釋呢？實際上，老子是非常重視人的主觀努力的，他看到了人的主觀努力在事物轉化中的作用，並主張發揮這種作用，用人爲的力量來影響和干預轉化的過程，以達到預期的目的。如前所論，老子認爲事物向反面的轉化不是一下子突然完成的，而是要經歷一個由小到大、由低到高、由易到難的過程。這就是說，事物的轉化需要量的積累，待量的積累突破了一定的界限，方能轉化爲他物。正是由於有這樣的認識，所以在老子那裡，對立面對的轉化才不是無條件的、不可捉摸的，而是可以認識、可以把握的。也正是根據對事物變化規律的這種認識和把握，老子才提出了如何通過主觀努力創造一定的條例，加速實現對自己有利的轉化和如何防微杜漸，推遲乃至防止於已不利的轉化發生這樣一套閃耀著辯證法光輝的行之有效的策略。而所有這些，都是建立在對事物轉化條件性的深刻認識和把握之上的，都是對轉化條件的靈活運用。

老子的這套策略包含著豐富的內容。在老子看來，事物向反面的轉化從性質上看可以分為兩種情況：一種是人們所希冀發生的轉化，另一種是人們不願意看到的轉化。

前一種主要運用於軍事對抗等敵對行為中，在強敵面前，老子並不是主張坐以待斃，亦不主張祈求於神靈的庇佑或是期待某種奇跡的發生，而是根據對對立面轉化的條件性的深刻認識，主動採取措施，"將欲歙之，必固張之；將欲弱之，必固強之；將欲廢之，必固興之；將欲取之，必固與之"，通過這些手段來迷惑、驕縱對手，創造出一定的條件，陷對方於不利，促使轉化的實現，加速對方的敗亡。在數千年的社會實踐中，這種策略被人們反覆運用，是人們公認的克敵制勝的有效手段。

對於後一種人們所不希望發生的轉化，老子進行了重點研究。在老子看來，雖然向反面的轉化是事物變化發展的最終不可避免的結局，沒有永不轉化的事物，但這種轉化的實現是以事物發展到自身存在的極限為條件的，而這一極限的到達必須經過一個逐步實現的過程，在社會生活領域中，這一過程的長短快慢又與人的努力程度有很大的關係。基於這樣的認識，老子進行了深入細致的研究，提出了三種具體的方法，旨在如何通過人的主觀努力，使事物在一定的時間內保持相對不變，延緩、推遲乃至防止事物走向"極"的轉折點而向反面轉化，使自己維持相對長久而立於不敗之地。這三種方法，一曰"柔弱"，二曰"不盈"，三曰用"反"。

先看"柔弱"。在老子看來，剛強是敗亡的象徵，壯盛是衰落的朕兆，柔弱則是新生的標誌，是生命力的體現，因而"柔弱勝剛強"。老子把"柔弱勝剛強"看作是指導人們行為的普遍有效的方法，在他看來，旣然懂得了"柔弱勝剛強"的道理，就應該使自己經常處於柔弱的地位和狀態，才能延緩乃至避免向剛強的轉化，從而維持相對的長久，立於不敗之地。這樣，雖然從表面上看是弱小，其實卻是眞正的強大，因為它保持著生命力和發展的前途，故而老子才說：

> 強大處下，柔弱處上。（七十六章）

> 守柔曰強。（五十二章）

這是老子主張發揮人的主觀能動作用，防止事物向不利方面轉化的第一種方法。

再看"不盈"。旣然壯盛是衰落的徵兆，盛極必衰，就不能聽任自己一步步走向"極"的轉折點而陷於不利，而應該努力保持不過度壯盛的狀態，凡事不超過一定的限度，給自己留下足夠的迴旋餘地，這樣就可以保持相對的長久，從而避免向不利的方面轉化，這種狀態就是"不盈"。老子說：

> 持而盈之，不如其已。（九章）

> 保此道者不欲盈，夫唯不盈，故能蔽而新成。（十五章）

在老子看來，由於貪得無厭的本性，人們對物質利益的追求往往是不知止境的，這不僅給社會帶來了災難，也為自己招致了禍患，所以說：

> 禍莫大於不知足，咎莫大於欲得。（四十六章）

在貪欲的驅使下，人們到了危險的邊緣卻仍然執迷不悟。針對這種情況，老子提出了"知足"、"知止"的對策：

> 知足不辱，知止不殆，可以長久。（四十四章）
>
> 知足之足，常足矣。（四十六章）
>
> 功遂身退，天之道。（九章）

他告誡人們凡事要適可而止，不要把事情做過了頭，要學會激流勇退，不可貪得無厭、得寸進尺，否則就會"自遺其咎"。他認為，只要始終處於"不盈"的狀態，始終和"盈"保持一定的距離，就可以不走上極端，不突破極限，從而避免走向反面而保持相對長久了。

最後是用"反"，即預先在自身——"正"中容納了對立面——"反"的成分，採取反面的形態，通過這種方法來防止向反面的轉化。這是一種相當獨特而深刻的方法，是老子對辯證思維的一個重要貢獻。他說：

> 大成若缺，其用不弊。大盈若沖，其用不窮。大直若
> 屈，大巧若拙，大辯若訥。（四十五章）
>
> 明道若昧，進道若退，夷道若類、上德若谷，廣德若
> 不足，建德若渝，大白若辱。（四十一章）

七十八章又將此諸多現象概括為"正言若反"。這裡的"若"字意味著既是又不是，是正與反、肯定與否定的統一。由於事先容納了反面的成分，看上去像是反面，實際上又不是，這種正反結合的正面才是高級的、完滿的、真正的、長久的正面，才能立於不敗之地。其中道理，七十一章說得極為明白：

> 夫唯病病，是以不病。

張岱年先生把這種方法形象地比喻為注射預防針，提高自身免疫能力的方法，即通過對否定方面的肯定來實現對自身的肯定。老子認為，這種方法能夠有效地防止向反面的轉化。

應當承認，這是一種極富辯證色彩的方法，在實踐上也被證明是行之有效的，是老子對辯證思維的重要貢獻。

以上三種方法，角度各自不同，但精神實質是一致的。張岱年先生說得好："所謂'柔弱'，實際上就是經常保持'不盈'的狀態。"①我們還可以進一步說，無論是"柔弱"還是"不盈"，實質上都是用"反"。老子說得明白："柔弱處上"、"守柔曰強"、"大盈若沖"、"窪則盈"，柔弱反能勝過剛強，因而是真正的剛強，空虛低窪反能盈滿，因而是真正的盈滿。"柔"、"弱"、"沖"、"窪"的目的和作用恰恰是它們的反面。可以說，老子辯證法最突出的特徵可以用一個"反"字來概括，誠如六十五章所言：

玄德深矣，遠矣，與物反矣，然後乃至大順。

"與物反"即逆向思維，倘不"與物反"，怎能稱得上"玄德"而"至大順"呢？

可見，認為老子忽視甚至否認人的主觀努力在對立面轉化中的作用的觀點，是對老子辯證法的又一種大誤解。事實上，老子十分重視發揮人的主觀能動作用。老子辯證法的使用價值，就在於開動人們的腦筋，啟發人們的思維，教人如何運用一些與常人常識相反的方法，來收到出人意料的效果，達到常人用常規的方式難以達到的目的。而要達到這樣的效果和目的，所需的智慧和努力恐怕要比常人更多才行。同時，從以上所論亦可看到，老子發揮人的主觀能動性的主張，又是圍繞著對反雙方相互轉化的條件做文章的，兩者實際上是同一個問題的不同層次，一個側重於理論，一個側重

---

① 參看張岱年：《中國哲學發微》中《中國古代辯證法思想發微》一章。

於應用。這也從另一個方面進一步證明了老子並非不懂得事物轉化的條件性，而是十分重視條件，勇於創造條件，善於利用條件的。同現代哲學辯證法相比，老子對事物轉化的條件性的認識雖然還不夠全面，但在當時條件下已是極為難得的了。

總之，用現代哲學的標準看，老子的辯證法當然存在著不少缺點，關於這一點，許多論著都進行了批評。這些批評中不乏言之成理、持之有故者，有的還很精彩，但在我們看來，其中批評最多最烈的幾條卻難以成立，原因就在於以上我們所分析的這些誤解的存在。在古代的大思想家中，人們對老子思想發生的誤解可謂最多最深，而這些誤解，又主要集中在老子的辯證法上。因而，澄清這些誤解，對於準確地評價和把握老子的辯證法，乃至於挖掘清理繼承發揚中國傳統哲學的歷史遺產，都有著重要的意義。

最後我們來談老子辯證法的缺點。

首先，我們把目光集中在人們談論最多的"柔弱"和"不爭"上。毫無疑問，老子提出的柔弱勝剛強和以不爭為爭，是傑出的辯證法思想，但他對此未免強調得過分，事實上這些道理並不是普遍適用的。柔弱並不總能勝剛強，在很多情況下是剛強勝柔弱，因而單講柔弱勝剛強和單方面強調剛強一樣，都是不全面的。"不爭"可以收到後發制人的特殊效果，但在大多數情況下，有許多東西不爭得不到的，先下手為強往往更為有效，因而直截了當的爭同迂迴的的爭一樣，都是爭的有效方式。人們對待周圍的世界，是柔弱還是剛強，是進取還是退讓，本無一定之規，而應靈活掌握，視具體的情況如何而定，並隨情況的變化而變化，一味採取任何一種態度都是僵化的、不明智的。在此問題上，注重柔弱的《老子》和注重剛健的《易傳》這兩大辯證法體系可謂是仁者見仁、智者見智，本無是非優劣可言。應當說，它們各自強調了客觀辯證法的一個方面，皆有所見也皆有所不見，皆有所得也皆有所失。荀子有言：“老子有見於屈，無見於伸”①，那麼，對於剛健派的《易傳》體系，我們當然也可以說它是“有見於伸，無見於屈”。而這兩大辯證法體系的交融互補，不正是先民偉大智慧的完美結晶嗎？

其次，老子“返本復初”的思想是很濃厚的。應該承認，“返本復初”是一種十分重要的思想，它包含著固本固根和再始更新的重要觀念，然而，它也容易導致認識上的偏差。事物的運動是否都應該退回到原頭？是否都能夠返回到“本初”的狀態？同時所謂“本初”的狀態是否像老子設想的那樣美好？這些都應該認真思考。同時，“返本復初”的思想容易固定成一種根深蒂固的觀念，並成爲一種思維定勢，將這種觀念和思維定勢運用於對社會歷史的分析，容易產生今不如昔的看法，妨礙人們對社會歷史的發展作出積極的評價。

復次，老子認爲事物的運動和變化是循環狀態的。然而我們知道，事物運動變化的狀況和方式是多種多樣的，有曲線的發展，也有直線的發展，如此等等，不一而足，未可以單一的循環往復來概括其餘的。老子的循環觀念，把事物運動的複雜多樣的具體形式簡單化了。在老子的循環觀念中，我們只能看到周而復始的循環運動，卻難以看到進化、發展等新的內容，這就大大降低了老子辯證法的理論價值。這種

---

① 《荀子·天論》。

只有循環沒有發展的觀念在歷史上有著深刻的影響，在很大
程度上決定了中國古人看待自然和社會歷史的基本態度。老
子還認爲事物的運動和變化終究會返回到原點，他稱之爲"歸
根"，歸根之處是虛靜狀態的。這種過分重視虛靜的觀念，蘊
涵著事物的運動和變化是無須的，也是無益的。這種觀念運
用到人生問題上，會妨礙人們採取積極的人生的態度。

最後，老子一再強調"清靜無爲"、"柔弱"、"知足"、"不
爭"，一個人如果長時期浸染於這種思想的氣氛中，久而久
之，將會削弱人的進取心和競爭意識，也會消解人們向思想
禁地推進的勇氣。同時，這也可以成爲一些惰怠和怯弱之人
的借口。總之，在老子所建構的世界中，人們固然可以有心
靈的寧靜平和，然而相對地也會減損人們創造性的衝動。

然而瑕不掩瑜，這些缺點並不能掩蓋老子辯證法的巨大
價值，老子提出的種種辯證觀念，都早已積澱爲傳統文化的
精萃。五千言的一部《老子》，充滿著深沉的智慧之言，借用
德國哲學家尼采的話："像一個永不枯竭的井泉，滿載寶藏，
放下汲桶，唾手可得。"

第八章
老子的社會政治學說

　　上一章我們在談到老子的思維方式時曾說，推天道以明
人事是道家承繼於史官而來的一種思維方式，其要點在於從
自然現象中確定社會、人生的法則。老子的整個思想體系就
是依照這樣一種思維方式建立起來的，因而從大的方面看，
老子的學說就是由天道觀和人道觀兩方面的內容構成的。天
道觀是對於宇宙、自然的一般看法，人道觀是對社會、歷
史、人生的看法。從老子思想體系的邏輯結構來看，人道觀
是建立在天道觀的理論基礎之上的，是天道觀的推廣、運用
和具體化；而從其產生來看，卻是先有其人道觀，然後再為
這個人道觀建立天道觀方面的根據。在老子的思想體系中，
天道觀居於高層次，人道觀居於基礎的層次，但天道觀又是
作為人道觀的依據而存在的，它必須落實到人道觀的層面上

來，以人道觀爲目的和歸宿。這是中國傳統學術思想的一個基本套路或特徵，這一基本套路或特徵被史家概括爲"究天人之際，通古今之變"，而其以哲學的形態表現出來，正是發端於《老子》。

老子的天道觀即其道論，我們已在前面討論過了。老子的人道觀又可分爲社會政治學說和人生哲學兩部分，社會政治學說是老子對社會歷史和政治的看法，人生哲學則專講人生問題。在這一章中，我們先來討論老子的社會政治學說。

一、"大道廢，有仁義"

這是老子的歷史演化觀。老子對現實社會的看法和社會改革主張，首先是從對歷史演化的回顧中得出來的。

老子生活的春秋後期是一個大變革、大動蕩的時代。從社會的表象層面看，舊的制度、傳統、習俗迅速崩壞，大大小小的統治者貪婪殘暴，兼並戰爭加劇，人民陷入深重的災難。表現在更深的思想觀念的層面上，是人心不古、世風日下、道德淪喪，人們不再保有純眞質樸的自然之性。老子曾是周王朝的史官，對過去的歷史比較熟悉，有豐富的政治經驗，又親身經歷了社會上發生的一切，從而提出了自己對人類社會歷史演變的獨特而深刻的看法。

老子從"道"的觀點出發來考察人類社會發展的歷史，評判社會上發生的一切。根據老子的道論，'道'不僅是自然界運行的普遍規律，而且也是人類的行爲準則，因而天道與人道本該是一致的，人的行爲理應取法並符合於天道。然而令老子深感遺憾的是，人類的許多行為卻違背了大道的原則。他說：

> 大道甚夷，而民好徑。（五十三章）

《說文解字》曰：“徑，步道也。”“步道”即人行的小路，大多是彎曲不直的。河上公注曰：“夷，平易也；徑，邪不平正也。”老子這裡指出，大道是坦蕩平直的，而人們卻總是走那些羊腸小路，總是不走正路，搞歪門邪道，這是與“大道”的原則相背離的。這裡喻指的是人心不正。

老子進一步指出，造成人心不正的根本原因，在於不公平的社會現實。他說：

> 天之道損有餘而補不足，人之道則不然，損不足以奉有餘。（七十七章）

人類社會是多麼不公平啊，不斷地剝奪窮人來供奉富人，造成貧富之間的差距越來越懸殊。在不公平的社會現象面前，人們無法討回公道，現實誘使人們去投機取巧，迫使人們走歪門邪道，造成了敦厚質樸的人類自然之心的喪失。

老子認為，大道遭到了廢棄，社會便陷入了病態之中，為了醫治病態的社會，解救社會危機，矯正人們的錯誤行為，於是便出現了仁、義、忠、信、孝、慈等倫理道德觀念和規範。

這樣一來，一個非常重要的問題就擺在了我們的面前：老子對仁、義等倫理道德觀念和規範究竟是持何種態度呢？傳統的看法幾乎一致認為，老子是反對仁義的。這種看法的一個主要根據來自《老子》第十九章：

> 絕聖棄智，民利百倍；絕仁棄義，民復孝慈；絕巧棄利，盜賊無有。

但是，從《老子》全書和其他材料來看，他對仁義的態度顯得十分矛盾：一方面，他強調人們之間相互交往要重視"仁"（第八章："與善仁"），《史記》記載他送別孔子時說："吾聞富貴者送人以財，仁人者送人以言。吾不能富貴，竊仁人之號，送子以言曰……"，既然自謙爲"竊仁人之號"，可見他並不反對"仁"。可另一方面，十九章卻又出現了"絕仁棄義"的主張。這一矛盾向來使我們困惑不解。直到最近郭店楚墓竹簡《老子》的問世，才使得我們恍然開悟，原來通行本"絕仁棄義，民復孝慈"，郭店簡本卻是"絕僞棄詐，民復孝慈"。

由於郭店《老子》的年代比馬王堆《老子》還要早出一百年，這一當今世界最早的古本《老子》無疑更爲接近祖本的原貌，因此它的每一個字句，特別是與今本相異者，都引起了研究者的格外關注。我們認爲，竹簡本之"絕僞棄詐"，崇尚質樸的主張，與老、孔所處時代的社會風尚較爲相應，當爲《老子》的原文，彼時儒、道兩家思想並未產生強烈的對立現象。而"絕仁棄義"的觀點反映了戰國中後期學術觀點對立極化的情況，當時莊子後學中《胠篋》一派所改，老子本人並不主張棄絕仁義。

長期以來，"絕仁棄義"之說扭曲了老子"與善仁"的主張，以致使老子的學說失去了廣大的倫理空間。如今郭店簡本《老子》的出土，爲恢復老學的倫理空間提供了契機，使我們有必要以正面的態度，來重新思考老子對待仁、義、禮等道德倫理觀念與規範的態度。

傳統的看法認爲老子反對仁義，其另一個主要根據來自《老子》第十八章：

大道廢，有仁義；智慧出，有大僞；六親不和，有孝慈；國家昏亂，有忠臣。

郭店簡本《老子》的出土，卻使得我們可以對這一章作出完全
不同的解釋，從而足以動搖老子反對仁義的傳統說法。原
來，郭店簡本中並無"智慧出，有大僞"一句。我們認爲，正
如"絕仁棄義"的論點出現在莊子後學"攘棄仁義"的思想氣氛
中一樣，今本"智慧出，有大僞"的論點，也出現在戰國中後
期的時代背景下，當爲莊子後學所增益。由於增益了"智慧
出，有大僞"一句，使得學者們在解讀時容易把"大僞"和"仁
義"連類地思考、對等地看待，從而得出老子貶抑仁義的解
釋。如果我們考慮到郭店簡本《老子》的可靠性，而將"智慧
出，有大僞"一句從第十八章中剔除，那麼從整章的結構來
看，就可以看出"大道"是寄寓了老子理想中最完美的狀況：
在一個大道流行的自然狀態中，仁義是以一種和諧的方式自
然地蘊涵、融合在大道中，正如孝慈蘊涵在六親和睦中、忠
臣蘊涵於國家安泰的情境中一樣，因而無須將這些道德觀念
和倫理關係予以外化而特別加以彰顯。但如果大道遭到了廢
棄，理想的狀態失衡，社會秩序喪失了維繫倫理的功能，以
致六親不和、國家昏亂時，那麼仁義、孝慈和忠臣就顯得特
出而難能可貴，因而也就有提倡和表彰的必要了。

　結合郭店簡本來看，老子的這一思想是十分深刻的。魚
在水中，不覺得水的重要性；人在空氣中，不覺得空氣的重
要；大道興隆，仁義行於其中，自然就不覺得有倡導仁義的
必要。而崇尚仁義的時代的到來，正表明民風已經不淳厚，
社會已經處於病態之中了。同樣道理，家庭陷於糾紛，才有
倡導孝慈的必要；國家陷於昏亂，才不得不表彰忠臣。由此
看來，人們倡導道德品行，乃是社會出現道德危機的表徵。如

果大道能夠推行，人們的行爲自然而然地就會十分恰當得體，人們之間的關係就會十分自然而融洽，當然也就沒有崇尚這些美德的必要了，這就好比身體健康的人就無須服藥一樣。

總之，結合郭店簡本來看第十八、十九兩章，老子不僅沒有反對仁義、排斥孝慈的意思，反而對這些道德觀念和倫理規範在社會化的人際關係中採取肯定的態度。

老子的以上思想，旣是對道德觀念的起源的思考，也是對什麼是眞正的道德的思考。老子倡導的道德觀，可以說是一種自然主義的道德觀。老子用這種自然主義的道德觀，對現實的道德觀體系進行了深入的分析。他首先把通常所謂"德"分爲"上德"與"下德"兩個等級：

> 上德不德，是以有德；下德不失德，是以無德。上德
> 無爲而無以爲，下德無爲而有以爲。（三十八章）

"上德"之人，其德在內不在外，完全是出於內心之自然，並不自恃有德而表露於外，這種內在的德才是眞正的德，才是"有德"，才是"上德"。"下德"之人則不同，其德在外而不在內，他執守著形式上的德，努力使它不致喪失，這樣的人自以爲不失德，實際上他的內心已經與德相分離了。在老子看來，這種失去內在根據的德已經不是眞正的德，或者說並沒有達到德的標準，充其量只能算作是"下德"，因而也可以說是"無德"。老子認爲，同樣是表現爲"無爲"，但也有品位與境界的高下之分："上德"之人的無爲是"無以爲"，"下德"之人的無爲則是"有以爲"。可見，"上德"與"下德"的差別乃在於是否有了居心："上德"是無心的自然流露，"下德"則有了居心。兩相比較，"上德"和"下德"作爲道德境界的不同層次，

其差距自不待言。

《老子》中對"上德"這種內在的眞正的道德還有一些更進一步的描述。如：

上德若谷。（四十一章）

老子用山谷來形容"上德"，在他眼中，眞正的道德並不顯露於外，而是像山谷一樣的深邃、內斂、沖虛、含藏。老子還喜歡用嬰兒或赤子的質樸天眞來形容這種眞正的道德境界。他說：

常德不離，復歸於嬰兒。（二十八章）

含德不厚，比於赤子。（五十五章）

眞正的道德是內在於人心中的，一個人如果永遠保持眞常之德於心，具有深厚飽滿的道德修養，那麼他就能如初生的嬰兒般的天眞質樸，沒有半點矯揉造作和虛假。這種嬰兒般的天眞質樸，乃是老子孜孜以求的最高道德境界。

老子用這樣的道德標準，對現實社會中道德觀念和規範體系的狀況進行了深入的分析和批評。他說：

上仁為之而無以為，上義為之而有以為。上禮為之而莫之應，則攘臂而扔之。故失道而後德，失德而後仁，失仁而後義，失義而後禮。夫禮者，忠信之薄，而亂之首。（三十八章）

在老子看來，社會偏離了大道，才有了提倡道德的必要，這就是"失道而後德"。此"德"已不是"上德"而只是"下德"，因爲"上德"沒有任何居心，是無心的自然流露，它不離於道，或者說它即是道。從"下德"產生的仁已不是無心的自然流露，而是有心如此，是人爲的結果，這就是"失德而後仁"。仁與義相比，前者重在內在的觀念，後者重在外的行

爲，①"失仁而後義"表現了人類自然眞性的進一步喪失。仁
義忠信雖然已經背離了自然主義的基本精神，但它們畢竟還
是一些道德原則和觀念，禮則不同，它是一些已經制度化了
的行爲規範，當自覺的道德觀念不足以維護正常的社會秩序
時，人們便制定出一系列客觀具體的行爲標準——禮，故曰
"禮者，忠信之薄"，"薄"即衰薄、不足之義。在老子的時
代，禮已經演變爲繁文縟節，流於形式而拘鎖人心的工具，
"上禮"之人若得不到響應，就會攘臂伸手強使人們服從（攘
臂而扔之"）。這樣的禮，就注入了更多勉強的成分，它表明
人際關係越來越外在化，越來越強化，自然流露而不受外在
制約的自發自主精神已逐漸消失，僅靠一些僵硬的規範把人
的思想行爲定著在固定的形式中。禮的現狀亦表明社會陷入
了嚴重的危機和混亂，人們試圖用這樣的禮來挽救社會危
機，消除社會動亂，但結果只能是越治越亂，陷入惡性循
環，所以老子稱禮爲"亂之首"，"首"即開端、標誌之義。

　　老子對禮的分析評價唯見於上面所引的第三十八章，這
一章也是容易引起廣泛誤讀的一章。人們通常認爲，這一章
表達了老子反禮的思想，而我們通過上面的分析而認爲，老
子不僅肯定仁義，也不籠統地反對禮，他反對的只是失去實
質內涵而流於形式的禮。我們知道，禮有外在的表現形式和
內在的精神實質之分。《韓非子·解老》曰："禮爲情貌者也，
文爲質飾者也"，就是說禮有內在的"情"和"質"的一面，亦有

---

① 告子認爲仁內義外，這恐怕是先秦時期人們的一般看法。孟子提升義
　的內在價值，反對仁內義外的看法，但他也說："仁，人之安宅也；
　義，人之正路也。""仁，人心也；義，人路也。"主張"居仁由義"，也
　承認仁與義的這一區別。

外在的"貌"和"飾"的一面。老子重視的是禮的情質，而非失
去實質內涵的貌飾。韓非所謂禮之"文"就是禮的外在形式，
形式化的禮亦稱爲"儀"。魯昭公來到晉國，表現得彬彬有
禮，晉侯稱他知禮，女叔齊卻說："是儀也，不可謂禮。"①
趙簡子問"揖讓周旋之禮"，子大叔對曰："是儀也，非禮
也。"② 由於禮逐漸流於形式，人們慣於做表面文章，所以孔
子才發出"禮云禮云，玉帛云乎哉！"③的感嘆。《中庸》所說
的"禮儀三百，威儀三千"，就是指的禮的外在形式。外在的
形式本是爲了表現內在的精神實質，禮的精神實質稱爲禮之
"義"。孔子曰："君子義以爲質，禮以行之"④，《左傳》曰：
"義以出禮"⑤，"禮以行義"⑥ ,這幾處的"禮"指的是與"義"相
表裡的儀文。儀文不過是"行義"即表現義而已，義才是制定
禮之儀文的根據和原則，才是儀文的實質所在，誠如馮友蘭
先生所說："禮之' 義'即禮之普通原理。"⑦外在的儀文與
其所依據的原則——義的統一，便構成了完整意義的禮。義
者宜也，合理之謂也，那麼，什麼是禮之"義"呢？禮的合理
之處何在？禮的內涵或精神實質是什麼呢？"失仁而後義，先
義而後禮"和"禮者，忠信之薄"告訴訴我們，在老子看來，道
德（仁、義、忠、信等）就是禮的內涵或精神實質，禮本是
也應該是人們的道德心的眞實流露，禮因表現了眞實的道德

---

① 　《左傳》昭公二年。
② 　《左傳》昭公二十五年。
③ 　《論語·陽貨》。
④ 　《論語·衛靈公》。
⑤ 　《左傳》桓公二年。
⑥ 　《左傳》僖公二十八年。
⑦ 　馮友蘭：《中國哲學史》，中華書局 1961 年版第 414 頁。

而具有了合理性。然而老子看到，現實社會中人類質樸純眞的自然道德業已喪失殆盡，禮失去了內在的情質，已是徒具貌飾，並進而成爲當政者拘鎖人心的工具，當他們以這種失去道德內涵的禮來要求衆人時，就免不了要"攘臂而扔之"了。當人類社會失去了道德制衡的能力而只能靠僵硬的禮來強人就範時，禍亂就成爲不可避免的了，這樣的禮，當然就是"亂之首"了。

可見，三十八章實際上是通過對道德現狀的批評反襯出老子的道德理想：大道之流行，人們行仁爲義都合乎人性之自然，如"鳥行而無彰"①，無須大事喧嘩，如"擊鼓而求亡子"②，在最完美的道德狀態中，仁義禮都蘊涵於大道之中，如"明珠在蚌中"③，不用特意去標舉，也無須將道德行爲外化出來。在老子的思想體系中，作爲世界本原的"道"蘊涵著一切生機，仁、義、禮等道德觀念與規範皆共同地根源於它們的母體‘道’之中，而一旦作爲根源的母體發生了失離的情況（"失道"），就會發生環環相扣的連鎖反應，這就是所謂"失道而後失德，失德而後失仁，失仁而後失義，失義而後失禮。"④在那禮崩樂壞的年代，老子基於人倫道德之日漸淪喪，禮的外化失去了應有的道德內涵，不僅流於形式，而且華而不實地相率以失，甚至"攘臂而扔之"，演變成強民就範的工具，遂說出"夫禮者，忠信之薄而亂之首"的驚世之語。這句話中含有深刻的意蘊，如若將此語作爲老子反禮甚或反

---

① 引自《莊子‧天地》。
② 引自《莊子‧天道》。
③ 《老子》第一章河上公注文。
④ 引自《韓非‧解老》。王弼本、河上本均脫四"失"字，兩相對比，《解老》的文義較爲完足。

道德倫理的證據，則是未解老子的眞正用意。事實上，老子
同孔子一樣繼承了殷周以來的德治思想和文人精神，無論是
孔、墨還是老、莊，莫不力圖重建人文道德世界，只是對人
倫教化所持的不同罷了。老子關於禮的觀念，乃是著力強調
禮本應具有德道內涵，肯定禮之"厚實"的內在情質，而揚棄
"薄華"的外在貌飾①。老子這種重視禮的內在情質的思想，
爲莊子所大事發揮。老子提醒世人，禮若失去作爲情質的道
德內涵，就無法發揮規範人們思想和行爲的功用，就會導致
社會的禍亂。老子發出如此沉痛的呼喚並非無的放矢，而是
在周室凋敝的歷史背景下，對社會人倫的時代重大課題進行
深刻反省，努力將原本作爲制度的禮轉化爲以價值爲依歸的
道德範疇。老子和同時代的孔子同步地深化了禮向道德範疇
的轉化，這在中國倫理學史上具有開創之功。

　　老子通過對道德觀念的起源和演變的追求，通過對社會
道德現狀的反省和對理想的道德狀況的描述，勾畫出了一幅
人類社會歷史演化的總體圖景。在他看來，現實社會是一個
越來越不合理的社會，自古及今，社會是在向壞的方向變
化，是在向倒退（指的是眞常之德的衰退）的方向演進。這
就是老子對社會歷史的總的看法。

　　在老子對社會歷史演變的描述中，我們可以清晰地看到
貫穿於其中的世道衰薄的觀念，強烈地感受到老子那種今不
如昔的焦慮情緒。沿著這種世道衰薄、今不如昔的描述反溯
上去，我們又可以追尋到老子對社會陷入這種可悲境地的根
源的揭示：在他看來，所有這一切，都是由於人類一步步遠

① 　引自《老子》三十八章："大丈夫處其厚，不居其薄；處其實，不居其
　　華。故去彼取此。"

離了大道，背離了自然主義的基本精神。

老子關於世道衰薄及其根源的思想觀念，被他的後繼者們所接受和發揮，成爲戰國至秦漢道家學派的重要理論之一。在《莊子》、《文子》、《淮南子》等重要的道家著作中，都有這方面的大量論述。他們對遠古的"至德之世"進行了大量的溯尋，對遠古人類純樸未散的自然之心作了大量的追述。世道衰薄的思想觀念，主要通過他們對上古傳說時代的帝王品德的描述表達出來。在他們的描述中，"古之眞人"渾沌蒙昧，無知無爲，其心純樸未散而合於自然，這是人類最美好的時代。後經伏羲、神農、黃帝乃至於唐堯虞舜，不斷動用心智和增加人爲的作用，逐一步步背離大道，漸失"童蒙之心"。道德上的每況愈下，一代不如一代，致使社會一步步陷入了不可解救的危機，人民遭受越來越深重的苦難。道家這種世道衰薄的思想觀念在戰國時代相當盛行，影響了當時整個的思想，在儒家、法家、縱橫家的著作中都有程度不同的反映。

老子雖然同他的後繼者們一樣，認爲世道衰薄、今不如昔，但卻不像他的後繼者們那樣悲觀。在戰國至秦漢的道家學派看來，社會和人心的破壞是不可修復的，人類的美好時代早已一去不復返，一切企圖挽救社會和人心的努力都是徒勞的，不明智的。而老子對社會和人心的好轉既沒有喪失信心，也沒有放棄努力。他認爲，用現行的一套早已流於形式和工具化了的仁義、禮、忠信、孝慈等道德觀念和規範來矯治社會的頑疾，不但無濟於事，反而會越治越亂，陷入惡性循環。爲什麼會是這樣呢？道理很簡單，因爲沒有找到社會陷入危機的最終根源，沒有抓住根本。這個根源或根本，就

是人心質樸純眞的自然狀態的破壞。因而老子看來，返樸歸
眞、返本復初，使人心恢復自然狀態，旣是人類的終極道德
目標，又是解救社會危機的關鍵所在。

二、"治大國若烹小鮮"

通過對社會現狀的深入反思和對歷史經驗的總結，老子
提出了自己獨特的政治主張。

如前所論，道家思想與史官有一定的淵源關係。據《漢書
·藝文志》，史官的職責是"歷記成敗存亡禍福古今之道"，爲
統治者總結和積累政治經驗。老子身爲周王室的史官，他基
於歷史的經驗和關於"大道"的哲學理倫，提出了"無爲而治"
的著名政治理論。

老子認爲，天道是自然無爲的，人道是天道在社會政治
領域的落實，是對天道的效法，因而也應是自然無爲的。然
而統治者們卻違背了自然無爲的原則，肆意地擴張一己的私
欲和野心，導致了社會的危機和人民的苦難。"無爲而治"的
主張，就是對這種違背天道的"有爲"政治的反思和糾正。老
子說：

　　愛民治國，能無為乎？（十章）

　　聖人處無為之事，行不言之教。（二章）

"無爲"是老子的基本主張，"無爲而治"是"無爲"主張在治國
方面的應用。"無爲"並不是不要任何作爲，而是順任自然不
妄爲，因而，"無爲"的結果恰恰是"無不爲"。老子用了一個
形象生動的比喻來說明"無爲"與"無不爲"之間的辯證關係，
他說：

治大國，若烹小鮮。（六十章）

王弼注曰：“不擾也。躁則多害，靜則全眞。”治理國家就好比煎小魚，不能多攪動，否則魚就會爛，這就是“無爲”；而魚還是要烹的，國還是要治的，並且烹得好，治得好，這又是“爲”；如能按照“無爲”的原則去做，任其自成其功，就可以把魚烹好，把國治好，這就是“無爲而無不爲”。可見，“無爲”是一種“爲”的態度和方法，是一種特殊的“爲”，“無不爲”是“無爲”所產生的效果，因而老子又說：

為無為，則無不治。（三章）

無為而無不為。（四十八章）

“爲無爲”，就是以“無爲”的、任其自然的態度和方法去“爲”，這樣，就沒有治理不好的國家，就沒有做不成的事，就能夠“無不爲”。這是老子爲解救社會危機而提出的一種獨特的、極具啓發意義的政治主張。

“無爲而治”是爲統治者而立言，是對統治者的忠告。具體來講，“無爲而治”包括如下一些具體的內容：

少私寡欲

老子認爲，統治者個人的私欲是國家混亂的一個重要根源。統治者爲了滿足個人的野心而不惜窮兵黷武，爲了滿足一己的享受而不惜盤剝榨取，究其根本，皆爲私欲致使賦斂無度，民不聊生，甚至逼得人民鋌而走險，危及國家社稷。因而老子才說：

罪莫大於可欲，禍莫大於不知足，咎莫大於欲得。①（四十六章）

_____

① 通行本《老子》四十六章無“罪莫大於可欲”六字，據帛書本、河上本、傅奕本等諸多古本補。郭店簡本亦有此六字，作“罪莫厚乎甚欲”。

針對統治者的窮奢極欲、貪得無厭，老子提出了"少私寡欲"的主張，他說：

> 見素抱樸，少私寡欲。（十九章）

> 不欲以靜，天下將自正。（三十七章）

"少私寡欲"的政治含義顯然是向統治者進言。在老子看來，只要流治者減少私心，降低欲望，就能恢復清靜無爲的政治，人民自然就會安居樂業，社會自然就走上正軌。

以民爲本

老子雖不能說是勞動人民的思想家，但他對勞動人民的不幸予以深深的同情，在他的政治思想中，"民"、"百姓"占有很重要的地位。他告誡統治者要以民爲本，他說：

> 故貴以賤為本，高以下為基。是以候王自稱孤、寡、
> 不谷，此非以賤為本邪？（三十九章）

民眾雖然卑賤，但卻是高貴的王候賴以存在的根本，也是一個國家的根基，沒有了民這個根基，建築於其上的國家政權便無法存在，這是治國的王候們時刻都不應忘記的。因而老子指出：

> 聖人常無心，以百姓心為心。①（四十九章）

聖明的君主治理天下，沒有自己的意志，而以百姓的意志爲自己的意志，根據百姓的需要和心意來施政。這裡，老子打出聖人的招牌，要求統治者對人民採取謙下的姿態：

> 是以聖人②欲上民，必以言下之；欲先民，必以身後

---

① "常無心"，今本作"無常心"，據帛書乙本改。

② 通行本缺"聖人"二字。帛書本、河上本、傅奕本、景龍本及多種古本"是以"下都有"聖人"二字。下文亦曰："是以聖人處上而民不重"。因據諸古本與本章文例補。郭店簡本亦有"聖人"二字，作"聖人之在民前也，以身後之；其在民上也，以言下之。"

之。是以聖人處上而民不重，處前而民不害，是以天
下樂推而不厭。（六十六章）

"以言下之"，即所謂"自稱孤、寡、不谷"；"以身後之"，即
把自己的利益放在百姓的利益之後。這樣的統治者雖身居上
位，卻沒有給人民增加負擔，人民不感覺負累；雖居於前
面，卻沒有驅使人民，人民不感到受害。這樣的統治者就會
爲天下所樂於推戴，而不會被人民厭棄。

清靜無事

統治者貪得無厭，決定了他們必然要推行"有爲"的政
治，"有爲"的政治必然會造成成堆的問題。老子指出：

民之難治，以其上之有為，是以難治。（七十五章）

河上公注曰："民之不可治者，以其君上多欲，好有爲也。是
以其民化上有爲，情僞難治。"王弼亦注曰："言民之所以
僻，治之所以亂，皆由上，不由其下也。民從上也。"這裡都
是說的上行下效的道理，君上有爲，則民多欲，是以難治。
正是由於看到了統治者的所作所爲是社會治亂的關鍵，所以
老子才提出了"清靜"和"無事"的主張：

清靜為天下正。（四十五章）

我無為而民自化，我好靜而民自正，我無事而民自
富，我無欲而民自樸。（五十七章）

"清靜爲天下正"，蔣錫昌《老子校詁》曰："正者，所以正人
也，故含有模範之義。"君上若能清靜無爲，民必從之而"自
化"、"自正"。"我無欲而民自樸"，王弼注曰："上之所欲，
民從之速也。我之所欲唯無欲，而民亦無欲而自樸也。"這是
老子對爲政者提出的又一忠告。

清靜無事的具體要求，首先就要薄賦斂，減輕人民的負

擔。老子雖沒有正面提出這樣的主張，但他對統治者的厚斂
於民和窮奢極欲提出了尖銳的批評：

　　　民之飢，以其上食稅之多，是以飢。……民之輕死，
　　以其上求生之厚，是以輕死。（七十五章）

　　　服文采，帶利劍，厭飲食，財貨有餘，是謂盜夸。（五
　　十三章）

從這些猛烈的抨擊上，可以看出老子同情人民的疾苦，是主
張薄斂的。

　　其次要謹愼用兵，不要發動不義的戰爭。老子認爲，統
治者發動戰爭，無非是爲了滿足自己的私欲和野心，但卻不
惜以荒廢農耕和犧牲許多無辜的生命爲代價。老子指出了戰
爭的禍害，表達了他的反戰思想。他說：

　　　師之所處，荊棘生焉。大軍過後，必有凶年。（三十
　　章）

　　　夫兵者，不祥之器，物或惡之，故有道者不處。（三
　　十一章）

　　　天下有道，卻走馬以糞。天下無道，戎馬生於郊。（四
　　十六章）

“卻”，退還也，“糞”即種田。天下有道，則干戈不興，走馬
退還給農夫用來耕種；天下無道，懷胎的母馬也要用來征
戰，以致馬駒生於戰地的郊野。這些語句，表明了老子對戰
爭的深惡痛絕。

　　沒有戰爭固然是美好的，但是現實社會中戰爭有時是不
可避免的，一旦發生了戰爭，又該如何對待呢？老子曰：

　　　兵者不祥之器，非君子之器，不得已而用之，恬淡為
　　上。勝而不美，而美之者，是樂殺人。夫樂殺人者，

則不可得志於天下矣。（三十一章）

用兵應該是出於"不得已"的，即使是爲了除暴救民而用兵，或爲了自衛而用兵，也應該"恬淡爲上"，戰勝了也不要得意洋洋（"勝而不美"），否則就是"樂殺人"，就不可能在天下得到最終的成功。老子還認爲，戰爭是"凶事"，一旦發生戰爭，總是要死人的，因而即使是不得已應戰而獲勝，也不應慶功和嘉獎，而要"以悲哀泣之"、"以喪禮處之"。這在當時來說，實在是一種難得的人道主義的呼聲。

復次，要減輕刑罰，刪簡法令。老子反對用高壓政策對付老百姓，他說：

魚不可脫於淵，國之利器不可以示人。（三十六章）

歷來對此章中何爲"利器"有多種解釋，我們認爲"利器"在這裡是指的權勢刑律禁令。王弼注曰："示人者，任刑也。刑以利國，則失矣。魚脫於淵，則必見失矣；利國器而立刑以示人，亦必失也。"權勢刑律禁令都是凶利之器，不可以用來耀示威嚇人民。如果統治者只知道用嚴刑峻法來制裁人民，便是用"利器"示人了。正如魚兒離開了水就不能存活一樣，統治者離開了人民，其自身也無法存在。只知逞強恃暴，一味用高壓政策來對付人民，那就會失去人民，注定是不能長久的，因而老子對統治者的嚴刑峻法提出了尖銳的批評。老子的時代，正是以法治國的呼聲逐漸高漲的時代，然而老子卻指出，法令刑罰同樣也不能解救社會的危機，濫用刑罰還會引起更大的混亂。他說：

民之輕死，以其上求生之厚，是以輕死。（七十五章）

民不畏死，奈何以死懼之？（七十四章）

民不畏威，則大威至。（七十二章）

對於人類來說，沒有什麼比死更可怕的事情了，故死刑乃是刑罰之最。老子認爲，社會的危機，人民的災難，都是統治者造成的，他們極爲擴張自己的私慾，不顧人民的死活，人民到了無法承受的地步時，便會鋌而走險，把死看得很輕。當人民被逼得不再畏懼統治者的威壓，連死都不怕時，再用嚴刑峻法來對付他們，就只能引起更強烈的反抗和更嚴重的社會危機，這時，大的禍亂就快要發生了。這是老子對統治者提出的嚴重警告。爲了避免激烈的反抗與嚴刑峻法的惡性循環，只有對人民作出讓步，薄賦斂，輕徭役，減輕刑罰、刪簡法令，才能緩和社會矛盾的激化，候王們才能維持其統治。

絕巧棄智

　　老子認爲，人們玩弄心機智巧，熱衷於名利場上的奔競，這不僅違背了自然無爲的原則，破壞了眞樸之心，同時也造成了許多社會問題，使國家陷於混亂無序。因而老子主張棄絕智巧，返樸歸眞，把自然無爲作爲施政的指導原則：

　　《老子》五十七章指陳了智巧之害：

　　　　民多利器，國家滋昏；人多伎巧，奇物滋起；法物滋
　　　　彰，盜賊多有。

常見人們把這裡所說的"利器""伎巧""奇物"簡單地解釋成工藝技術及其製成物，然而工藝技術和國家滋昏的關係卻令人費解。讓我們嘗試對此做出另一種解釋：

　　"利器"，河上公注曰："利器者，權也。民多權則視者眩於目，聽者惑於耳，上下不親，故國家昏亂。"河上公將"利器"解釋爲權謀智術，這樣一來，其與國家昏亂的關係就比較明了了。

　　"伎巧"，帛書《老子》甲本"伎"作"知"，司馬本"伎巧"作
"利巧"，傅奕本作"智慧"，范應元本作"智惠"，郭店簡本作
"智"。參看各古本，可知"伎巧"乃是智巧、機巧、智慧的意
思與"利器"的含義一致。

　　"奇物"，范應元本作"衺事"，"衺"與"邪"同，"衺事"即
"邪事"，指不正之事、邪惡之事。《莊子・天地》曰："有機械
者必有機事，有機事者必有機心。"反過來也可以說，有智
巧、機巧則必有"奇物"。

　　至於"法物"，通行本作"法令"，通常解釋爲法律政令，
謂法令越彰明，盜賊反而越多。"法令滋彰，盜賊多有"一
句，通常被人們作爲老子反對法制的重要證據。考之帛書《老
子》甲、乙本，"法令"皆作"法物"。檢之新近出土的郭店竹簡
本《老子》，亦作"法物"，可知"法物"當爲古本《老子》原貌。
河上公本亦作"法物"，其注文曰："法物，好物也。珍好之物
滋生彰著，則農事廢，飢寒並至，故盜賊多有也。"若此，則
老子這裡並不是在反對法制，而是告誡統治者不要追逐財
貨，玩弄珍好之物，以免上行下效，刺激起人們的貪欲，無
心於農事，導致飢寒並至，最終淪爲盜賊。

　　"法物"之誤爲"法令"，不僅有諸古本作爲外證，而且也
可以在《老子》中找到內證。我們至少可以在《老子》書中舉出
三條證據來支持這種解釋。其一，《老子》三章曰："不貴難得
之貨，使民不爲盜。"此"難得之貨"即同於"法物"。河上公注
曰；"上化清靜，下無貪人。"意謂在上者不貴難得之貨（"法
物"），人民就不會淪爲盜賊。這是"法物滋彰，盜賊多有"的
另一種表述。其二，第十二章曰："難得之貨，令人行妨。"
河上公注曰："妨，傷也。難得之貨謂金銀珠玉。""行妨"即

行爲不軌，其嚴重者則淪爲盜賊。其三，第十九章曰："絕巧棄利，盜賊無有。"此"利"即"難得之貨"所帶來的"利"，"巧"則是獲得此"利"的手段。這裡，老子是在進一步指出，巧利貪欲之心是導致"盜賊多有"的根源，而統治者"絕巧棄利"，才是解決"盜賊多有"的根本方法。

老子有感於"智巧"對人類眞樸本性的破壞和造成的社會問題，因而提出"絕聖棄智"的主張，以使人心返樸歸眞，使社會恢復治理。他說：

> 絕聖棄智，民利百倍；（絕仁棄義，民復孝慈；）絕
> 巧棄利，盜賊無有；此三者以爲文，不足。故令有所
> 屬；見素抱樸，少私寡欲，絕學無憂。（十九章）

"聖"字在《老子》書中有兩種用法：一爲聖人之"聖"，乃是指最高的修養境界；另一爲自作聰明的意思。這裡的"聖"字即屬於後者，郭店簡本"絕聖棄智"作"絕智棄辯"，正可爲證。爲什麼說"絕仁棄義，民復孝慈"呢？因爲在老子看來，仁義本來是用以勸導人們爲善的，但如今卻流於矯揉造作、弄虛作假，乃至成爲一些人欺世盜名的工具。宣揚這種僞道德實際上就是一種投機取巧的欺詐行爲，因而這樣的"仁義"同"聖智"、"巧利"一樣，也應在棄絕之列。郭店簡本"絕仁棄義"正作"絕僞棄詐"。棄絕了僞道德，就可以獲得眞道德，棄絕了聖智巧利，使人們"見素抱樸"，恢復淳樸自然純眞的天性和道德心，就可以使人民得到百倍的利益，社會秩序就會恢復到良好的狀態。

絕巧棄智的關鍵不在人民，而在統治者。老子告誡統治者，要遵行自然無爲的原則，不要"以智治國"。他說：

> 民之難治，以其智多。故以智治國，國之賊；不以智

治國，國之福。（六十五章）

"智多"，王弼注曰："多智巧詐"，宋人范應元《老子道德經古本集注》亦曰："不循自然，而以私意穿鑿爲明者，此世俗所謂智也。"又曰："用智治國，則下亦以智應，惟務穿鑿，不循自然，奸詐斯生，上下相賊。世俗之所謂智者，非國之賊而何？"老子認爲，人民之所以難以治理，乃是由於他們有太多的智巧心機。所以統治者用智巧去治理國，只會刺激和助長人民的智巧心機，這是國家的不幸；反之，如果不用智巧去治理國家，人心就會逐漸返歸眞樸，這是國家的福音。在老子看來，上行必下效，人民的智巧心機，歸根到底還是來自於社會上層，因而一個國家的政治是好是壞，常繫於統治者的處心和做法。統治者若是眞誠樸質，就能導出良好的政風和民風，有了良好的政風和民風，社會自然就會趨於安寧；如果統治者機巧黠滑，就會產生敗壞的政風和民風。政風民風敗壞，人們就互相僞詐，彼此賊害，社會就將無有寧日了。

通過對"智巧"的反思和否定，老子提出了他的尙"愚"思想。這在本書第六章中已經從認識論的角度有所論述。

老子將這種關於"愚"的觀念運用於政治問題的思考，提出了一種十分獨特的治國思路。他說：

古之善為道者，非以明民，將以愚之。（六十五章）

"明"即智巧。王弼曰："'明'謂多見巧詐，蔽其樸也。"河上公亦曰："明，知（智）巧詐也。""愚"與智巧、詐僞相對，即淳眞質樸。王弼曰："'愚'謂無知，守其眞，順自然也。"河上公亦曰；"使樸質不詐僞也。"范應元亦曰："'將以愚之'，使淳樸不散，智詐不生也。所謂'愚之'者，非欺也，但因其自然，不以穿鑿私意導之也。”從這些注解可以看到，這裡的“明”與前所謂“智”為同義詞，老子在這裡提出的是一種返樸歸眞的政治主張，同前面所論“以智治國，國之賊；不以智治國，國之福”正好可以互相發明印證。

老子這裡所謂“愚”，亦即沒有心機、私欲之義。《老子》三章說：

> 是以聖人之治，虛其心，實其腹，弱其志，強其骨。
> 常使民無知無欲，使夫智者不敢為也。

“虛其心，實其腹”，謂滿足人民的安飽，同時又淨化人民的心思，使其不生貪心和私欲。“弱其志，強其骨”，謂強健人民的體魄，同時又減損人民奔競於名利場中的心志。釋德清曰：“小人雞鳴而起，孳孳爲利；君子雞鳴而起，孳孳爲名，此強志也。”又曰：“不起奔競之志，其志自弱，故曰弱其志。”奔競於名利場中之志不生，則一切智巧詐僞之心不起。“無知無欲”，是讓人們沒有詐僞的心智，沒有占有的欲念，以保持心靈的純眞質樸，並使那自作聰明的智巧之人不敢隨意妄爲。

老子的這一思想，常被人們指責爲主張愚民政策。然而在我們看來，老子的主張與通常所謂愚民政策有著重大的區別，不可不辨。首先，如前面所論，老子是主張人們放棄詐僞之心和投機取巧的行爲，保持純眞的自然本性和養成淳樸的民風，而不是要人們成爲頭腦簡單、沒有文化的愚冥之人。第二，愚民政策是從統治者的利益出發的，是讓人們做容易統治的順民，而老子卻是爲全社會的利益考慮的，他關心的是全人類的前途和命運。第三，愚民政策只是要人民愚，統治者自己卻不愚，實際上是愚弄人民，而老子卻不是這樣，他要求統治者自己要首先放棄機巧詐偽，返歸眞樸，來帶動和營造淳樸自然的民風和政風。

由此看來，絕巧棄智、以愚治國，乃是老子無爲而治思想的深層意蘊。

三、"小國寡民"

"小國寡民"是老子心目中的理想社會。老子關於理想社會的論述，同他的無爲而治的政治主張，實質上是同一個問題的兩個方面。可以說，老子關於理想社會的思想滲透於他的政治主張的各個方面，只是比較零散，而在第八十章中，老子對他的社會理想進行了集中的闡述：

> 小國寡民。使有什伯之器而不用；使民重死而不遠徙。雖有舟輿，無所乘之；雖有甲兵，無所陳之。使民復結繩而用之。甘其食，美其服，安其居，樂其俗。鄰國相望，雞犬之聲相聞，民至老死不相往來。
>
> （八十章）

我們首先要從文字上對這一章進行一些必要的疏解。

對於"小國寡民"，通常的解釋是：國家小，人民少，這是老子對其理想社會的描述。但從下文多次使用的"使⋯⋯"、"使民⋯⋯"的句式來看，顯然都不是在進行描述，而是在進行設計。此處的"小"、"寡"應視爲動詞，"小國寡民"乃是形容詞的使動用法，意爲"小其國，寡其民"，這樣才能從句式上同下文保持連貫和一致。對於"小其國，寡其民"，也可以有兩種理解。一種是以大國爲小國，以衆民爲寡民，如河上公注曰："聖人雖治大國，猶以爲小，儉約不奢泰。民雖衆，猶若寡少，不敢勞之也。"這樣的理解雖與"治大國若烹小鮮"相合，但顯然與下文"鄰國相望，雞犬之聲相聞"的小國敘述相矛盾，恐非確解。另一種是使其國小，使其民寡，如任繼愈《老子新譯》釋爲"國家要小，人民要少。"如此理解，則可與下文的敘述相合。

　　爲什麼要"小其國、寡其民"呢？老子這一主張顯然是針對廣士衆民的社會現實而提出的。老子生當春秋季世，兼併戰爭日趨激烈，如《史記・太史公自序》曰："春秋之中，弑君三十六，亡國五十二，諸侯奔走不得保其社稷者不可勝數。"兼併戰爭的結果，一方面是國家越打越少，業已出現了晉、楚、齊等廣土衆民的萬乘之國，另一方面則是人民陷入越來越深重的苦難。老子身爲周王室的史官，"歷記成敗存亡禍福古今之道"，深觀周室的榮衰、社會的變遷和人民的苦難，在他看來，這些都是多欲有爲的政治造成的惡果。"小國寡民"就是對這種廣土衆民的有爲政治的反思，是對無爲而治的憧憬。顯然，國小民寡更有利於推行清靜無爲的政治。

　　"什伯之器"之"伯"，顯然是"佰"字之借字。帛書甲本作"十百人之器"，乙本作"十百人器"，均可證之。

　　對於"什伯之器"，歷來有不同的解釋。一解爲各種各樣的器具。如張松如《老子校讀》說："《一切經音義》：'什，衆也，雜也，會數之名也，資生之物謂之什。'又《史記・五帝本紀・索引》：'什器：什，數也。蓋人家常用之器非一，故以十爲數，猶今云什物也。'若此，'什佰'即什百，即衆多，亦各式各樣云云。"此說令人費解的是，如果連居家日用的各種器物都棄置不用，將何以生活？老子雖主張樸素自然無爲，恐亦不至於此。

俞樾《諸子平議》解"什佰之器"爲兵器："'什佰之器'，乃兵器也。《後漢書‧宣秉傳》注曰：'軍法五人爲伍，二五爲什，則共其器物。'其兼言'伯'者，古軍法有百人爲伯。《周書‧武順》篇：'五五二十五曰元卒，四卒成衛曰伯。'是其證也。'什伯'皆士卒部曲之名。《禮記‧祭義篇》曰：'軍旅什伍，'彼言什伍，此言什伯，所稱有大小，而無異義。徐鍇《說文系傳》於人部'伯'下引《老子》曰：'有什伯之器，每什伯共用器，謂兵革之屬。'得其解矣。"此說雖有一定道理，但考之河上公本和帛書甲、乙本，於"什伯（十百）"之後均有一"人"字，"什伯人之器"若解作兵器則不通。且此處若解作兵器，那麼，"使有什伯之器而不用"與下文"雖有甲兵，無所陳之"就完全重覆。故說似亦不妥。

我們認爲，"什伯之器"（"十百人之器"）並沒有多麼複雜迂曲的含義，不過是能夠十倍百倍地提高勞動功效的器械而已《莊子‧天地》所載子貢向漢陰丈人推荐的"用力甚寡而見功多"的"槔"就是這種"什伯之器"。"使有什伯之器而不用"，是說在老子的理想社會中，人們的生活樸素自然，簡單的工具即可滿足一切需要，無須成倍地提高勞動效率，"什伯之器"也就派不上用場。再從更深的層次來看，"什伯之器"屬於老子所鄙棄的"奇物"，是機巧、智巧的產物，損害了人類純樸自然的天性，故棄而不用。莊子借漢陰丈人之口，表達了道家對機械和智巧的看法，他說："有機械者必有機事，有機事者必有機心。機心存於胸中，則純白不備；純白不備，則神生不定；神生不定者，道之所不載也。吾非不知，羞而不爲也。"莊子這番話，深得老子之學的要領，堪稱"使有什伯之器而不用"的最佳注腳。如此理解"什伯之器"，同老子的一貫主張是完全一致的。

　　"使民重死而不遠徙"，帛書甲、乙本均作"使民重死而遠徙"，他本皆爲"不遠徙"。從字面上看，"遠徙"與"不遠徙"意義正好相反。何以有如此迥異呢？帛書甲、乙本皆無"不"字，難道眞是巧合嗎？我們認爲，高明先生《帛書老子校注》的意見值得重視。高明先生指出：老子"不僅反對民之'遠徙'，也同樣反對'不遠徙'，主張使民安居而不徙。故而'遠徙'之'遠'字，非作遠近解的副詞，而是作'疏'、'離'解的動詞。"①高明舉例論證了"遠"亦訓爲"疏"、"離"，並把出帛書《老子》中就有"遠"、"離"互訓之例，因而他把此句解釋爲"使民重視生命而避免流動"。我們認爲，這樣的解釋是合理的，"遠徙"謂不輕易遷徙。"遠"的此種用法在古籍中是常見，如"敬鬼神而遠之"②，"願君之遠易牙、豎刀、常之巫、衛公子啓方"③，"禮之教化也微，其止邪也於未形，使人日從善遠罪而不自知也。"④因"重死"而不輕易遷徙，這正符合中國人的傳統觀念與習俗。遂州本《老子》此句正作"使民重死而不徙"，可爲其證。

　　有的學者將"遠徙"解釋爲：不爲統治者當兵賣命而遠徙他邦⑤，乃是不明"遠"字於此的意義，顯然是嚴重地背離了老子的本意。須知老子這是在闡述自己的理想國，而不是對現

---

① 　高明：《帛書老子校注》，中華書局"新編諸子集成本"，1996 年 5 月版第 152 頁。
② 　《論語・雍也》。
③ 　《呂氏春秋・知接》。
④ 　《禮記・經解》。
⑤ 　說見羅尚賢：《老子通解》（修訂本），廣東高等教育出版社 1996 年版第 296 頁。

實政治的控訴，此其一也。在老子的理想社會中，沒有統治者的強力意志，政府的作用被弱化到最低限度，沒有戰爭與爭鬥，"雖有甲兵，無所陳之"，何來"爲統治者當兵賣命"之說？此其二也。輕易"遠徙"不符合中國人安土重遷的傳統觀念與習俗。大凡人之遷徙，或爲名利所引，或爲強力（包括自然環境的惡劣）所迫。而在老子的理想社會中，這兩種情況都不存在，民皆"甘其食，美其服，安其居，樂其俗"，樂其人生，享其天年，生活安寧自足，是故"雖有舟輿，無所乘之"，"重死"而不輕易徙離故土，此其三也。

那麼，"遠徙"何以變成了"不遠徙"呢？我們認爲，高明的解釋大體上是可以接受的。他說："因後人誤識'遠'爲遠近之義，又疑'使民重死'與'遠'義不相屬，故於'遠徙'之前增添'不'字，改作'不遠徙'，結果則與《老子》本義相違，造成大謬。"這裡我們要說的是，將"遠"字釋"疏"、"離"，與通行本之"不遠徙"意也並不背離，不致造成大謬。"徙"字《說文》作"逃"，段玉裁注曰："從辵止，會者，乍行乍止而竟，止則移其所矣。"在這裡是長途遷移、易土而居的意思。因"重死"而"避免流動"同因"重死"而不向遠方遷徙，其義大體相合。

在老子構想的"小國寡民"的社會裡，國土狹小，人民稀少；雖然有各種各樣的先進器具，卻並不使用；人們愛惜自己的生命，不輕易冒險向遠處遷徙；人們不出遠門，雖有車輛和船隻等便利的交通工具，卻沒有必要去乘坐；人與人之間沒有爭鬥，國與國之間沒有戰爭，所以雖有兵器鎧甲等暴力用具，卻派不上用場；人們的生活簡單淳樸，不需要高深的文化知識，僅用祖先們用過的結繩記事的原始方法就足夠

了；人們有甘美的飲食，美觀的衣服，安適的居所，歡樂的
習俗；鄰國之間可以看見，連雞鳴犬吠之聲都可以互相聽得
見，但人們彼此間互不干擾，相安無事，直到老死也不相往
來。這簡直是一首和諧美妙的田園詩，一個充滿和平與歡樂
的"桃花源"。

　　晉朝大詩人陶淵明有感於當時社會的動亂、政治的腐敗
和人民生活的痛苦，寫下一篇著名的《桃花源記》，構想出一
個沒有戰亂、沒有罪惡和痛苦的理想社會，表述了他對黑暗
現實的不滿和對美好生活的憧憬。人們對陶淵明寄予了無限
同情，對他的世外桃源給以了高度的評價，認爲具有進步意
義。而對老子的"小國寡民"，人們的的評價卻相當苛刻，非
議頗多，不少人嚴屬地批評老子是站在沒落階級的立場上，
企圖使歷史倒退回原始社會的時代。我們認爲，這其中有許
多誤解和值得商榷的地方，老子的"小國寡民"並不是要退回
到原始社會。對於老子的理想社會，我們須結合《老子》全書
的有關思想來加以理解。

　　首先，原始社會的一個重要特徵，是沒有國家和政府，
老子的理想社會卻不是這樣。老子並非無政府主義者，在他
的理想社會中，仍然有"小國"、"鄰國"。既謂之國，就有政
府和統治者，不過代表這個政府的是理想的統治者——"聖
人"而已。聖人實行的是理想的政治，老子稱之爲"至治之
極"。《史記・貨殖列傳》引《老子》八十章之文曰："至治之
極，鄰國相望，雞狗之聲相聞，民各甘其食，美其服，安其
俗，樂其業，至老死不相往來。傅奕本《老子》亦有"至治之
極"四字。從老子的敘述來看，"至治之極"亦即徹底的無爲而
治，老百姓似乎感覺不到或忘記了政府和君主的存在，這也

就是第十七章所謂的"太上，不知有之。""太上"即理想國的
君主——"聖人"，他讓百姓享受自然平靜的生活而不加以干
擾。在這樣的理想社會中，政府和人民相安於無事，相忘於
無爲，雖然國卻好似無國，雖有君卻好似無君，人民感覺不
到來自上面的壓力，過著完全自然的生活。可見這樣的理想
社會是老子針對現實政治的弊病提出來的，是按照自然無爲
的原則來矯正現實社會，並使之理想化，這同還沒有出現國
家、政府和君主的原始社會是不能同日而語的。

　　其次，原始社會的另一個重要特徵，是社會生產力極爲
低下，老子的理想社會卻不是這樣。這個社會裡有著各種各
樣先進的工具和器具（"什伯之器"），有船隻車輛等便利的
交通工具，人民能夠"甘其食，美其服，安其居，樂其俗"，
過著悠閑自足的生活，即使棄先進的工具而不用也可以創造
出足夠的物財富來滿足需求，可見物質生產的水平還是比較
高的。這樣的生產、生活水平顯然不是穴居洞處、茹毛飲血
的原始社會所能提供的。老子之所以主張"有什伯之器而不
用"、"使民復結繩而用之"，是因爲在他看來，"什伯之器"
（"利器"）固然可以製造出大量的"奇物"來豐富一部分人的
物質生活，但同時又不可避免地刺激人們的機心和貪欲，引
起爭鬥攘奪，使得大家不得安寧，也使得貧者愈貧。因而與
其運用利器和機巧增加財富，不如將什伯之器棄之不用，復
結繩而用之，以保持民風的淳樸和社會的安寧。蔣錫昌《老子
校詁》說得好：" ' 甘其食 '，言食不必五味，苟飽即甘也。
' 美其服 '，言服不必文彩，苟暖即美也。' 樂其俗 '，言
俗不必奢華，苟能淳樸即樂也。"旣能保持美好的天性不致喪
失，又能過上"甘其食，美其服"的自足生活，這樣的社會有

什麼不好呢？因而，與其說老子的“小國寡民”所描繪的是對原始社會的復歸，不如說是對原始社會的揚棄，即拋棄其生產落後的一面，留取其天眞古樸自然的一面。

　　“小國寡民”是老子心目中的理想社會，同時也是他對現實社會的改造方案。老子的理想社會論同他的無爲而治的政治主張是一而二、二而一的，理想的社會是實行無爲而治的，而能夠眞正實行無爲而治的社會也就是理想的社會。誠然，“小國寡民”在形式上可以說是復古的，老子爲了讓人們保持淳樸自然童蒙之心，主張棄先進的文明成果而不用，”使民復結繩而用之”，這種對待人類文明成果的態度是不足取的，然而在這一復古的迷彩下卻潛含著對現實的超越。因而與其說“小國寡民”論是要退回到原始社會，不如說是對現實社會的變革，它強烈地表達了老子對現實社會的不滿和試圖改變它的決心，儘管這種不滿和改變有欠積極改造的進取精神。在先秦時期的諸子百家中，老子及其創立的道家學派對現實的揭露和抨擊是最激烈、最無情的，即使在老子對理想社會的那些充滿詩情畫意的描繪中，也躍動著強烈的社會批判精神。因而，“小國寡民”實質上是一種相當激進的政治思想。此外，誠如詹劍峰所說：”古人有‘變化的觀念’，有‘發展的觀念’，但沒有‘進步的觀念’。”①兩千多年前的老子不可能具有我們今天所謂的進步與落後、前進與倒退等觀念，他只有是非、善惡、好壞、有道無道的觀念，並以此作爲社會評判的標準。實行“小國寡民”的無爲政治，在老子看來是醫治社會病症、使社會向好的方向變化的有效途徑，

---

① 　詹劍峰：《老子其人其書及其道論》，湖北人民出版社 1982 年 9 月版第481 頁。

是變天下無道爲天下有道。在我們今天看來，這正是推動社
會向前進步，而不是開歷史的倒車。

　　在老子構想的理想國中，政府的作用減低到了可以忽略
不計的程度，沒有刑罰律令等強制性的約束規範，也不需要
仁義忠孝等自覺的道德規範，人們單是依循自然形成的古老
習俗就可以和睦相處，相安無事（“樂其俗”）。《莊子・天地》
發揮老子的這一思想時說：“至德之世，不尚賢，不使能；上
如標枝，民如野鹿，端正而不知以爲義，相愛而不知以爲
仁，實而不知以爲忠，當而不知以爲信。”“若性之自爲，而
民不知其所由然。”這種完全出於本性本能的、毫無居心的、
旣不知其然又不知其所以然的道德，比起必須依靠人爲灌輸
的道德，應該說是一種更高的境界；這種天然形成的和諧與
秩序，比起必須要靠道德規範和法律政令來維持的秩序，應
該說是一種更高的秩序。其所以是一種更高的境界和秩序，
就在於它是出於自然並符合自然的。

　　在這種理想的國度中，人際關係也簡單到了最低限度，
甚至是“雞犬之聲相聞，民至老死不相往來。”老子爲什麼不
主張人們互相往來呢？我們可以同儒家的相關論述進行比
較。孟子在回答滕文公如何治國時說：“死徒無出鄉，鄉田同
井，出入相友，守望相助，疾病相扶持，則百姓親睦。”①趙
岐注曰：“守望相助，助察奸也。疾病相扶持，扶持其羸弱，
救其困急，皆所以教民親睦之道也。”可見儒家治國，重在道
德教化，在他們的國度裡，仍然有奸民盜賊，故須鄰里守望
相助，仍然有疾困患難，故須互相救助扶持。而在老子的理

_____

①　《孟子・滕文公上》。

想國度裡，人們無病無災，無患無難，自足自樂，人們無須互相扶持救助，而如魚兒一樣相忘於江湖。在老子和道家看來，同儒家主張的那種在患難中相濡以沫相比，這種簡單樸實的人際關係和生活方式雖然少了一分脈脈溫情，但卻是更為可取的。其所以更為可取，就在於它更符合自然的原則和價值。

總之，"小國寡民"是老子出於對現實的不滿而在當時散落農村生活的基礎上所構幻出來的"桃花源"式的烏托邦。在這小天地裡，社會秩序無需鎮制的力量和僵化的規範來維持，單憑各人純良的本能就可相安無事。在這小天地裡，沒有兵戰的禍難，沒有重賦的壓迫，沒有暴戾的空氣，沒有凶悍的作風，民風淳樸真質，文明的污染隔絕。故而人們沒有焦慮不安的情緒，也沒有恐懼失落的感受。這單純質樸的社會，實為古代農村生活理想化的描繪。中國古代農業社會，是由無數自治自尚的村落所形成，各個村落間，由於交通的不便，經濟上乃求自足自給，所以這烏抵邦亦為當時經濟生活分散性的反映。

同時，"小國寡民"雖然是老子烏托邦式的幻想，但也為統治者提出了為政的原則和努力的目標。它告誡統治者，要盡量減損個人的欲望和意志，奉行自然無為的原則，如不能以民為本，胡作妄為，一意孤行，不斷加重人民的負擔，則終將被人民所厭棄。這個"水能載舟，水能覆舟"的道理，幾千年來成為歷代統治者的一條重要的政治經驗，老子可以說是最早系統闡述這一道理的思想家。

幻想不同於理想，它是一種理想化了的理想，不可能實現的理想，比理想更富有想像力。理想與現實之間是有反差的，幻想與現實之間的反差就更爲強烈，當古人的社會理想同現實之間的差距拉大時，就會把理想進一步理想化而成爲幻想，以虛幻的方式寄托自己的理想。老子也是這樣，"小國寡民"一章就集中地寄托了他的過於理想化了的社會理想，從而就成了烏托邦。先秦時期的大思想家們，除了法家人物外，都構幻了自己的理想國。但是，人畢竟不能是沉浸在理想和幻想中，更多地還是要面對冷冰冰的現實。就《老子》全書而言，絕大部分篇的思想都是十分現實的。他雖然在幻想的烏托邦中設計了小國寡民的社會模式，但每天卻不得不面對大國衆民的現實社會，因而在他的著作中，更多地是爲大國設計治國方案。相比之下，老子講大國要比講小國現實得多。

《老子》關於大國的思想，集中在第六十和六十一兩章。在第六十章中，老子提出了著名的"治大國若烹小鮮"的思想，主張"以道蒞天下"。"以道蒞天下"，即以符合大道的態度，以自然無爲的原則"蒞天下"，它包括兩個方面的意思，一是以自然無爲的原則治理本國，一是以自然無爲的原則對待別國。第一方面的意思前面已有充分論述。在第六十一章中，老子提出了大國處理國際事務時應採取謙下和寬容的姿態：

> 大國者下流，天下之牝，天下之交也。牝常以靜勝牡，以靜爲下。故大國以下小國，則取小國；小國以下大國，則取大國。……大者宜爲下。

帛書老子甲本此章"國"字皆作"邦"，乙本和《老子》通行本因避漢高祖劉邦諱而改"邦"爲"國"。老子有感於當時各國諸侯以力相尙，妄動干戈，因而呼籲國與國之間要謙讓並容。特別是大國，更要謙讓無爭，才能保證天下和平，才能贏得小國的信服。老子提出，大國尤其要謙下包容，要像居於江河的下流，處在天下雌柔的位置，切不可自恃強大而凌越弱小，不可爲貪欲所驅使而採取侵略的行爲。

　　"以道蒞天下"表現了大國應有的風範和氣象。歷史上那些盛大的、蓬勃的王朝，一方面對內都能夠寬容謙下不擾民，讓人民充分地休養生息，如此才能培蓄強大的國力，從而才能眞正擁有大國的地位；另一面，對待周邊那些弱小的國家和民族，也能夠寬容謙下而與之和平共處，表現出泱泱大國的恢弘氣度，如此才能贏得別國的尊敬和信服。漢初以黃老思想爲主導的文景之始，盛唐時期的貞觀之治，就是"以道蒞天下"的典範，從而才能爲千古所稱道。

第 九 章
老子的人生哲學

　　對社會、政治和人生的格外關注，是中國哲學的一個普遍特點，老子哲學也不例外。老子關於社會政治與人生的思想，就是他的人道觀。在老子的哲學體系中，天道觀（道論）的建立乃是出於人道觀的需要，爲其提供形而上的依據和論證，因而天道觀（道論）必須要向形而下的領域落實：落實到社會政治的層面便是其社會政治學說，落實到人生的層面便是其人生哲學。從老子的人生哲學同道論的關係來看，是要從宇宙觀的高度，來確定人生追求的價值和目標以及與此相應的生活態度；而從其人生哲學同社會政治學說的關係來看，則是以這種符合大道的人生理想與生活態度來協調人際關係，消解社會矛盾，以保證無爲而治這一政治目標的實現。作爲域中"四大"之一的人，通過天和地這兩個中

介，與大道相通並效法大道之自然，因而老子的理想人格是
大道的品格在人生領域的體現，其生活態度乃是自然主義的
態度，作爲這種生活態度之具體化的養生之道、修身之道與
處世之道，亦完全與自然主義的基本精神相契合。

一、養生之道

　　人生哲學首先遇到的問題，就是如何看待和對待自己的
身體和生命。

　　《史記·太史公自序》概括道家學說的要旨時說：

　　道家使人精神專一，動合無形，贍足萬物。

　　夫神大用則竭，形大勞則敝。形神騷動，欲與天地長
　　久，非所聞也。凡人所生神也，所託者形也。神大用
　　則竭，形大勞則敝，形神離則死。死者不可復生，離
　　者不可復反，故聖人重之。由是觀之，神者生之本
　　也，形者生之具也。不先定其神形，而曰我有以治天
　　下，何由哉？

　　司馬談在論道家要旨時用了相當多的筆墨講形神關係。
注重養生之道和對生命本質的思考與探索，乃是道家學派的
重要傳統。在《莊子》、《管子》中的〈心術〉、〈內業〉等四篇
和後世的道家作品中，無不對形神問題和生命現象予以了特
別的關注。道家的這一傳統，是其創始人老子開創的。

　　《老子》第十章曰：

　　載營魄抱一，能無離乎？

高亨先生認爲，此處所謂“抱一”的“一”，就是指的“身”。河
上公注曰：“營魄，魂魄也。”《楚辭·遠遊》亦有“載營魄而登

霞兮”的詩句，朱熹《楚辭集注》曰：“其所謂營者，字與熒
同，而爲晶明光炯之意。”這裡面透露出一個信息：魂是有光
亮的。那麼魄呢？與老子大約同時代的子產的話可以對我們
的理解的有幫助，他說：“人生始化曰魄，旣生魄，陽曰
魂。”①旣然是“陽曰魂”，也就可以說“陰曰魄”了。這樣我們
就可以理解爲什麼魂是有光亮的了。杜預《春秋左傳集解》對
子產這句話解釋道：“魄，形也。”“陽，神也。”《禮記‧郊特
性》也說人死之後“魂氣歸於天，形魄歸於地，故祭求諸陰陽
之義。”由此我們可以知道“魂魄”（“營魄”）即相當於“神”與
“形”，“載營魄抱一”即不使形神相離之意。此外，“陽曰魂”
一語還告訴我們，春秋時期人們已用陰陽觀念來理解人體構
造了，這正與老子的思想相合。老子曰：

　　萬物負陰而抱陽，沖氣以為和。（四十二章）
萬物皆由陰陽二氣和合而成，人爲萬物之一類，自然也包含
陰陽二氣，那就是“營魄”（魂魄）。魂與魄的結合便有了
人的身體和生命，魂與魄的相離便意味著人的死亡，所以
老子十分重視“抱一”、“無離”。《莊子‧庚桑楚》引老子之
言曰：

　　衛生之經，能抱一乎？能勿失乎？
此與“載營魄抱一，能無離乎？”意義完全一致，都是強調形
神不離，以保證生命的正常延續。

　　司馬遷說老子“修道而養壽”，莊子說老子有“衛生之
經”，老子自己也說要善於“攝生”。“衛”是護養，“攝”是調
攝、保養，“衛生”和“攝生”都是“養生”，這說明老子重視養

---

① 《左傳》昭公七年。

生之道。使形神"抱一"、"無離"、"勿失"的"衛生之經"，亦即老子的養生之道。

　　老子的養生之道與世俗之人截然不同。世俗之人皆注重享受，盡量去滿足自己的物質欲望，老子把此種行爲稱爲"益生"、"厚生"。老子曰：

　　　　益生曰祥。（五十五章）

　　　　出生入死。生之徒，十有三；死之徒，十有三；人之生，動之於死地，亦十有三。夫何故？以其生生之厚。（五十章）

　　"益生"謂縱欲貪生，"祥"於此處作妖祥、不祥解。王弼注曰："生不可益，益之則夭也"，即以"夭（妖）"解"祥"。《莊子‧德充符》曰："當因自然而不益生。"在老子及其道家學派看來，人的生命也是一個自然體，對待生命也應本著因任自然的原則，不可妄加增益，如果貪圖享受而放縱自己的欲望，不但不能增益生命力，反而會損害生命，招致災殃。《呂氏春秋‧本生》篇以"肥肉厚酒"爲"爛腸之食"，以"靡曼皓齒"爲"伐性之斧"，即是老莊這一思想的極好發揮。故而老子指出，世上之人，屬於長壽的占十分之三；屬於短命的占十分之三；這些都是自然的死亡，還有一些人本來可以長壽卻自尋了短命，也占了十分之三。爲什麼會自尋短命？老子的回答是"以其生生之厚"，即奉養過度了，這是不善於養護生命的表現和結果。老子此話的言外之意是，只有極少數人（約十分之一）善於養護自己的生命，因爲他們了解真正的養生之道。

　　通過對世俗之人"益生"、"厚生"的錯誤做法的反思，老子提出了以恬淡寡欲、清靜質樸、純任自然爲主旨的獨特的養生之道。

老子的養生之道首先嚴格地區分了"內"和"外"。他提出了一個嚴肅的問題：

名與身孰親？身與貨孰多？得與亡孰病？（四十四章）

名聲和生命比起來哪一樣親切？生命和貨利比起來哪一樣貴重？得到名利和喪失生命哪一樣更有害？這些問題人們並未曾認眞思考過，世俗之人最容易在這些問題上犯糊塗，往往輕身而徇名利，貪得而不顧危亡。而在老子看來，只有生命才是眞正屬於自己的，功名利祿、聲色厚味等等都是身外之物，世俗之人由於分不清內外，抵制不住身外之物的誘惑而一味追求感官刺激和物質享受，無節制地放縱自己的欲望，他們以爲這樣對生命有益，結果反而是殘害了身體，損折了生命。老子歷數貪利縱欲對生命的損害曰：

五色令人目盲；五音令人耳聾；五味令人口爽；馳騁畋獵，令人心發狂；難得之貨，使人行妨。（十二章）

有見於此，老子乃喚醒世人要分清內外，珍重生命，不可爲名利而奮不顧身。爲此，《老子》十九章提出了要"少私寡欲"，認爲只有恬淡素樸、不以厚益其生爲目的的生活，才能眞正護養自己的生命，使之不受身外之物的拖累和殘害。

那麼，世人爲什麼分不清內與外呢？怎樣才能眞正做到"少私寡欲"呢？老子考慮到了更深的層次。他認爲，內與外、物與身都是相對待而言的，只要有"身"存在，外物就必然會對其發作用，因而要想眞正擺脫外物的拖累和侵害，最徹底的方法莫過於"無身"。老子說：

吾所以有大患者，爲吾有身，及吾無身，吾有何患？

（十三章）

夫唯無以生為者，是賢於貴生。①（七十五章）

天長地久。天地所以能長且久者，以其不自生，故能長生。是以聖人後其身而身先，外其身而身存。非以其無私邪？故成其私。（七章）

人生之所以有許多麻煩和禍患，乃是由於有身體，有生命，如果沒有這個身體，沒有這個生命，消除了內與外，物與身的對立，外物無所加焉，患又從何而來呢？這的確是一種最徹底的方法。然而老子所謂"無身"、"無私"並非不要生命，它只是一種對待生命的獨特的態度。這種態度乃是對天地之自然的效法，那就是"不自生"、"無以生為"、"外其身"，不以生為意，恬淡處之。老子指出，這樣做反而會收到"存身"、"長生"、"成其私"的效果，反而能很好地保全和護養生命。因而，"外其身"、"無私"乃是"存身"、"成其私"的有效手段。這確實是高超的辯證法，是"無為而無不為"的絕好運用，只有"無為"才是最高最好的"為"。

老子對於生命所持的這種態度，乃是一種自然主義的態度：生不足喜，不以貨利聲色厚之益之；死不足悲，不因恐懼死亡而惶惶不可終日；生死不能動其心，外物不能害其生。這就是老子所謂的"善攝生"，就是老子的"衛生之經"。

《老子》五十九章又之稱這種養生之道為"深根固柢，長生

---

① 此處之"貴生"，其義同於第五十五的"益生"和第五十章的"厚生"。第七十二章之言可以幫助我們理解老子的這一態度，其言曰："聖人自知不自見，自愛不自貴。"是說聖人有自知之明，不自我表現炫耀；但求自愛而不自顯高貴。蔣錫昌曰："'自愛'即清靜寡欲，'自貴'即有為多欲，此言聖人清靜寡欲，不有為多欲。""自貴"則厚益其生，追逐名利，貪圖享受，不能清靜寡欲，如此則不能自愛其生，反而自損其生，是謂"貴生"。

久視之道”，這句話極易使人聯想到後世道教所津津樂道的
“長生不老”、“長生不死”。其實這兩者之間並無必然聯繫，
卻有本質區別。道教所謂的“長生不老”、“長生不死”，是指
的肉體的永生或成仙，而老子的“長生久視”卻絕無此意。高
明《帛書老子校注》曰：“‘長生久視’，‘視’字在此當訓
‘活’。《呂氏春秋·重己篇》：‘無賢不肖，莫不欲長生
久視’，高誘注：‘視，活也。’在此猶延年益壽之義。”
①《荀子·榮辱》亦曰：“是庶人之所以取飽食暖衣，長久久視
以免於刑戮也”，“視”亦作“活”、“生存”解。可見“長生”並非
“永生”，“久視”也不是“不老”、“不死”，“長生久視”乃是養其
生，保其身，盡量活得長久以終其天年的意思。河上公注
曰：“深根固蒂者，長生久視之道也。”若要“長生久視”，則
須“深根固柢”。何謂“根”、“柢”？《韓非子·解老》云：“樹木
有曼根，有直根。直根者，書之所謂‘柢’也。‘柢’也
者，木之所以建生也；曼根者，木之所以持生也。德也者，
人之所以建生也；祿也者，人之所以持生也。今建於理者，
其持祿也久，故曰：‘深其根’。體其道者，其生也長，故
曰：‘固其柢’。柢固則生長，根深則視久，故曰：‘深其
根，固其柢，長生久視之道也。’”韓非這裡所謂的“道”，是
自然之道，其所謂的“理”，是自然之理。因而老子的“深根固
柢”，即適其自然之性、順其自然之理以養生，厚藏根基，培
蓄能量，充實生命力，如此則可益壽延年，長生久視。②由

---

① 　高明：《帛書老子校釋》，中華書局“新編諸子集成本”，1996年版第118
　　頁。
② 　河上公以精氣吐納導引之說解釋老子的“深根固柢”：“人能以氣爲根，
　　以精爲蒂，如樹根不深則拔，果蒂不堅則落。言當深藏其氣，固守其
　　精，無使漏泄。”亦可備一說。

此可見，作爲老子養生之道的哲學基礎的，仍然是其道論；而此種養生之道中所貫穿和體現的最終和最高的價值，便是老子思想的基本精神——自然主義。

二、修身之道

人生哲學不僅要解決如何對待自己的身體和生命的問題，更主要的是要確立人生的價值、意義和目標，從而爲人生提供一種生活的指導。這種生活的指導包括對內和對外兩個方面：對內爲主體內在的道德與性情修養，即修身之道；對外則是應付社會和人際關係的態度和方法，即處世之道。在本節中，我們主要分析考察作爲老子人生哲學之一部分的修身之道。

注重修身之道是中國古代哲學的一個重要特色。儒家的道德修養學說以倫理爲重心和目標，與此密切相關的性情修養也配合並服從於這一重心和目標。這樣一種修身之道在後世爲歷代官方所提倡，並被大多數人所接受。老子開創並代表的道家學說則提供了與儒家迥然不同的修身之道，這種修身之道以自然爲重心和目標，無論是道德修養還是性情修養，都以自然爲最高的價值取向，貫穿了自然主義的精神。

㈠"見素抱樸"

"素"是未經染色的絲，"樸"是未經雕飾的木。《說文》曰："樸，木素也。"可知"素"與"樸"在這裡是異字同義，皆指事物之本來狀態與面貌。段玉裁注曰："素猶質也，以木爲質，未彫飾，如瓦器之坯然。"在中國哲學中，"質"與"文"相對。

孔子重“文”，老子重“質”。在老子眼中，“文”爲巧飾，違反了人性之自然。巧飾流行，更形成種種有形無形的制約，拘束著人性之自然。因而，老子提倡“見素抱樸”（十九章），表現了他崇尙自然的道德價值取向和修身原則。老子還說：

　　大丈夫處其厚，不居其薄；處其實，不居其華。故去彼取此。（三十八章）

　　是故不欲琭琭如玉，珞珞如石。（三十九章）

河上公注曰：“‘處其厚’者，謂處身於敦樸。”“琭琭”形容玉的華麗，“珞珞”形容石的質樸堅實。老子主張立身敦厚，而不居於淺薄，存心篤實，而不居於虛華。取捨之間，清楚地表明了老子“見素抱樸”、崇尙自然的價值取向。

　　“見素抱樸”是老子針對當時社會的道德狀況提出來的，是一種矯正時弊的自我修養方法。老子看到，仁義等道德觀念本來是用以勸導人的善行的，如今卻流於矯揉造作、弄虛作假，有人更假借仁義之名以竊取名利，他們在奪取職位之後，搖身一變，儼然成爲一代道德大師，把仁義一類的美名放在口袋裡隨意運用。莊子沉痛地說：“爲之仁義以矯之，則並與仁義而竊之。何以知其然邪？彼竊鉤者誅，竊國者爲諸侯，諸侯之門而仁義存焉。則是非竊仁義聖智邪？”①這種情形，或許老子的時代還沒有這般嚴重，但已經足以遷害人民了。所以老子認爲不如拋棄這些被人利用的外殼，而恢復人們天性自然的道德。

　　在老子看來，有出自人類樸素天性的自然的道德，也有矯揉造作、被人利用的人爲的道德。人性本是樸素自然的，

---

① 《莊子・胠篋》。

並不受也無須受任何道德觀念的制約，甚至也不知道仁義禮
智等道德規範爲何物。人的行爲若是出於這樣的本性，便與
大道自然相合，雖不知道德爲何物，卻又是最道德的。因
而，從價值觀上看，自然的道德要高於人爲的道德。老子認
爲，正是因爲這種自然道德的失落，才有了人爲提倡的道
德。換言之，道德規範的出現標誌著人們對於道德的自覺，
而對道德的自覺恰恰表明了眞樸的失落和人類自然天性的迷
失。

　　當人們失去了一種本不該失去的東西之後，才會眞正感
到它的可貴。出於對人類純眞樸素的自然天性的摯愛，更出
於對於恢復這種自然天性的執著，老子視"樸"爲一種美德，
賦予"樸"以極高的價值。他說：

　　　古之善為道者……敦兮其若樸。（十五章）

　　　為天下谷，常德乃足，復歸於樸。（二十八章）

　　　道常無名，樸。（三十二章）

　　　化而欲作，吾將鎮之以無名之樸。（三十七章）

　　如果順著說，"樸"是"善爲道者"所表現出來的眞常之德；
如果倒過來說，眞常之德的滿足，就能"復歸於樸"。"復歸於
樸"就是向大道的復歸，因爲大道本身就是"樸"。當人們的行
爲背離了大道時，就要以"無名之樸"鎮之，使之"自化"而復
歸於"樸"。"樸"之所以貴，就在於它符合自然，體現了自
然。向眞樸的自然之性的復歸，是老子修身之道的最終目
標，也應是人類永遠要爲之努力的目標。

(二)"復歸於嬰兒"

　　關於返樸歸眞的道德追求和價值取向，老子還有一個生

動形象的說法，即"復歸於嬰兒"。嬰兒象徵著純眞，老子認
爲，具有高尙道德修養的人，其內心就如嬰兒般純潔天眞。
因而在《老子》書中，嬰兒乃是一種極高的境界。老子曰：

> 爲天下谿，常德不離，復歸於嬰兒。（二十八章）

王弼注曰："谿不求物，而物自歸之。""谿"即溪谷，地勢低
窪，水歸趨之。有道之人能使天下衆物歸之，故得以保持眞
常之德而不失，復歸於嬰兒般純眞自然的境界。

　　在老子看來，嬰兒的境界要高於世俗所謂道德之境界，
所以才要提倡向嬰兒境界的復歸。老子對嬰兒的境界多有描
述：

> 專氣致柔，能如嬰兒乎？（十章）

"專氣致柔"，謂結聚精氣到最柔和的境地，達於心境極其靜
定的狀態，即所謂"心平氣和"的狀態。心平氣和則內無雜
念，外無欲求，如王弼所說："任自然之氣，致至柔之和，若
嬰兒之無欲乎？"

　　修身至此，已達一極高的境界。老子對有道之人的與衆
不同有這樣的描述：

> 衆人熙熙，如享太牢，如春登台。我獨泊兮，其未
> 兆；沌沌兮，如嬰兒之未孩；累累兮，若無所歸。

"孩"與"咳"同。《說文》云："孩，古文' 咳 '，從子。"
又云："咳，小兒笑也，從口，亥聲。"衆人熙來攘往，他們
生活在這個世界上，就好像參加豐盛的筵席，又好像登台眺
望春天的美景，興高采烈，縱情享受。修身而有道之人卻對
此持一種自然主義的態度，獨自保持淡泊寧靜的心境，對一
切都無動於衷，但求精神境界的提升，就好像一個無思無
慮、無喜無怒，還不知道嬉笑的嬰兒。

　　修身而有道之人的主要特徵，是精神上無比充實飽滿，心靈上無比凝聚和諧。老子對此還有更進一步的描述：

> 含德之厚，比於赤子。毒蟲不螫，猛獸不據，攫鳥不
> 搏。骨弱筋柔而握固。未知牝牡之合而朘作，精之至
> 也。終日號而不嗄，和之至也。（五十五章）

　　"赤子"即新生的嬰兒。含德深厚的有道之人，如若新生的嬰兒：毒蟲不刺傷他，猛獸不傷害他，凶鳥不搏擊他；他筋骨柔弱，拳頭卻握得很牢固；他還不知道男女交合之事，但小生殖器卻能自動勃起，這是由於精氣充足的緣故；他整天號哭，但喉嚨卻不會沙啞，這是由於元氣淳和的緣故。老子在這裡用赤子來比喻具有崇高道德境界的人：他們有著深厚的內在修養，完全不為外物所動，亦不為外物所傷；他們返樸歸真，毫不矯揉造作，徹底回到了嬰兒般的純真自然的狀態。這正是老子的修身之道所要達到的目標。

㈢"致虛守靜"

　　修身之道，說到底乃是修心之道，因而使心達到或處於何種狀態，便是修身之道的關鍵。老子闡明心之理想狀態曰：

> 致虛極，守靜篤。（十六章）

　　對於這句話，既可以從知識論的角度討論，也可以由修養論的角度分析。由修養論觀之，"虛"是形容心境原本是空明的狀態，"靜"是形容心靈不受外物擾動的狀態，因而可以說，"虛"謂無欲，"靜"謂無為，都是指的心的自然狀態。只因私欲的活動和外物擾動，使心蔽塞不安，不再保有自然的狀態。所以必須時時做"致虛守靜"的功夫，以恢復空明清靜

的自然心靈。"極"與"篤"都是極度、頂點的意思，指心靈修養的最高境地。爲什麼"致虛守靜"必須要到達"極"、"篤"的程度呢？蘇轍曰："致虛不極，則'有'未亡也；守靜不篤，則'動'未亡也。丘山雖去，而微塵未盡，未爲'極'與'篤'也。蓋致虛存虛，猶未離有；守靜存靜，猶陷於動；而況其他乎！不極不篤，而責虛靜之用，難已。"可見，只有"致虛守靜"到"極"、"篤"程度，方能恢復心靈之自然。這裡需要注意的是，對"極"、"篤"也不應作絕對的理解，范應元說得好："致虛、守靜，非謂絕物離人也。萬物無足以擾吾本心者，此眞所謂虛極、靜篤也。"

"致虛守靜"是一種總體上的指導，在實際操作上，還須化爲一些具體的方法。

首先是"少私寡欲"。私欲是障蔽心靈、損害自然眞性的主要原因之一。人類的私欲往往是無止境的，所謂欲壑難填是也。人們無休止地追逐聲色名利，不但對社會造成危害，同時也戕害了自己眞樸的自然之性和自然之德。就人的心靈而言，若是嗜欲充盈，則何"虛"之有？何"靜"之有？故而老子主張"少私寡欲"，告誡人們不要爲身外之物所役使，以保持"虛靜"的自然心態。

其次是"知足知止"。人生而有私有欲，這是不可消除的。老子的"少私寡欲"並不是要滅絕私欲，而是主張恬淡爲上，把私欲控制在一定的限度之內，使心靈保持相對的"虛靜"狀態。不使私欲超過一定的限度，凡事都要適可而止，便是"知足"。老子指出：

> 知足者富。（三十三章）

> 甚愛必大費，多藏必厚亡。故知足不辱，知止不殆，

可以長久。（四十四章）

禍莫大於不知足，咎莫大於欲得。故知足之足，常足矣。（四十六章）

人類最大的禍患莫過於不知足，無休止地追求名利，結果必然是招致物質和精神上的嚴重損失。只有知足而止，才能“不辱”、“不殆”，才是長久的、眞正的富足。

再次是“絕巧棄智”。私欲雖爲人生所固有，然而其膨脹擴張，卻與智巧詐僞的助長作用有很大關係。世俗之人攻心鬥智、奸巧詐僞，這不僅造成了社會的混亂，而且損毀了人類純眞樸實的自然之性與自然之德。老子有見於此，乃主張絕巧棄智，減損心志的作用，以保持“虛靜”的自然心態。老子描述這種心態曰：

我愚人之心也哉！俗人昭昭，我獨昏昏；俗人察察，我獨悶悶。（二十章）

“昏昏”、“悶悶”的“愚人之心”，便是棄絕了智巧詐僞之心，也就是“虛極”、“靜篤”之心，也就是返樸歸眞的自然之心。

㈣“玄同”的境界

經過“見素抱樸”、“復歸於嬰兒”、“致虛守靜”的修身功夫，即可達於理想的人生境界，老子稱此境界爲“玄同”：

挫其銳，解其紛，和其光，同其塵，是謂玄同。故不可得而親，不可得而疏；不可得而利，不可得而害；不可得而貴，不可得而賤。故為天下貴。（五十六章）

磨去鋒芒，消解紛擾，含斂光耀，混同塵世，這就是“玄同”的最高人生境界。高亨先生說：“如是，天下已致玄妙齊

同之境，故曰‘是謂玄同’。”范應元曰：“玄者，深遠而不
可分別之義。”達於“玄同”之境者，泯除了一切差別，超越了
一切對立，而與天地萬物同一。達此境界者，親疏、貴賤、
利害、得失等世俗的觀念和價值，對於他都是不起作用的、
沒有意義的。這樣的境界，也就是第二十三章所謂的“抱一”
和第三十九章所謂的“得一”。因而，“玄同”的境界，乃是得
道者的境界，即與道合一、與道同體的境界，也就是完全達
於自然的境界。人生在此“玄同”的境界中實現了終極的、永
恒的意義和價值。

　　達於“玄同”的境界而與道合一的人，必然會表現出與世
俗之人極為不同的心態和行為。老子曰：

　　　古之善為道者，微妙玄通，深不可識。夫唯不可識，
　　　故強為之容：豫兮若冬涉川，猶兮若畏四鄰，儼兮其
　　　若客，渙兮其若凌釋，敦兮其若樸，曠兮其若谷，混
　　　兮其若濁。”（十五章）

　　大道本身是“無名”的，只好“強字之曰“道”。體道之士也
同大道一樣，是“微妙玄通，深不可識”的，所以只好“強為之
容”，勉強地來描述他。老子這裡對體道之士進行了一系列的
描述：“豫”原是野獸之名，性好疑慮，後來引申為遲疑慎重
的意思。范應元曰：“豫，象屬，先事而疑，此形容善為士
者，審於始而不躁進也。”“猶”亦為野獸之名，性多疑，引申
為警覺、戒惕。范應元曰：“猶，玃屬，後事而疑，此形容善
為士者，謹於終而常不敢肆。”“儼”謂端莊嚴謹，如作賓客之
謙恭卑下，不敢妄作。“渙”義為融和，蔣錫昌曰：“謂聖人外
雖儼敬如客，而內側一團和氣，隨機舒散，無復凝滯，渙然
如冰之隨消隨化，毫無跡象可見也。”“敦”義為淳厚，河上公

注曰："'敦'者質厚，'樸'者形未分，內守精神，外無文采也。""曠"義爲空曠，"混"義爲渾厚，河上公注曰："'曠'者寬大，'谷'者空虛，不有功德名，無所不包也。'渾'者守本眞，'濁'者不昭然，與衆不同，不自尊也。"這一連串的形容，爲我們描述了"善爲道者"虛懷若谷、和光同塵、超凡脫俗的心態、風貌與境界。

達到"玄同"境界的體道之士所具之德，老子稱之爲"玄德"。老子曰：

玄德深矣，遠矣，與物反矣，然後乃至大順（六十五章）

"玄德"是一種極爲深遠的德，它的特點就是"與物反"。對於"與物反"，歷來有兩種不同的理解。一是把"反"解作相反，謂"玄德"與事物的性質相反。如河上公注曰："玄德之人，與萬物反異，萬物欲益己，玄德施與人也。"一是解作"返"，謂"玄德"與事物復歸於眞樸。如王弼注曰："反其眞也。"林希逸亦曰："反者，復也，與萬物皆反復而求其初。"其實，這兩種理解是相通的，因爲"與物反"即與世俗相反，世俗之人皆背離大道而失其自然之性，"玄德"之人則返歸其自然之性而與大道相合。"與物反"則至於"大順"，林希逸曰："大順即自然也。"可見，"玄德"乃是對世俗的超越，超越了世俗則表現爲"與物反"，就是返樸歸眞而合於自然。因而可以說，"玄同"的境界就是自然的境界，亦即"道"的境界。此即老子的修身之道所要達到的級極目標。

三、處世之道

作爲生活的指導的人生哲學，不僅要爲人們進行自我的道德與性情修養提供原則和方法的指導，而且還要爲個體的存在作出社會定位，回答如何對待他人，如何應付社會，即如何處世的問題。修身與處世遵循的是同樣的原則，因而，內在的修身之道向外展現，便是處世之道。在老子的人生哲學中，這一原則，便是自然的原則。

老子的處世之道，具體來講也有如下數端：

㈠柔退不爭

老子有感於世人一味逞強好勝、不肯謙讓而引起無數的紛爭，遂提出柔退不爭的處世之道。他不僅以此作爲自己的生活指導，同時也希望以此改變世人的生活態度，以消解紛爭，從根本上解救時弊。

具體來講，柔退不爭可以從如下幾個方面來實行：

一曰"守柔"。"守柔"即守柔居弱。老子曰：

> 知其雄，守其雌，爲天下谿……知其白，守其黑，爲天下式……知其榮，守其辱，爲天下谷。（二十八章）

深知什麼是雄強，卻安於雌柔，甘爲天下的溪澗；深知什麼是明亮，卻安於暗昧，以此爲天下的楷式；深知什麼是榮耀，卻安於卑辱，甘爲天下的川谷。爲什麼要這樣呢？老子回答說，因爲"柔弱勝剛強"。對於"柔弱勝剛強"，人們通常是從以柔克剛的角度來理解的，而在我們看來，老子的本義是說，柔弱要優於剛強。柔弱之優於剛強，除包含柔弱最終要勝過剛強的策略性意義外，還包括與其剛強不如柔弱的價值觀意義，這後一層意義容易被忽視。很顯然，如果人們皆能甘守柔弱而不恃剛逞強，則大多數紛爭自然就不會發生，已經發生的紛爭自然也會得到消解，社會自然就可以和諧穩定了。

二曰謙下。《莊子・天下》篇說老子"以濡弱謙下爲表"。謙下即謙恭處下，這不僅是避免禍患、保全自己的手段，也是消解社會紛爭的有效方法。謙下的具體要求是：不自我表現（"不自見"），不自以爲是（"不自是"），不自我誇耀（"不自伐"），不自我驕矜（"不自矜"）。謙下的反面是驕矜，驕矜足以導致失敗，必須戒除。老子曰：

> 不自見，故明；不自是，故彰；不自伐，故有功；不自矜，故長。（二十二章）

> 善有果而已，不敢以取強。果而勿矜，果而勿伐，果而勿驕，果而不得已，果而勿強。（三十章）

"自見"、"自是"、"自伐"、"自矜"都是不能謙下的表現，老子告誡人們"勿矜"、"勿伐"、"勿驕"、"勿強"，以免"自遺其咎"。

謙下不驕是老子處世之道的重要內容。據《史記》記載，當孔子向老子請教時，老子對他的唯一告誡，就是讓他去掉身上的"驕氣"。

三曰"不爭"。"不爭"即不與人爭，不爭先。《莊子・天下》篇說老子"人皆取先，己獨取後"，"未嘗先人而常隨人"。老子自己也盛贊"不爭之德"（六十八章），並以"不敢爲天下先"（六十七章）爲"三寶"之一。"不爭"與"柔弱"一樣，我們不應僅視它爲老子的鬥爭策略，還應看到其中的價值觀意義。以價值觀的角度視之，"不爭"乃是老子崇尚的一種生活態度。老子曰：

> 夫唯不爭，故無尤。（八章）

天之道，利而不害；人之道，爲而不爭。①（八十一章）
"無尤"即不招致怨咎。"不爭"作爲人之道，乃是效法天之道
而來，"爲而不爭"表明老子並不主張放棄"爲"，而只是與世
無爭而已。"不爭"實爲老子全生保身、化解社會紛爭的重要
方法。

老子十分推崇水的品質，認爲水集中了"柔弱"、"謙
下"、"不爭"等美德於一身。他說：

上善若水。水善利萬物而不爭，處眾人之所惡，故幾
於道。（八章）

"上善"之人處世好像水一樣。水最顯著的特性和作用
是：一、柔弱，天下沒有比水更柔弱的事物了。二、謙下，
它"處眾人之所惡"，甘願停留在卑下的地方。三、不爭，它
善於滋潤萬物，卻從不與之相爭。水是最自然的，最接近於
"大道"的精神，人類的行爲應該向水學習，盡其所能地貢獻
自己的力量去幫助別人，但卻不與別人爭功爭名爭利。

(二)虛懷若谷

《史記・太史公自序》說道家思想是"以虛無爲本"，《莊子
・天下》篇也說老子"以空虛不毀萬物爲實"，"人皆取實，己
獨取虛，無藏也故有餘"，《史記・老子韓非列傳》亦述老子謂
孔子之言曰："良賈深藏若虛，君子盛德，容貌若愚。"足見
老子對"虛"的崇尚。

老子喜歡用"谷"來形容"虛"，主張待人處世應虛懷若谷。
他說：

---

① "人之道"，今本作"聖人之道"，據帛書乙本改。

　　　　古之善為道者……曠兮其若谷（十五章）

　　　　知其雄，守其雌，為天下谿。……知其榮，守其辱，

　　　　為天下谷。（二十八章）

　　　　上德若谷。（四十一章）

“谷”（“谿”）有如下特徵：

　　一為空豁涵容。第十五章河上公注曰：“‘曠’者廣大，‘谷’者空虛，不有德功名，無所不包也。”第二十八章王弼注曰：“谿不求物，而物自歸之。”老子認為，大道有“虛”、“藏”的特性，能夠包容萬物，以大道為楷模的“善為道者”待人處世，也應如空曠的山谷一樣，胸懷廣闊豁達，能夠涵容一切。《莊子·天下》篇說老子“常寬容於物，不削於人”，“削”即苛求之義。老子認為，有道之士應虛懷若谷，容天下難容之事，不苛求於人，使分歧與恩怨化解在自己宏大的度量之中，方能為眾望之所歸。

　　二為深邃斂藏。世俗之人皆急功近利、炫耀爭風，誠如莊子所說：“其嗜欲深者，其天機淺”[1]，淺薄得一望即可看透。修養高深的有道之士卻像山谷一樣，是深藏不露的。老子指出，“善為道者”是微妙玄通、深不可識的，聖人是“自知不自見，自愛不自貴”的，自珍自重而不自示高貴，從不有意顯耀自己。大道是幽深玄遠的，體道之士為人處世，也與象徵大道的山谷一樣，幽遠深邃，內斂含藏，韜光養晦，深不可測。

　　三為處下不爭。“谿”、“谷”是處下不爭的象徵，老子鑒於政風社情搶先貪奪，爭雄競強，故而主張處下不爭，知雄

──────────

① 《莊子·大宗師》。

守雌，知榮守辱，甘爲天下的谿谷。對於老子的處下不爭，人們往往只關注其"術"的一面，即以不爭爲爭、"不爭而善勝"、"後其身而身先"的策略意義，其實，處下不爭同時也是一種生活態度或處世原則，具有價值觀方面的意義。老子之所以推崇這樣一種生活態度和處世原則，乃是在於它是一種極好的德行，所謂"玄德"、"上善"、"上德"是也。再進一步說，這種德行好就好在它符合自然的價值和無爲的原則，好就好在它得之於大道並體現了大道。《老子》二十八章曰："爲天下谿，常德不離。"河上公注曰："人能謙下如深谿，則德常在不復離於己。"這是就此種德行的普遍意義來講的，任何人在任何時候都應該持守此種德行。《老子》六十七章以"不敢爲天下先"爲"三寶"之一，范應元注曰："不敢爲先，而常謙下，不妄生事，而常虛應，人自尊之，故能爲成才器之人之長也。"人若能處下不爭，自然會贏得衆人的尊敬。誠然，老子的處下不爭主要是說給侯王聽的，侯王雄居衆人之上，尊顯榮貴之至，而在老子看來，侯王們更應該做到處下不爭，知雄守雌，知榮守辱。第二十八章河上公注曰："雄以喻尊，雌以喻卑。人雖自知尊顯，當復守之以卑微，去雄之強梁，就雌之柔和，如是則天下歸之，如水流入深谿也。"正因爲谿谷的自居卑下，衆水方能歸之。《老子》六十六章曰：

> 江海之所以能爲百谷王者，以其善下之，故能爲百谷
> 王。

江海以其"善下"而爲天下衆水之所匯歸，此即"不爭之德"，故能成爲"百谷王"。若以"術"論之，可謂"爭"在其中。然而需要強調的是，老子這種無爭之名而有爭之實的"不爭之德"，並不是有心去爭，並不是刻意去爭，而完全是一種自然

而然的結果。

㈢與人爲善

《老子》第六十七章提出了"三寶"之說，其中的第一寶就是"慈"。范應元曰："謂以三者爲寶，吾執持而寶之，珍惜之義也。吾之心慈愛素具，由愛親君推而愛人愛物，皆自然之理，茲爲第一寶也。""慈"就是愛心加上同情感，這是人類友好相處的基本保障和動力。老子身處戰亂，目擊暴力的殘酷面，深深地感到人與人之間愛心和同情心的缺乏，因而極力加以倡導，於"三寶"中特別強調了"慈"。以"慈"爲寶，表現老子對人類充滿愛心，對社會有著高度的責任感。

"慈"的基本要求，就是與人之善。老子主張在處理人際關係時，應不計得失，不與人結怨。他說：

　　和大怨，必有餘怨，安可以爲善？（七十九章）

俗話說，冤家宜解不宜結，有了怨恨，就應盡量化解。然而調解深重的怨恨，必然還有餘留的怨恨，因而解怨並不能算是最妥善的辦法。與其結了怨再去解怨，不如與人爲善，當初就不與人結怨。如何能做到不與人結怨呢？老子說：

　　善者，吾善之；不善者，吾亦善之；德善。（四十九章）

河上公注曰："百姓爲善，聖人因而善之；百姓雖有不善者，聖人化之使善也。百姓德化，聖人爲善。"蔣錫昌亦曰："'德'假爲'得'。此言民之善與不善，聖人一律待之以善，而任其自化，則其結果皆得善矣。"與人爲善，難就難在善待不善之人，倘使對不善之人亦能善待之，便能做到不與任何人結怨了。

與人為善並不總是能夠被人理解。老子主張,當自己的善心被人誤解而受到委屈時,應該忍辱負重,要像虛曠的山谷一樣,默默地包容承擔一切。七十九章曰:

> 是以聖人執左契,而不責於人。有德司契,無德司徹。天道無親,常與善人。

有德之人把個人的得失、榮辱、恩怨置之度外,就好比手裡拿著借據的存根卻不向人索取償還一樣。老子認為,天道是沒有偏愛的,但總是站到善人一邊,之所以如此,乃是因為善人的行為符合天道。

老子還提出了另一個消解糾紛的方法,那就是"報怨以德"。老子曰:

> 大小多少,報怨以德。(六十三章)

《韓非子‧喻老》曰:"有形之類,大必起於小,行久之物,族必起於少。"高亨亦曰:"大小者,大其小也,小以為大也。多少者,多其少也,少以為多也。視星星之火,謂將燎原;視涓涓之泉,謂將漂邑;即謹小慎微之意。"可見"大小多少",意思是大生於小,多生於少,故不宜擴大事態,而應防微杜漸。有見於此,老子主張以德報怨,別人做了有損於我的事,我不但不計較,不報復,反而以德相報,從而把怨隙消解於萌芽之中。劉向《新序》中有這樣一個故事,梁、楚兩國鄰界,都在邊亭種了瓜,梁人勤於灌溉而瓜美,楚人惰怠而瓜惡。楚人心生妒惡,半夜裡把梁人的瓜弄死很多。梁人的長官不但不許部下報復,反而讓他們每天夜裡偷著去澆灌楚人的瓜。楚人的瓜越長越好,他們發覺了是梁人所為,便把這事報告了楚王。楚王自感慚愧,派人前來謝罪,從此兩國修好,邊境相安無事。劉向評論說:"語曰'轉敗而爲功，因禍而爲福。'老子曰：'報怨以德'。此之謂也。
夫人旣不善，胡足效哉？"①這個故事雖然發生在老子之後，
但卻是老子"報怨以德"主張的絕好例證。河上公注"報怨以
德"曰："修道行善，絕禍於未生也。""報怨以德"則可息事寧
人、轉禍爲福，否則，以牙還牙、冤冤相報，只能是恩怨越
結越深。"報怨以德"是"善者，吾善之；不善者，吾亦善之"
的邏輯延伸，是與人爲善的一種極高姿態。

天生萬物，雖有良莠不齊，但皆各有其用。同樣道理，
世上芸芸衆生，雖有善與不善，但也各有其存在的理由。大
道對於萬物是一視同仁的，有道之人對於不善之人，亦無遺
棄之理。老子曰：

> 人之不善，何棄之有？"（六十二章）

河上公注曰："人雖不善，常以道化之。蓋三皇之前，無有棄
民，德化淳也。"這就是說，大道的德化作用可以使不善之人
棄惡從善，這就是他不應被遺棄的原因。有道之士與人爲
善，對衆人一視同仁，即使對於不善之人也常懷慈愛之心，
不會因其不善而棄之於不顧。老子又曰：

> 是以聖人常善救人，故無棄人；常善救物，故無棄
> 物。（二十七章）

聖人有博大的慈愛之心，能以愛心對待不善之人，使人
盡其才。不僅如此，聖人還將這種慈愛之心推廣於天下萬
物，正如河上公所言："聖人不賤石而貴玉，視之如一"，而
使物盡其用。

這種博大的慈愛之心，是一種無私的奉獻，是一種無條

---

① 劉向：《新序·雜事第四》。

件的付出，不求任何回報，因而可以稱爲"給予的道德"，它
眞正體現了大道的精髓。老子曰：

> 孰能有餘以奉天下，唯有道者。（七十七章）

只有眞正的有道之人才能具有這種"給予的道德"，才能
傾其所有以奉天下。這樣的有道之人，老子稱之爲聖人。聖
人"無執"、"無譽"甚至"無身，從不把自己放在心上，唯以天
下爲懷，"以百姓心爲心"，似乎一無所有，但卻無所不有。
老子曰：

> 聖人不積，既以爲人己愈有，既以與人己愈多。（八
> 十一章）

"不積"即毫無保留。《廣雅‧釋詁》曰："既，盡也。"聖
人盡量地幫助別人，自己反而更加充足，毫無保留地給予別
人，自己反而更加豐富，爲什麼呢？就是因爲這種"給予的道
德"贏得了人們廣泛的、眞誠的愛戴，爲眾望之所歸，這才是
最可寶貴的。《莊子‧天下》篇亦稱老子"以有積爲不足……無
藏也故有餘。"這是一種最偉大的愛的表現，誠如弗洛姆所
說："愛是培養給與的能力。"雖然不求任何回報，但卻得到
了眾人的愛戴，這樣的回報可以說是無比豐富的。我們也可
以說，只有眞正與人爲善的人，才能得到這樣的回報。

㈣"功遂身退"

"功遂身退"也是老子的一個著名思想，且對後世影響很
大。"遂"意爲"成"，"功遂身退"亦即"功成身退"。對老子的
這一思想，人們往往理解爲激流勇退，即成功之後就應從高
位上退下來，否則便會自取禍殃。筆者則以爲，激流勇退的
思想同老子的"功遂身退"密切相關，但並非老子的原意，而

是"功遂身退"思想在後世的應用中的演變。"功遂身退"的本來意義，應從《老子》的原文中求得。老子曰：

> 持而盈之，不如其已；揣而銳之，不可長保；金玉滿堂，莫之能守；富貴而驕，自遺其咎。功遂身退，天之道也。（九章）

這是《老子》第九章的全文。通觀此事，老子意在講述"不盈"的道理，告訴人們應如何對待名利和成功。"盈"即是滿溢、過度的意思，"銳"、"滿"、"驕"都是"盈"的表現。一般人在遇到名利當頭的時候，沒有不醉心，沒有不趨之若鶩的。老子在這裡說出了知進而不知退、善爭而不善讓的禍害，叫人要適可而止。因爲貪圖祿位的人，往往得尺進尺；恃才傲物的人，總是耀人眼目，這都是應深自警惕的。富貴而驕，常常自取禍患，就像李斯，當他做秦朝宰相時，眞是集富貴功名於一身，顯赫不可一世，然而終不免做階下囚。當他臨刑時，對他的兒子說："吾欲與若復牽黃犬，俱出上蔡東門逐狡兔，豈可得乎？"[1]莊子最能道出貪慕功名富貴的後果，當楚國的國王要聘請他去做宰相的時候，他笑著回答使者說："千金，重利；卿相，尊位也。子獨不見郊祭之犧牛乎？養食之數歲，衣以文繡，以入大廟。當是之時，雖欲爲孤豚，豈可得乎？"[2]從淮陰誅戮、蕭何下獄的事物看來，我們可以了解老子警世之意是多麼的深遠！

李斯、韓信、蕭何之禍，取自持"盈"。持"盈"的結果，將不免於傾覆之患。所以老子諄諄告誡人們不可"盈"，一個人在功成名就之後，如能身退"不盈"，才是長保之道。然

---

① 《史記·李斯列傳》。

② 《史記·老子韓非列傳》。

而，"身退"並不是引身而去，更不是隱匿行跡。唐代人王眞
理解得很對："身退者，非謂必使其避位而去也，但欲其功成
而不有之耳。"①可見"身退"即是斂藏，不發露，即是"不
盈"。依循老子的辯證法，倘使能做到持而不盈、揣而不銳、
金玉不滿、富貴不驕，自然就可以長保、長守，自然就不會
自遺其咎了。老子要人在完成功業之後，不把恃、不據有，
不露鋒芒，不咄咄逼人。可見老子所說的"身退"，並不是要
人做隱士，只是要人不膨脹自我。范蠡、張良在功成名就以
後，遁隱逃逸，並不是老子所說的"身退"。老子哲學，絲毫
沒有遁世的思想。他僅僅告誡人們，在事情做好之後，不要
貪慕成果，不要尸位其間，而要收斂意欲，含藏功力。據
此，本章"功遂身退"的含義，同於第二章的"功成而不居"和
第三十四章的"功成而不有"。

　　老子的"不盈"，有其天道觀之依據，符合大道的本性。
《老子》中對"不盈"之道多有強調，如：

　　　道沖，而用之或不盈。（四章）

　　　保此道者，不欲盈。夫唯不盈，故能蔽而新成。（十
　　　五章）

　　　大盈若沖，其用不窮。（四十五章）

　　沖虛不盈是大道的特性，唯有保持沖虛不盈，方能去故
更新，永保旺盛的生命力，發揮永不窮盡的創造作用。據
此，"功遂身退"之"退"的結果，實質上乃是一種"進"，是擺
脫已有之成功的拘束，走向更遠大的前程，再建新的功業。

　　"功遂身退，天之道也"，"天之道"就是"法自然"。因而

———————

① （唐）王眞：《道德經論兵要義述》。

老子"功遂身退"的思想，乃是"道法自然"的必然結果，體現了自然主義的基本精神。

第十章
老子思想與道家學說的
歷史演進

　　老子開創的道家學派，在中國思想文化史上占有極爲重要的地位。就中國文化的基本格局和發展的基本路向來說，道家與儒家同爲中國文化的兩大主幹，中國文化的特質和基本精神，主要也是由儒道兩家決定的。沒有道家的中國文化同沒有儒家的中國文化一樣，都是不可想像的。

　　道家思想與中國的思想文化是相始終的。在漫長的歷史長河中，道家思想也經歷了不同的發展階段，發生了諸多的變化，出現了不同的流派，呈現出紛紜的面貌。

一、莊子之學

　　戰國時期百家爭鳴，是中國思想文化史上的黃金時代，老子開創的道家學派在這一時期也發生了重大的分化，開闢了不同的發展路向。莊子哲學的出現，就是其中最重要的分化之一。

　　莊子在道家學派中是地位僅次於老子的重要思想家。道家之有莊子，有如儒家之有孟子。儒家常以孔孟聯稱，道家則以老莊並列。

　　道家雖以老莊並稱，但莊子的思想同老子相比，有許多重要的變化和發展。這些變化和發展，當然是主要體現在他們思想體系的核心——"道"這一概念上。莊子雖然在本體論和宇宙論上繼承了老子的思想，認爲"道"是天地萬物的根源，但他所說的"道"與老子的"道"在內涵上已有很大的不同。概略地說，這種不同主要有兩點：首先，老子的"道"，本體論和宇宙論的意味較濃重，而莊子則將它轉化而爲心靈的境界；其次，老子特別強調"道"的"反"的規律，特別強調"道"的無爲、不爭、柔弱、處後、謙下等特性以及這些特性在社會活動中的策略性意義，而莊子則全然揚棄這些概念和策略，但求精神境界的超越。

　　《莊子》三十三篇，幾乎每篇都談"道"的境界，而以內七篇最爲集中。茲摘錄較有代表性的數段於下：

　　　　乘天地之正，而御六氣之辨，以遊無窮。（《逍遙遊》）

　　　　天地與我並生，而萬物與我為一。（《齊物論》）

　　　　至人神矣！……乘雲氣，騎日月，而遊乎四海之外，死生無變於己。（《齊物論》）

　　　　登天遊霧，撓挑無極；相忘以生，無所終窮。（《大宗師》）

　　　　乘夫莽眇之鳥，以出六極之外，而遊無何有之鄉，以

處壙垠之野。（《應帝王》）

入無窮之門，以遊無極之野。與日月參光，與天地為常。（《在宥》）

至人者，上闚青天，下潛黃泉，揮斥八極，神氣不變。（《田子方》）

知天樂者，其生也天行，其死也物化。靜而與陰同德，動而與陽同波。（《天道》）

至人者，歸精神乎無始，而甘冥乎無何有之鄉。（《列御寇》）

　　在莊子看來，由於生存環境的障蔽和個人知見的拘囿等原因，人們經常形成了閉鎖的心靈，因而，如何突破這些拘限而擴展個體的精神空間，便成為莊子所關注的重要問題。莊子所關心的，不在於企求生理之"我"的滿足，不在於謀求家庭之"我"的實現，也不在於達到社會之"我"的完成，而在於如何拓展主體的內在生命，實現宇宙之"我"的理想。宇宙之"我"的實現，有賴於超越精神的展現。超越的意義在於揚棄與提升：揚棄世俗的價值，而提升到更高、更遼闊的精神領域中。這種宇宙之"我"的實現，便是人生最高的境界——"道"的境界之到達。

　　莊子認為，達此"道"的境界，便獲得了高度的、真正的、絕對的自由。顯然，此種自由乃是主體精神的超越和提升所獲得的，因而是一種精神上的自由，而追求主體精神的絕對自由，正是莊子哲學的最終目的。作為《莊子》第一篇的《逍遙遊》，所憧憬和描述的便是這種絕對的、無條件的精神自由。莊子認為，要獲得精神自由，一方面要使主體精神從現實的種種束縛下解脫出來；另一方面，還要培養一個開放

的心靈，使人從封閉的心靈中超拔出來，從自我中心的拘執
中超拔出來。

莊子喜歡用"遊"、"遊心"等概念來表達精神的自由活動
和安適狀態。透過散見於《莊子》各篇的諸如"遊無窮"、"乘物
以遊心"、"遊心乎德之和"、"遊乎天地之一氣"、"遊心於
淡"、"遊無何有之鄉"、"遊心於無窮"、"遊心於物之初"、"心
有天遊"等語句，我們可以知道莊子所謂"遊"或"遊心"，乃是
對宇宙事物做一種根源性的把握，從而達到一種和諧、恬
淡、無限、自然的境界。在莊子看來，"遊心"就是心靈的自
由活動，而心靈的自由其實就是過"體道"的生活，即體悟"道"
之自由性、無限性及整體性。質言之，莊子的"遊"或"遊心"，
就是無限地擴展生命的內涵，把個人之"小我"提升爲宇宙之
"大我"，達到"道"的境界。

"道"的境界是人生的最高境界，是人生應畢生爲之努力
的理想目標。莊子認爲，要想達此境界，須從多方面下功
夫。

第一、去除來自內外兩方面的各種蔽障，此種蔽障是複
雜的。首先是要突破形軀的局限。世俗之人的活動，往往僅
以形軀的需求與滿足爲限。然而，人生的意義是否僅在於養
形？形軀的活動是否等於全部的生命活動呢？莊子提出這個
嚴肅的問題。他指出，有些人奉養豐厚，卻精神萎靡；有些
人形體完整，卻生命乾枯。世人終身役役，把全部的時間和
精力投入到口體之養的滿足與享樂上，而忽視了內在精神的
培養，莊子稱這些人的心靈爲"近死之心"。通過對"近死之
心"的反思，莊子指出，生命的活動並不限於"形"，即不以感
覺世界爲足，完整的生命活動應包括養形與養神，理想的人

生是"形全精復"、"形精不虧"，形體與精神兩不偏廢。爲了糾正一般人養形不養神的錯誤觀念，莊子故意將他筆下的理想人物描繪成面貌殘畸而內涵豐富並具有無比的吸引力，意在指出生命的活動不止於養形的範圍，更應著重在開闢和提升人的精神世界，以達到"心未嘗死"的境界。

　　其次是破除自我中心的拘執。世人看待事物、思考問題，都容易以自我爲中心，莊子稱之爲"我執"。自我中心必然形成封閉的心靈，使人產生成見，莊子稱之爲"成心"。受到"成心"和"我執"的蔽障而產生的任何觀念和見解，都難以觸及事實的眞相，也難以獲得公認的標準和正確的認識。所以莊子主張破除自我中心的偏見，以形成開放的心靈，獲得"大知"和"眞知"。

　　再次是化除情緒的攪擾。世俗之人無不爲情所困擾，莊子卻主張"無情"。在《德充符》篇中，莊子對惠施說："吾所謂無情者，言人之不以好惡內傷其身，常因自然而不益生也。"這裡我們看到了莊子同老子一樣反對"益生"，即反對縱情肆欲，以免"外神"、"勞精"而損傷生命。莊子主張"常因自然"，以體悟天地之大美，臻至"太上忘情"之境，這正是老子所倡導的對待生命的自然主義態度。

　　所謂外的蔽障即來自現實社會的種種蔽障。在世俗的人生中，功名、利祿、富貴、聲譽等往往成爲人們追逐的目標，而在莊子看來，這些東西恰恰是身外之物。世人由於抵擋不住這些身外之物的誘惑而追逐之，反而爲其所役使，這就是"人爲物役"。人們之所以抵擋不住這些身外之物的誘惑，乃是由於價值觀上的誤區所致。在《繕性》篇中，莊子稱"喪己於物，失性於俗"的世俗之人爲"倒置之民"。在他看來，世人追逐外物，醉心名利，有如"以隋侯之珠彈千仞之雀"，是得不償失的愚蠢行爲、在現實社會的角逐場中，人們迷失了本性，喪失了自我，美的感受消失了，性靈的活動窒息。因而，莊子要人們衝破現實的藩籬，培養超脫的心態。所謂超脫，即超脫世俗，人雖然必須在現實社會中生活，但卻可以在價值觀上和精神境界上超脫世俗。爲此，莊子思考和探討了"有用"和"無用"的關係問題，這實際上是一個價值觀的問題。莊子指出，世俗所謂"用"，全是從名利的立場出發來判斷的，有利於名利者便是有用，無利於名利者便是無用。因此，在現實的活動網中有"用"的人，事實上只是被俗化、被役化的人，他的精神永遠不得自主，他可能贏取了許多外附的東西，卻失去了自我。而在超脫了世俗價值之拘執的"得道"之人看來，世俗所謂的"無用"，恰恰是"大用"，它可以使人的精神從現實中提升出來。在莊子看來，只有衝破世俗的藩籬，免於爲外在的價值所牽引的人，才能求得精神的獨立自主，獲得眞正的自由而達於"道"的境界。

第二、了解宇宙變化的眞相。

萬物是在無窮的時空中長流變移的，這就是宇宙變化的眞相。在《秋水》篇中，莊子借北海若之口表達了這樣的觀念："夫物，量無窮，時無止，分無常，終始無故。"具體的事物雖各有局限，但作爲物質存在之總體的宇宙卻是沒有窮盡的。萬物的存在在空間上是無限的，因而不可量度；萬物的存在在時間上也是無窮的，因而沒有止期；得與失皆是"分"，但從永恒變化的觀點看來，此"分"是"無常"的，即沒有定準的；在宇宙大化的無限循環中，死生終始都不是固定不變的。莊子要人們了解物量的無窮性，時間連接的無限流動性，得失的無常性和死生的變化性。變化並不是一種消失，而是由甲物的形狀轉變成乙物的形狀。當甲物轉入乙物的境況時，乃是一種和諧的融化。如能認識到物量是無窮的，則可以不爲大小多寡的分別所執著；如能認識到時序是沒有止期的，則可以不被時代的迷霧所蒙蔽；如能認識到人事是變異無常的，則可以不爲得失的情懷所激擾；如能認識到大化是終而復始變化日新的，則可以不爲生死的意念所困惱；如能了解萬物是循環無端的變化，時序是無始無終的進程，則能培養安時處順的心懷。能安時處順，才能保持心靈的安逸自適。

　　第三，培養死生一如的心態。

　　在生命過程中，對人威脅最大的莫過於死亡。人們常將生和死截然劃分，以死爲生之斷絕，因而樂生而哀死。死亡的恐懼困擾人生，人們常沉溺於生死所產生的哀樂情緒。爲哀樂情緒所繫縛的人，便不得超越，不獲自由了。因而，莊子一方面指出人們過於悅生惡死而掩蔽了死生的實在性，同時要人培養一種坦然的胸懷去面對死亡。莊子認爲生死乃是變化過程中的一種自然現象，它的來去是既無法避免也無力挽回的。他認爲，任何事物在變化過程中，"合則成體，散則成始"①，人的生命也是這樣，每個個別生命的源始和歸結，乃是氣的聚散。生命的出現，在"雜乎芒芴之間，變而有氣，氣變而有形，形變而有生"②，最後終歸死亡。生命的出現與消失，猶如四時的運行一般，乃是大化中的一個過程。對於這種物的聚與散，生命的出現與消逝之事實性，人們產生的

① 《莊子・達生》。
② 《莊子・至樂》。

主觀感受與體驗卻大不相同。有人能欣然接受這不可抑止的變化，有人則憂戚哀傷而不能自已。生死的變化既然是自然的現象，便應當安心適時而順應變化，活著時適然自在，便死得安然不空洞。死生之事，"儵然而來，儵然而往"①，當順其自然。"大塊載我以形，勞我以生，佚我以老，息我以死"②，人生在天地間，勞佚死生都是極其自然的事，所以當坦然處之。死生觀念無所繫懷，便是人生最高境界的表現了。

第四、保持心靈的凝聚狀態。

心是一切認識的主體，一切創造的根源。然而"人心險於山川，難於知天"③，人心之難知，甚於山川，過於蒼天。人心的可動性是極大的，"其居也淵而靜，其動也懸而天"④，安穩時深沉而寂靜，躍動時懸騰而高飛。人心的可塑性也是驚人的，導向負面的意義發展，它可以成為一切紛爭的基因，可以構成人生最大的內障；導向正面的意義發展，它可以凝練而成為創造的動力，成為開闢人生境界的根源。

莊子認為，透過虛靜等功夫，可以使心靈凝聚含藏，培蓄創造的能量。《莊子》書中有三則寓言都是說明技藝專精而達至'道'的境界，技藝之所以專精，"道"的境界之所以能由專精而呈現，都在於心靈的凝斂專注。《達生》篇的一則寓言，謂仲尼適楚，在山林中見佝僂者承蜩，猶如掇拾般輕而易舉，問其故，乃在於進習過程中能達到"用志不分"的凝神

① 《莊子・大宗師》。
② 《莊子・大宗師》。
③ 《莊子・列御寇》。
④ 《莊子・在宥》。

心境，內心凝靜，才能達至卓絕的技藝。《知北遊》上一則寓言，說大馬之捶鉤者，年八十而不失毫芒，其技藝之精練，由於他二十歲開始便好捶鉤，而"於物無視也，非鉤無察也"，如此專注的心靈，才能做到捶鉤的輕重沒有毫芒的差失（他稱這種專注的心靈爲守道）。《養生主》上"庖丁解牛"的寓言也是一樣，庖丁解牛，神采奕然，在最緊要的關頭，"視爲止，行爲遲"，這樣專視徐手，就是心靈靜定凝斂，始能動作無誤。以上寓言，都在說明唯有心靈在凝聚的狀態，才能發揮創造境界的功能。

內篇《人間世》和《大宗師》上所提示的"心齋"和"坐忘"兩種得道的方法，也是心靈之作用的結果。"心齋"和"坐忘"都是一種內省的工夫，主要是對貪欲和智巧作洗淨的工夫。莊子在敘說"心齋"時，要人"聽之以氣"，這裡所說的"氣"，乃是形容心靈活動到達極純精的境界，事實上"氣"就是高度修養境界的空靈明覺之心。"心齋"著重在敘說培養一個最具靈妙作用的心之機能，"坐忘"則更進一步提示空靈明覺之心所展現的境界。"離形"和"去知"是達到"坐忘"的兩種工夫。所謂"離形"，並不是拋棄形體，而是指消解由生理所激起的貪欲。所謂"去知"之"知（智）"，乃是指由心智作用所產生的僞詐。貪欲和智巧都足以擾亂心靈，拋棄它們，才能使心靈從糾結桎梏中解放出來，而臻至道的境界。達此境界，能和天地萬物同體而無偏私，與天地萬物同化而不偏執——"同則無好也，化則無常也"[1]，這便是"道"的境界的寫照。

由上述可見，莊子把道和人的關係扣得緊緊的，他不像

---

[1] 《莊子·大宗師》。

老子那樣費盡心思和筆墨去證實或說明道的形而上之超越性和客觀實存性,也不使道成爲一個高不可攀的掛空概念,他只重點描述體驗道以後的心靈狀態。在莊子那裡,人生所能達到的最高境界便稱爲道的境界,即心靈所開展出來的最高的境界。於是,老子形而上之本體論和宇宙論色彩濃厚的道,到了莊子便內化而爲心靈的境界。

二、黃老之學

黃老之學是流行於戰國至漢初的一個極爲重要的學術思潮,從學派發展史來看,它是老子思想的分化,是道家學派的一個重要分支。

黃老之學在先秦思想史上有著極爲重要的地位,蒙文通先生對此曾有一個很好的概括:"百家盛於戰國,但後來卻是黃老獨盛,壓倒百家。"①可以說,只有黃老之學才是戰國中後期眞正的顯學。在戰國中後期的百家爭鳴中,無論從人數、著作還是從影響上來看,黃老之學都占有主流的地位,代表了先秦學術發展的一般趨勢。

"黃老"之稱不見於先秦典籍,而首見於《史記》。但是司馬父子並未從學術內涵上對什麼是黃老之學做出任何界定,而只是籠統地說某某"學黃老之術"、某某之學"歸本於黃老"等,從而導致當今學術界的許多分歧意見。對於黃老之學的學術內容,今人雖衆說不一,但無非是以兩個標準來界定

---

① 參看蒙文通:《略論黃老學》,載《蒙文通文集》第一卷《古史甄微》,巴蜀書社 1987 年版第 267 頁。

的。其一是依托黃帝立言者，1973年長沙馬王堆漢墓出土的帛書《黃帝四經》是其主要代表；其二是道法結合、以道論法、兼採百家者。由於依托黃帝立言的《黃帝四經》的學術特徵亦是道法結合、以道論法、兼採百家，因而後者實際上就成爲界定黃老之學的唯一標準。《史記》雖未從內涵上明確黃老之學的定義，但卻從外延上提供了判定黃老之學的依據。從《史記》所記述的"學黃老之術"的戰國學者的學術思想上看，其共同點就是道法結合、以道論法、兼採百家。因而可以說，今人界定黃老之學的標準，正是根據《史記》提供的線索，從黃老學者們的學術思想中概括出來的。根據這一標準我們看到，從戰國到漢初確實存在著一個黃老學派，這個學派不僅以其吸收了百家之長而又歸本於道家的學術主張適應了漢初的政治需要，從而一度成爲占統治地位的學術思想，而且在戰國時期也以其道法結合、以道論法、兼採百家的學術特徵符合了當時的政治需要，順應了學術思想發展的潮流，從而成爲戰國中後期人數最多、影響最大的學派，堪稱當時眞正的顯學。這一學派打著黃帝與老子兩面旗幟，把帝王之祖黃帝和道家之宗老子的形象糅合在一起，用虛設假托的所謂黃帝之言改鑄了實實在在的老子之學，從而一舉將闡揚柔退不爭的處世之道的老子之學改造爲集中探討如何才能富國強兵以適應天下大爭局面的爲政之道的黃老之學。黃老之學從傳統道家思想中擇取的實際上只有其道論的宇宙觀以及由此演生出的自然無爲的方法論，並以此作爲自己政治主張的哲學基礎。黃老之學爲道家學說注入了全新的內容，爲道家學說的發展開闢了另一個方向，從而創立了一個全新的學派。

　　黃老之學是戰國時期一部分熱衷於爲政之道的道家學者爲適應當時的政治需要，將老子之學同春秋以來流行的"黃帝之言"①結合起來進行綜合改造的結果，它的產生有著獨特的社會歷史根源和思想文化背景。從現有的史料來看，黃老之學產生於戰國時期的齊國。公元前四世紀早期，田氏代齊之後，採取了一系列的措施來鞏固剛剛到手的政權，其中首要的就是爲自己正名，申明田氏取代姜氏不是篡國違禮，而是具有宗法的合理性，應該得到諸侯的認可。於是他們抬出了中華人文之祖——黃帝。黃帝姬姓，田氏原爲陳國公族，乃姬姓之后，而姜齊則是姜姓炎帝之后。田氏尊黃帝的目的顯然是附會和利用黃帝戰勝炎帝而有天下的歷史傳說，論證田齊取代姜齊的合理性。田齊統治者聲稱自己是黃帝之胄，並把這一杜撰鑄在青銅祭器上，使"子子孫孫永保用"，②這樣就爲自己取代姜齊找到了充分的根據，同時也爲日後的王霸之業製造了輿論。田齊政權的這一舉措在客觀上大大刺激了春秋以來的"黃帝之言"在齊國的流傳和發展，促成了黃帝之言與老子之學的結合。因而"黃帝之學"在田齊最爲盛行，並獲得了長足的發展。

　　戰國以來，列國政治舞台的主旋律是變法圖強。田齊的變法雖然來得較晚，也沒有秦、楚變法那樣的轟轟烈烈和悲壯，但其理論準備卻遠比秦、楚變法充分和深刻。它的深刻之處就在於找到了道法結合、以道論法這條路子，充分論證了實行法治是順應天道、符合大道的。而這條路子的開闢，

---

① 　關於春秋以來流行的"黃帝之言"，可參看齊思和先生《黃帝之製器故事》一文，載《古史辨》第七冊。
② 　"陳侯因資敦"銘文，轉引自民國九年修《臨淄縣志》。

一來得力於齊國稷下學宮中的學者們深厚的理論積澱，二來
也與齊國特殊的歷史文化條件有關。齊文化本具有富於革新
精神和創造性的特點，管仲佐齊桓公爭霸，在齊國推行了一
系列的社會改革措施，在齊人心目中，管仲就是法家的先
驅，法家思想對於齊人並不陌生。春秋末年，早期道家的重
要人物范蠡入齊，將道家思想傳到了齊國，道家思想在齊國
本有一定的流傳基礎。稷下學宮的建立，吸引了來自各國的
大量學者，南方楚、陳之地的道家學說在齊國獲得了迅速的
發展，深深地影響了齊地的文化和齊人的思想，這種影響在
齊地土著的管仲學派所依托編集的《管子》一書中便可清楚地
看到。在田齊政權變法改制的客觀需要的刺激和推動下，齊
國的理論家們迫切需要尋找一種適合田齊的政治需要，符合
田齊統治者的口味並具有齊國特色的變法理論。他們發現傳
統的道家學說雖然反對法治，但其中順應天道和人的本性、
崇尚自然、反對人爲干預的思想內容正好可以用來作爲變法
的理論根據，論證實行法治的合理性、必然性和可行性。於
是他們就找到了道法結合、以道論法這條新路，並進行了大
量的探討和論證，從而形成了一個新的學派——黃老學派。
這一學派以它新奇特有的道法理論區別於以《商君書》爲代表
的三晉法家，它使得法治思想獲得了前所未有的理論深度，
給了變法實踐以理論上的滿足，克服了早期法家那種疏於哲
理的刀筆式的缺陷。同時也一改傳統道家濃厚的社會批判意
識和過多地注重清靜無爲的思想傾向，轉而積極地與列國統
治者合作，探討富國強兵之道，這樣就爲道家學說的發展開
闢了一條新路，使其在社會政治實踐中具有了更高的實用價
值。

　　戰國中期，百家爭鳴進入高潮，各主要學派爲了提高本學派的聲望，以便在爭鳴中處於有利的地位，於是紛紛打起了遠古帝王的旗號來競長爭高，以示源遠流長。儒、墨被稱爲當時兩大顯學，儒家"祖述堯舜，憲章文武"，墨家也聲稱自己的學說是"禹之道"。道家僅憑創始人老子的聲望難以與儒墨抗衡，處於十分不利的地位。道家學者受田齊統治者"高祖黃帝"舉措的啓發，遂打起了黃帝的旗號，冠黃帝於老子之上，聲稱自己的學派乃是直接繼承黃帝的統緒，因而比儒墨淵源更久遠，道術比儒墨更高明，地位也比儒墨更顯赫。這實在是一個高明之舉，它不僅使道家學派在百家爭鳴中一舉改變了原先的不利地位，更爲重要的是使道家學者得以借用黃帝的名義，名正言順地改造傳統的道家理論，打著黃帝的旗號隨心所欲地"採儒墨之善，撮名法之要"，[1]根據自己的需要爲道家學說增加了許多新的內容。

　　如前所論，黃老之學的學術特徵是道法結合、以道論法、兼採百家，因而可以說是集中了百家之長，其中多有新的組合和新的嘗試。這一新的學說體系具有其他學派難以相比的優勢，它符合歷史潮流，代表著先秦學術思想的發展趨勢。我們知道，變法圖強、實行法治是戰國歷史舞台上的主旋律，因而法家學說最受到列國統治者青睞；儒家思想在當時雖被認爲是"迂遠而闊於事情"，[2]但卻符合封建統治者長治久安的長遠利益；道家學說以其深邃的哲理、縝密的思辨、驚世的妙語、超然的人生態度征服了諸子百家，時人無不以高談玄妙的道論來裝點自己的學說。黃老之學是揚長避

---

① 《史記・太史公自序》。
② 《史記・孟子荀卿列傳》

短的典範，它至少是集此二家的優勢於一身，既適應時君世主的眼前需要，又符合他們的長遠利益，且不失玄妙深沉超脫之雅。黃老之學於是終能壓倒百家，獨領風騷，成為真正的顯學，《史記》中記述的戰國中後期的著名思想家多有"學黃老之術"和"歸本於黃老"者，如申不害、慎到、田駢、尹文、接子、環淵等。有些思想家雖不能說是黃老學者，但其思想卻與黃老之學有密切關係，如荀況、韓非等。此外還有一些佚名的黃老學者，如《黃帝四經》、《管子》、《呂氏春秋》的作者，都有濃厚的黃老思想。如此一大批黃老學者活躍在戰國中後期的思想舞台，他們的思想代表了這一時期學術思想的主流，主導了這一時期學術思想發展的大趨勢。

秦始皇滅六國，結束了列國紛爭的局面，實現了政治上的統一。在思想領域則獨尊法家而排斥別家學說，結束了百家爭鳴的局面。然而，他在完成統一大業後，不但沒有採取任何措施來恢復生產，安定民生，反而依恃其變本加厲的高壓政策，大興土木，窮兵黷武，實行了歷史上罕有的暴力統治，終致二世而亡。接下來的連年戰亂更使得民生凋敝、人口銳減，社會生產遭到嚴重的破壞。在此廢墟上建立起來的西漢王朝，當務之急就是穩定政治，恢復經濟，使人民得到休養生息。總結反思了秦王朝速亡的教訓的漢初思想界，亟需找到適合當時社會需要的新的指導思想。在這樣的社會背景下，黃老之學以其"清靜無為"的基本主張受到了重視，成為漢初占統治地位的官方思想，進入了全盛的時期。

漢初的黃老之學，較之戰國時期的黃老之學，理論上的側重已經有了變化。戰國時期的黃老之學，是適應當時列國變法圖強的政治需要而產生的，其理論上的重點，在於用道家哲理來論證以法治國的必要性與合理性，其政治意義是要確立以法家爲主，以百家特別是儒家之長爲輔的治國方略。到了漢初，爲適應當時的社會需要，黃老之學的理論重點轉移到"清靜無爲"，其實際的政治意義，在於推行與民休息的簡易政治。

　　首先採用黃老之術治國的是曹參和蕭何。據《史記·曹相國世家》，漢惠帝元年，曹參爲齊相，聽取了"善治黃老言"的蓋公的建議，"治道貴清靜而民自定"，齊國大治。與此同時，蕭何也在中央政府推行清靜無爲的政治。此後曹參接任蕭何爲相國，繼續以黃老術治國，奉行清靜無爲的政治，百姓歌之曰："蕭何爲法，顜若畫一；曹參代之，守而勿失。載其清靜，民以寧一。"①"清靜無爲"的黃老之術於是大得人心，大行於世。史載，"文帝本修黃老之言，不甚好儒術，其治尙清靜無爲。"②"竇太后好黃帝、老子言，帝（景帝）及太子（武帝）、諸竇不得不讀黃帝、老子，尊其術。"③黃老之學主導了漢初政治幾十年，不僅穩固了西漢政權，在經濟上也大見成效，"天下殷富，粟至十餘錢，鳴雞吠狗，煙火萬里。"④"都鄙廩庾皆滿，而府庫餘貨財。"⑤終於取得了著名的"文景之治"，爲漢王朝的強盛奠定了牢固的根基。

　　黃老之學在漢初發揮了安定社會、恢復經濟的明顯作用，在思想領域獲得了無可爭議的主導地位。與此同時，其

---

① 《史記·曹相國世家》。
② 應劭：《風俗通義·正失》。
③ 《史記·外戚世家》。
④ 《史記·律書》。
⑤ 《史記·平准書》。

自身的理論建設也發展到了盛極一時的狀態，突出地表現於《淮南子》一書。

　　《淮南子》二十一篇，又稱《淮南鴻烈》，漢高祖劉邦之孫淮南王劉安組織其賓客寫成，大概成書於景、武之際。其書雖兼採百家之言，體系博大精深，內容無所不包，但明確地以道家理論特別是老子思想為基礎，集漢初數十年流行的黃老之學之大成，系統地總結、發揮和發展了黃老之學，使道家思想達到了前所未有的理論高峰。該書的道家性質，如高誘《淮南子敘目》所言："其旨近《老子》，淡泊無為，蹈虛守靜，出入經道"，"其義也著，其文也富，物事之類，無所不載，然其大較歸之於道，號曰《鴻烈》。鴻，大也；烈，明也，以為大明道之言也。故夫學者不論《淮南》，則不知大道之深也。"

　　《淮南子》對道家理論有兩點重要的推展：

　　第一是系統的宇宙生成論。

　　其突出之處就是繼承和發展了自《莊子》、《管子》、《呂氏春秋》、《鶡冠子》以來的日漸豐富成熟的"氣"論，進一步把"氣"、"精氣"、"元氣"的理論和陰陽五行觀念應用於宇宙生成論。如《天文訓》曰：

> 道始於虛霩，虛霩生宇宙，宇宙生氣。氣有涯垠，清陽者薄靡而為天，重濁者凝滯而為地。清妙之合專易，重濁之凝竭難，故天先成而地後定。天地之襲精為陰陽，陰陽之專精為四時，四時之散精為萬物。積陽之熱氣生火，火氣之精者為日；積陰之寒氣為水，水氣之精者為月。日月之淫為精者為星辰。

這一段論述可謂集中了前此各種宇宙生成論之精華。

　　《精神訓》中則提出了關於宇宙起源的另一種說法，這種說法結合了陰陽觀念和精氣理論，但不以宇宙的初始狀態爲“虛霩”，而是把陰陽二氣直接作爲宇宙的初始狀態，由陰陽二氣產生了萬物。《精神訓》還進一步提出了“精氣爲人”的觀點，認爲人是由“氣”中之“精”者構成，“精神者，所受於天也，而形體者，所稟於地也。”這種觀點對後世的哲學有很大的影響。

　　第二是對“無爲而無不爲”的新闡發。

　　《原道訓》對“無爲”和“無不爲”作出了明確的界定：

　　　　所謂無為者，不先物為也；所謂無不為者，因物之所為。

　　根據這樣的理解，《修務訓》對關於“無爲”的錯誤認識進行了糾正：

　　　　或曰：“無為者，寂然無聲，漠然不動，引之不來，推之不往。如此者，乃得道之像。吾以為不然。

　　作者接著列舉了自神農以降的大量事實，論證了這樣的道理：

　　　　夫地勢，水東流，人必事焉，然後水潦得谷行；禾稼春生，人必加功焉，故五谷得遂長。聽其自流，待其自生，則鯀、禹之功不立，而後稷之智不用。

　　於是，作者得出了這樣的結論：

　　　　若吾所謂“無為”者，私智不得入公道，嗜欲不得枉正術，循環而舉事，因資而立功，推自然之勢①，而曲故不得容者，事成而身弗伐，功立而名弗有。非謂其

――――――――――

① 　原作“因資而立，權自然之勢”，依王念孫之說改。

感而不應，攻而不動者。

　　作者在這裡指出，所謂"無爲"，並不是消極被動的"寂然無聲，漠然不動，引之不來，推之不往"和"感而不應，攻而不動"，而是因任自然而"舉事"和"立功"，這樣的"無爲"，也就是"無不爲"了。同"無爲"對立的行爲是"有爲"，諸如"以火爆井，以淮灌山"等，都是"用己而背自然，故謂之有爲。"

　　在《淮南子》對"無爲而無不爲"思想的闡發中，特別突出了"因循"和"應時而動"的觀念，這是對《黃帝四經》、《管子》、《呂氏春秋》等戰國黃老著作中的相關思想的繼承與發揮。關於"先"與"後"的關係上，老子比較強調"不爭"、"不敢爲天下先"、"人皆取先，己獨取後"，而經《淮南子》的發揮，我們看到這種態度發生了變化。《原道訓》曰：

　　　　所謂後者，非謂其底滯而不發，凝結而不流，貴其周
　　　　於數而合於時也。夫執道理而耦變，先亦制後，後亦
　　　　制先。是何則？不失其所以制人，人不能制也。時之
　　　　反側，間不容息，先之則太過，後之則不逮。夫日回
　　　　而月周，時不與人遊，故聖人不貴尺之璧，而重寸之
　　　　陰，時難得而易失也。

　　作者深觀先與後的辯證關係，在不先時而動的前提下強調"得時"，先時而動和時至而不動都是"失時"。這是對《黃帝四經》、《管子》和《呂氏春秋》有關思想的繼承和發揮。司馬談《論六家要旨》所概括的"道家"思想，其中有"不爲物先，不爲物後"一句，這正是《淮南子》所倡導的思想，是對老子思想的改進和發展。總之，《淮南子》關於"無爲而無不爲"的思想，比起老子的講法來更爲明確，並充滿了積極進取的精神，因而富有新意，是對道家理論的新發展。

　　早在黃老之學興盛時期，儒學就不斷地與之爭奪官方意識形態的地位，彼此勢力互有消長，但儒家在漢初大體上處於受壓制的地位。漢武帝採納董仲舒的建議，"罷黜百家，獨尊儒術"，確立了儒學的官方哲學地位，黃老之學從此在政治上失勢而漸趨衰落。然而，黃老之學雖然完成了歷史使命，卻沒有立即退出思想舞台，在整個兩漢時期都延綿不絕。黃老之學的後期影響，主要以嚴君平《老子指歸》、王充《論衡》、河上公《老子章句》爲代表，其他如揚雄、王符、仲長統等人，都程度不同地受到了黃老思想的影響。

三、魏晉新道家

　　魏晉時期是中國古代社會又一個大動亂的時期，也是繼春秋戰國之後又一個思想界比較活躍的時期。這一時期崇尚道家的哲學思潮主導了思想界，稱爲魏晉玄學，亦稱爲魏晉新道家。魏晉玄學是曹魏正始年間由何晏、王弼所開創，借"三玄"（《周易》、《老子》、《莊子》）發揮己見，其玄學之名即來自《老子》的"玄之又玄"。玄學是道家哲學的一個新形態，以"有"、"無"、"本"、"末"、"體"、"用"等爲主要概念，其所討論的核心問題是自然與名教的關係問題，試圖用道家理論來重建名教的理論基礎，解決社會危機和知識分子的信仰危機。魏晉時期玄學曾盛極一時，是道家思想最爲興盛的歷史時期。

　　儒家經學的衰微是道家在魏晉時期復興的前提條件。兩漢經學有一些重大的弊端，其一是宗教化的傾向，宣揚"天人感應"的神學目的論，缺乏理論上的深度，甚至荒誕不經；其二是教條化，儒家思想被僵化成一些條條框框，依靠政府的力量向人們灌輸，失去了內在的活力；其三是煩瑣化，士人們爲了"通經致仕"而沉溺於章句訓詁，甚至於"說五字之文，至於二三萬言。後進彌以馳逐，故幼童而守一藝，白首而後能言。安其所習，毀所不見，終以自蔽。"①東漢末年長期戰亂，政局動蕩，皇權衰微，自己走向了死胡同的儒家經學失去了官方的支持，便到了窮途末路，自行退出思想舞台，爲富有理性和思辨性的玄學所取代。

魏晉玄學的發展大致可以分爲三個階段：第一階段的代表人物是曹魏正始年間的何晏和王弼，他們著重發揮老子的學說，是玄學中的貴無派；第二階段以曹魏末期的嵇康、阮籍爲代表，崇尚老莊特別是莊子的學說，是玄學中的自然派；第三階段的代表人物是西晉時期的郭象，借莊子的思想發揮己見，是玄學中的崇有派。

何晏和王弼的貴無派玄學對老子的哲學有重要的推進，那就是突出和發展了老子的本體論思想。老子的著名命題"道生一，一生二，二生三，三生萬物"和"天下萬物生於有，有生於無"等，雖說其中包含著本體論的意義，但基本上是回答宇宙是如何生成和演化的問題，嚴格地說，這並不是純哲學的問題，而更多地屬於具體科學即天文學的範疇。兩漢時期的哲學，也都是著重發揮老子"有生於無"論題中的宇宙生成論思想，並沒有更多地發揮其中的本體論意義。玄學貴無論的突出貢獻，就在於努力從邏輯上探求世界的統一性，探求存在於現象世界背後並決定現象世界的本體，爲天地萬物的

---

① 《漢書·藝文志》。

存在找到了形而上的根據。這個本體或根據就是"無"。"無"
乃是"道"的本質規定性，無形無名，超感覺超經驗，但它卻
是天地萬物賴以存在的內在根據。何晏曰：

　　有之為有，恃無以生；事而為事，由無以成。①

王弼亦曰：

　　天下之物，皆以有為生。有之所始，以無為本。將欲
　　全有，必反於無也。"②

　　這就把老子哲學中作為萬物之根源的"無"提升為萬物存
在之內在根據。

　　王弼還更進一步把從萬有中抽象出來的"無"再返回到萬
有中去，他說：

　　夫無不可以無明，必因於有，故常於有物之極，而必
　　明其所由之宗也。③

　　王弼在這裡指出了本體並不能脫離現象而單獨存在，人
們只有通過萬有的現象才能把握本體之"無"。這樣就在本體
與現象、具體與抽象之間架起了由此達彼的橋梁，使"以無為
本"具有了方法論的意義。

　　王弼還把抽象的、絕對的"無"稱為"本"或"體"，而把具
體存在的萬有稱為"末"或"用"。在中國哲學史上，在哲學本
體論的意義上提出"體用"、"本末"的範疇。王弼是第一人。
王弼關於體用、本末的思想是對老子哲學的發展，這些哲學
範疇在老子的學說體系中雖然並未出現，但卻是老子道論中
的題中本有之義，王弼的貢獻就在於將這些範疇提煉了出來

---

① 　何晏：《道論》。
② 　王弼《老子注》。
③ 　韓康伯：《繫辭注》引王弼《大衍義》。

並突出了它們的哲學本體論之意義。王弼關於本末體用的哲學思想雖說並不完全合於老子思想的本義，但無疑是對老子思想的發揮和發展，是對中國古典哲學的重要貢獻。

王弼本體論思想的基本觀點是"本末不二"、"體用如一"，他試圖用這些命題來論證"無"和"有"的關係，建立其"以無爲本"的玄學思想體系。他用這種"以無爲本"的思想來概括老子的思想：

> 《老子》之書，其幾乎可一言而蔽之。噫！崇本息末而已矣。①

在《老子注》第三十八章中，王弼又有"守母以存其子，崇本以舉其末"的提法。一曰"息末"，一曰"舉末"，看似矛盾，其實不然。"崇本息末"的方法論意義，是說人類的認識必須透過紛繁的枝葉，去把握存在於現象世界背後並決定現象世界的本體："崇本舉末"則是說，只有站在本體的高度才能對現象世界進行深刻而準確的把握。這些思想都是對老子哲學的深化和推進，使中國古代哲學思維的水平有了很大的提高。

玄學貴無派的哲學本體論之政治含義，是論證名教出於自然。名教即表現爲倫理綱常的等級觀念及其相應的政治制度。自漢代儒家定爲一尊之後，經學家就不斷地對名教的合理性進行論證，但他們的理論武器是神學目的論，借以強調名教的神聖性和權威性，或把名教說成是基於人類天賦的道德觀念。玄學貴無派則用哲學論證的方式取代了神學的論證方式，從本體與現象的角度肯定了名教存在的合理性。王弼主張名教是"末"，自然是"本"，強調名教對自然（人之本性

---

① 王弼：《老子指略》。

和社會發展規律）的依賴性。他在對《老子》三十二章"始制有名"一句的注解中說：

> 始制，謂樸散始為官長之時也。始制官長，不可不立
> 名分，以定尊卑，故始制有名也。

"樸"就是"道"或"無"，也就是自然，"官長"、"名分"、"尊卑"等都是"樸"分散的結果，都是出於自然的，這樣就爲綱常名教的合理性找到了本體論方面的依據。

這裡應當指出的是，玄學貴無論的名教出於自然的觀點，在運用自然肯定名教的同時，也包含著用自然來糾正、調整名教的意義，那就是名教應該而且必須符合自然，不是出於自然的名教就是應當拋棄的，只有合於自然的社會秩序才是正常的、合理的。這是我們分析王弼哲學時不應忘記的。

魏正始之後，司馬氏集團操縱了曹魏政權。他們打著綱常名教的幌子排斥異己，使名教淪爲政治鬥爭的工具，致使知識分子的政治理想進一步破滅，自然與名教、理想與現實的矛盾衝突達到了不可調和的地步。阮籍和嵇康崇尚自然的玄學思想就是這種現實矛盾衝突的產物，反映了一部分正直的知識分子在險惡的政治環境下的一種價值選擇。

阮籍與嵇康並沒有像王弼那樣深入探討有無、本末、體用等哲學範疇，從中引出對自然與名教關係的判斷，而是直截了當地把思考的重點集中在自然與名教的關係上。阮籍和嵇康早期的思想也同王弼一樣，傾向於自然與名教的結合，力圖用理想來糾正現實，使現實符合自己的理想。但在司馬氏當權之後，他們對現實徹底失望了，對司馬氏集團的不滿使他們拒絕與之妥協合作。這種政治思想上的變化，表現在他們的玄學思想上，就是由主張自然與名教的結合轉變爲主

張自然與名教的對立，以玄學激進派的面目出現，提出了"越名教而任自然"①的口號，用自然批判和否定名教。與何晏和王弼的崇尚老子之學不同，阮籍和嵇康更傾心於莊子之學，推崇莊學中所突顯的強烈的自我意識、獨立人格、心靈境界和批判精神，他們在莊學中找到了慰藉心靈的方法，找到了同現實抗爭的理論武器。他們"非湯武而薄周孔"②，大膽非議儒家的聖人，把現實社會中的名教視為束縛人們自然性情的桎梏和扭曲人們心靈的枷鎖，他們要求毀棄背離人類自然本性的禮法，返歸質樸純真的自然真性和無拘無執的自由境界。嵇康指出，現實社會的政治腐敗和道德淪喪都是虛偽的名教造成的惡果：

> 名利愈競，繁禮屢陳，刑教爭馳，天性喪真。季世陵遲，繼體承資，憑尊恃勢，不友不師，宰割天下，以奉其私。③

阮籍的批評更為尖銳，矛頭直指統治集團：

> 君立而虐興，臣設而賊生。坐制禮法，束縛下民。④
> 汝君子之禮法，誠天下殘賊亂危死亡之術耳。⑤

嵇康繼承了老子的社會政治觀點，以"無為之治"為理想的政治，他心目中的理想政治是：

> 崇簡易之教，御無為之治，君靜於上，臣順於下，玄化潛通，天人交泰。⑥

① 嵇康：《釋私論》。
② 嵇康：《與山巨源絕交書》。
③ 嵇康：《太師箴》。
④ 阮籍：《大人先生傳》。
⑤ 阮籍：《大人先生傳》。
⑥ 嵇康：《聲無哀樂論》。

　　君臣相忘於上，烝民家居於下。①

阮籍的政治思想則更接近於莊子，在他的理想社會中沒有君
臣，沒有政府：

　　蓋無君而庶物定，無臣而萬事理，保身修性，不違其
　　紀，惟茲若然，故能長久。②

　　然而，透過阮籍嵇康這些激烈的言詞和曠達放任的生活
方式，透過他們對遠古之世的贊頌和對現實社會的批判，我
們仍可看到他們對人生的眷戀和關愛，仍可看到他們深沉的
社會憂患意識。他們所批判和要超越的名教，是黑暗的社會
現實，是違背自然人性的假名教。他們內心深處所希望的，
仍然是以自然爲基準來重建名教，使違反自然的名教重新符
合自然，或曰名教與自然的眞正的、高度的一致。

　　如果說何晏王弼的貴無派是魏晉玄學的正題，阮籍嵇康
的自然派是魏晉玄學的反題，那麼以郭象爲代表的崇有派就
是魏晉玄學的合題。魏晉玄學的主題，在理論形式上表現爲
處理自然與名教的關係，而其政治含義，則是調合儒、道，
以道家理論論證儒家倡導的社會秩序。何晏王弼致力於自然
與名教的結合，是玄學的主流派。阮籍嵇康"越名教而任自
然"，不與當政者合作，試圖超越現實，帶有濃厚的理想主義
色彩，是玄學中的異端派。政治的黑暗使得現實帶有不可超
越性，知識分子的理性和良知又使得他們必須去超越現實，
玄學在這種痛苦的兩難中度過了半個世紀。西晉時期出現的
郭象的崇有派，重又回到玄學的主題，提供了一種立足於現
實來超越，或曰在現實中實現超越的態度和方法，消除了自

---

① 嵇康：《答難養生論》。
② 阮籍：《大人先生傳》。

然與名教之間的緊張，使二者重新結合了起來。

郭象通過注解和闡發《莊子》表達了他的玄學觀點。郭象根據時代的需要，對莊子的思想有幾點重要的改變。

第一點是關於"小大之辨"。

莊子在《逍遙遊》中提出"小大之辨"，褒揚大鵬的高潔與宏大，貶斥小雀的淺薄與低俗，借以抒發自己不與世俗合污的高雅志量和對自由境界的追求。而郭象討論莊子的逍遙義，則認為大鵬扶搖而上九萬里，小雀翱翔於蓬蒿之間，雖有大小高低之別，但都能自足其性分，所以得到的逍遙是一樣的。萬物雖然紛繁，但郭象卻認為：

> 若各據其性分，物冥其極，則形大未為有餘，形小不為不足。苟各足於其性，則秋毫不獨小其小而大山不獨大其大矣。若以性足為大，則天下之足未有過於秋毫也。①

在郭象看來，大小雖然殊異，但只要能順其自然，各足其性，各當其分，各安其位，充分發揮自我本性的要求，則無論是高低貴賤，在朝在野，都是沒有區別的。

第二點是對"無為"的理解。

莊子的"無為"，主要是指主觀精神的超脫世俗和逍遙自由，如《大宗師》所謂"芒然彷徨乎塵垢之外，逍遙乎無為之業。"郭象的注文則說：

> 所謂無為之業，非拱默而已；所謂塵垢之外，非伏於山林也。

在郭象看來，如果道家所謂"無為"只是"拱默"或"伏於山

---

① 郭象：《莊子・齊物論注》。

林”，那麼這種學說就只能“見棄於當塗”，不能爲當政者所採用。郭象所理解的“無爲”，乃是“任性自爲”或“任物之自爲”，即萬物皆順其自然之性，做其當做之事，盡其應盡之責。誠如湯一介先生所指出的：“郭象實際上只取了『無爲』的形式，而實以『有爲』的內容。”①

第三點是對“內聖外王”的新闡發。

“內聖外王之道”是後期莊學提出的概念，而在最能反映莊子本人思想的《莊子》內七篇中，最高的人格“聖人”、“至人”、“神人”是超現實的，他們與現實中的帝王、“聖王”是對立的。而郭象卻說，莊子所謂“神人”，就是現實中的“聖人”：

> 雖身在廟堂之上，然其心無異於山林之中，世豈識之哉！徒見其戴黃屋，佩玉璽便謂足以纓紱其心矣；見其歷山川，同民事，便謂足以憔悴其神矣；豈知至至者之不虧哉！②

> 常遊外以弘內，無心以順有，故雖終日揮形而神氣無變，俯仰萬機而淡然自若。③

郭象的“聖人”，是將“內聖”與“外王”、自然與名教、現實與理想最好地結合起來的人，因而，“外王”者必然是“內聖”，“山林之中”也就在“廟堂之上”了。

通過以上幾點我們可以清楚地看到，郭象是通過改造莊子的學說來調和自然與名教的矛盾的。經過這樣一番理論工作，他就在現實中實現了超越，把莊子的“逍遙遊”從“塵垢之

---

① 湯一介：《郭象與魏晉玄學》，湖北人民出版社 1983 年版第 182 頁。
② 郭象：《莊子·逍遙遊注》。
③ 郭象：《莊子·大宗師注》。

外"的"無何有之鄉"拉回到現實社會，從而得以提出"名教即自然"、"不廢名教而任自然"的命題，調和了儒、道，論證了現實社會的合理性。

郭象崇有論的玄學體系，就是為以上主張進行本體論證明的。郭象反對王弼的"有生於無"的主張，他認為，一切存在的事物都是"有"，"無"就是不存在，"無"不能生"有"，"有"是唯一的存在，眾"有"之上不存在另外的本體或"造物"者。不僅"無"不能生"有"，"有"也不能生"有"，"萬有"都是"自生"、"自造"、"自爾"的。"萬有"存在的根據就是它們自身之"性"，他稱為"自性"，用現代哲學的語言來說，就是此物之所以為此物的內在規定性，他說：

> 天性所受，各有本分，不可逃，亦不可加。①

由於這種內在的規定性，萬物的存在就是絕對獨立的、無條件的，不需要依賴他物，也不需要互相依賴。"自性"也是"自生"的、固有的、不可改變的，因而"萬有"都是"自足其性"的。萬物的"生"與"化"都是自然而然地自我進行的，不需要任何外在的條件，其變化的根據和動力就是它們各自所固有的"自性"。郭象稱萬物這種獨立自足的"生"與"化"為"獨化"，萬物皆既無原因亦無目的地"獨化於玄冥之境"。在"玄冥之境"中，任何事物只要"自足其性分"就可以了：

> 苟足於其性，雖大鵬無以自貴於小鳥，小鳥無羨於天池，而榮願有餘矣。②

按照這種"自性"、"獨化"的理論，現存的一切事物（當然主要是指現有的社會秩序）就如同"天之自高，地之自卑，

---

① 郭象：《莊子・養生主注》。
② 郭象：《莊子・逍遙遊注》。

首自在上，足自在下"①一樣，都是天然合理的，任何事物
（當然主要是指不同社會地位的人）都應當"自足其性"、"各
安其分"；只要能夠"自足其性"、"各安其分"，則無論尊卑貴
賤還是在朝在野，一樣可以逍遙，都可以得到最大的滿足。
這樣，郭象就用崇有論的玄學本體論體系，成功地論證了現
實等級社會的合理性，調和了自然與名教，調和了儒、道，
完成了早期玄學所設定的目標。在這一意義上可以說，郭象
玄學體系的完成意味著魏晉玄學的終結。

四、後期道家

　　老子開創的道家學派在魏晉時期，無論從自身理論上還
是從社會作用上來看，都可以說是達到了鼎盛時期。自玄學
衰歇以後直至近現代，再也不曾出現崇尚道家的大規模的社
會思潮，甚至也沒有出現純屬於道家本學派的大思想家大學
者。但是，道家思想不僅本身具有獨特的魅力和強大的生命
力，而且中國社會始終是一塊適宜道家思想流傳的文化土
壤，同時這塊文化土壤也離不開道家思想為其源源不斷地提
供水份和滋養。正所謂薪盡火傳，道家思想始終是延綿不
絕，古老而又常新，道家思想早已成為中國文化的一種象
徵，而與中國社會融為一體，不可分離。

　　六朝之後直至清季的道家思想，可以稱為後期道家。具
體來講，後期道家是以如下幾種方式存在的：

第一、借助於宗教的形式流傳。

---

① 　郭象：《莊子・齊物論注》。

　　道教是在道家思想的基礎上演化而來的，是中國特有的一種宗教。借助於道教，是後期道家最主要的一種流傳方式，自東晉葛洪借助於老子的思想爲道教建立起完整的理論體系後，道家與道教便在深層的理念上實現了合流，以至於後來人們常常將二者不加區別地看成是一回事。東晉以後，佛學依附於玄學，通過闡發玄學而得以立足並日漸興盛，因此佛學在中國的興盛，道家原本就有接引之功。玄學與佛學的合流，表明道、佛兩家在學理上有諸多相通之外，並達成了某種默契。後來道家與道教合流以及儒釋道三家的融匯，道家思想日益滲透於佛理之中，在後期佛家的禪學中更是多有對道家哲理和人生觀的探擷。關於道家與道教的關係，我們後面有專章討論。

第二、注解老莊著作的道家章句之學。

　　唐代以後，注解《莊子》特別是《老子》的著作甚多，道家思想借此得以以學術的形式承續流傳。在歷代注解老莊的人中，有許多是道教學者，他們本人都是道士，對老莊的理解和闡發帶有濃厚的道教色彩，著名的如唐代的成玄英、司馬承禎、李榮、杜光庭，宋元時期的陳景元、李道純，明清時期的王一清、陸長庚、李涵虛等。在歷代注解老莊的人中，人數最多的還是受道家思想影響的學者，著名的如唐朝的陸德明、魏徵、傅奕，宋元的王安石王雱父子、司馬光、蘇軾、呂祖謙，明清的李贄、王夫之、魏源等。《老子》尤爲最高統治者所推重，歷代封建帝王多有爲《老子》做注的，如唐玄宗、宋徽宗、明太祖、清世祖等。近代以後，對道家的研究便有了西學的色彩。特別是民國以來，更出現了大量用現代學術的眼光和方法來研究老莊的著作，使對道家思想的闡發和研究進入了新的歷史階段。

第三、道家思想融入儒學。

宋代以後，儒學復興，與此同時，道家思想融入作爲官方意識形態的儒學中，成爲儒學的有機組成部分，並在一定程度上改變了儒學的面貌。以程、朱和陸、王爲代表的宋明理學在當今被稱爲新儒家。新儒家之新，就在於它不同於較爲純粹的傳統儒家，乃是儒、釋、道三家思想融匯的產物。就政治倫理層面而言，理學固然是主要繼承了先秦以來儒家的傳統，但從思辨哲學方面來看，則理學與道、佛二家更爲接近。宋儒使用的一些重要概念，如"無極"、"太極"、"無"、"有"、"道"、"器"、"動"、"靜"、"虛"、"實"、"常"、"變"、"天"、"理"、"氣"、"性"、"命"、"心"、"情"、"欲"等，大都來自於道家的傳統。這些來自道家的重要概念，不僅是構成新儒家倫理道德學說的理論基礎和理論構架之主體，同時也在很大程度上使儒家接受了道家所確立的思維方式。故王廷相云："老、莊謂道生天地，宋儒謂天地之先只有此理，故乃改易面目立論耳，與老、莊之旨何殊？"①他還批評理學家講"理一而不變"爲"老、莊之緒餘也。"②顏元著《朱子語類評》，於朱子之援道、佛者辯之甚詳，指出其"參於禪、老、莊、列者深矣。"與"朱子道"相對，還有一句是"陸子禪"，譏諷陸九淵的禪學化了的儒學。而禪學與莊學的相通，幾爲儒學所公認，甚至更有學者以爲禪即莊。③如此，則陸王心學便不能

① （明）王廷相：《雅述》上篇。
② 同上。
③ 參看李澤厚：《莊玄禪宗漫述》，載《中國古代思想史論》。李澤厚同時還指出，徐復觀《中國藝術精神》（臺灣學生書店，1979年）即有此傾向。

不與莊學相關。即以其"心"之概念而言，就有不少莊學的成分。①總之，宋明理學在理論構架和本體論方面受道家（及佛學）的浸染頗深，前人即有稱之爲"外儒內佛老"者，侯外廬先生亦指出："宋儒的世界觀與佛、老的世界觀接近，這是不容諱言的。"②

第四，道家思想滲透於古代知識分子社會文化心理的深層結構，成爲他們的人生指導和不竭的智慧源泉。

中國封建社會中後期，知識分子們不單是熟讀儒家聖賢之書以作爲晉升的階梯，許多人都十分欣賞道家思想。老莊的智慧爲他們提供了觀察社會、體驗人生的另一個視角，可以幫助他們更好地應付複雜多變的社會環境，使他們在險惡的政治鬥爭中保持頭腦的清醒和調節心理的平衡，增強他們對仕途之坎坷的心理承受能力，這些都是正統的儒家思想所難以提供的。歷朝歷代的知識分子中，都有一些被視爲異端的思想家，他們是社會的清醒劑，具有強烈的社會批判意識。他們的批判精神，追根溯源是來自道家，老莊的思想往往是他們批判不合理的社會現實的理論武器。此外，歷代都存在大量的隱逸之士，他們不願與當權者合作，主動地與社會主流保持距離。他們中有的是地道的隱士，有的是看不慣官場的黑暗而自行退出者，有的是仕途受挫而退隱者，有的是科場中失意的文人，老莊的思想往往就成爲他們維持心理平衡，甘居社會下流而得逍遙之樂的精神支柱。

綜上所論，雖然從形式上看，後期道家沒能再成爲有影

---

① 參看陳鼓應：《論道家在中國哲學史上的主幹地位——兼論道、儒、墨、法多元互補》，刊於《哲學研究》1990 年第 1 期。

② 侯外廬主編：《中國思想通史》第 5 卷第 343 頁。

響的社會思潮，但實際上卻並沒有衰微，而是獲得了更爲廣泛的社會基礎，得到了更廣泛更深入的傳播，它的存在獲得了更多更靈活的方式，它的影響也擴大到社會生活的更多方面。自老子創立道家學說至魏晉玄學的衰歇，道家的發展經歷了大約九個世紀，而後期道家的存在卻經歷了更爲漫長的歲月。正是由於後期道家在長達十幾個世紀的歷史階段中那種和風細雨般的浸潤，才使得道家思想眞正滲透於中華民族文化心理結構的深層。因而，後期道家的歷史作用是不可忽視的，對後期道家的研究也是今後需要不斷加強的學術領域。

五、道家思想在現當代的復興

當歷史漫步到了現代社會，道家思想重又獲得了發展的良機，開始了引人注目的復興。這一時期，中國社會的各個方面都發生了深刻的變化，在思想文化領域，則表現爲西方學術思想的大量湧入，對中國固有之思想文化形成了巨大的衝擊，迫使中國的思想界作出回應，同時也爲重建中國的學術文化帶來了歷史性的契機。道家思想在中國現當代社會的復興，是這一時期的文化變局中一項顯著的內容。

道家思想在現代的復興，是以近代以來的學術變局爲前奏的。晚清嘉道年間，一批憂國憂時的文人士大夫開始提倡經世致用之學，其中一些人把目光轉向了儒家以外的其他古典學派，特別是道家思想更是人們關注的重點。這一影響最具有代表性的人物是魏源，他的《老子本義》以"無爲而治"爲中心議題，著力於從社會政治方面開發道家思想的經世意義。魏源的思想，在一定程度上開啓了學術風氣的轉變，爲道家思想的復興奏響了序曲。

　　到了世紀之交，在西學思潮的推動下，道家思想開始了全面的復興，從各個方向開始了匯流。

　　在文化方面，學者們開始以西學詮釋老莊，同時也以老莊接引西學。在這方面最爲突出的人物是嚴復。嚴復對西方學術名著的翻譯介紹，在當時的思想界形成了巨大的影響。嚴復融會中西之學，他的思想是中西文化第一次眞正的對話，他的中西文化比較中貫注了深沉而強烈的社會批判和文化啓蒙意識。嚴復通過對老莊的評點，著力闡發了道家傳統中的自由、民主和平等思想，從而使得中國固有之文化傳統得以與世界進步潮流接軌。其後，戊戌時期的譚嗣同，辛亥前後的章太炎，"五四"前後的胡適、吳虞等人，都通過發揮老莊思想而宣揚了自由、民主、平等的進步主張。20世紀以來，道家傳統中蘊涵的自由、民主、平等思想形成了一股進步的潮流，這是道家思想在現代的重要開展。由於嚴復在揭櫫道家思想的自由、民主、平等內涵方面的開創性工作和突出地位，他被一些現時學者視爲現代"新道家"的先驅。

　　"五四"以後，以梁啓超爲主要代表的一些學者開始從中國文化和世界文化的大視野上來關注道家思想，闡發道家思想在建構未來文化發展道路方面的意義和價值。他們不僅把道家作爲中國文化未來發展的重要途徑，而且在尋求世界文化未來發展之路的高度上來提升道家思想的現代意義。

　　在哲學方面，憑借現代學術的眼光和全新方法，當代學人對道家思想進行了前所未有的新闡發。其中最富成就的有金岳霖、湯用彤、蒙文通等人。金岳霖承繼了老莊哲學自然主義的精髓，在其名著《論道》中，提出了"以道觀之"的新道論，對西方文化傳統中的自我中心論和人類中心論進行了深刻的批判。他精於西學特別是邏輯學，十分重視邏輯在哲學中的地位，他的邏輯學是對中國哲學的重要貢獻。但他仍然把中國傳統哲學中的"道"視爲最崇高的境界和最基本的原動力，站在道家哲學的基本立場上來接納和利用西方哲學的邏輯意識，從而豐富了"道"的內涵。湯用彤是一位具有敏銳、深邃思想的學人，他在魏晉玄學本體論的理論構建上具有重大的突破，成爲現代魏晉玄學研究的奠基人。蒙文通在道家研究領域內見解獨到、成就卓著，他對稷下黃老思想、道家流派和重玄道論的歷史開掘均獨具慧眼，具有劃時代的意義。金岳霖、湯用彤和蒙文通不僅在道家研究方面有卓越的建樹，而且具有濃厚的道家情懷，足可稱爲"當代新道家"。此外，著名哲學家、美學家方東美也可稱爲"當代新道家"，甚至當代美學大師宗白華亦在此列。

還有一些當代的著名學者，如馮友蘭和熊十力，他們一向被學界歸入"新儒家"範疇，而實際上他們的思想體系都是儒道互補型的。如馮友蘭"極高明而道中庸"的境界說即是儒家和道家的統一，"極高明"是指道家的天地境界，"道中庸"則是指儒家的道德境界，而天地境界在層次上又在道德境界之上。馮友蘭新理學的基本範疇和觀念，如理、氣、道體、大全等都源自道家，其構建新理學的負方法也來自道家，他是在對道家思想資源的應用、創造與超越中建構了自己的學說，因而道家哲學在他的思想體系中具有重要的、基礎的地位。近年來的研究表明，馮友蘭、熊十力、方東美等前輩學者，他們的哲學體系的建構均是以易、老、莊三玄爲基礎的，假如《易傳》是道家學派的作品，由此出發，則可說馮友蘭的形上學基本上是對道家學說的發展，熊十力的本體論更近於道家。如果《易傳》並不是儒家的作品，那麼許多被視爲新儒家的人物和思想，其學派歸屬都有重新考慮的必要。

　　總之，道家思想在現當代的歷史條件下得到了復興，獲得了新的發展，成爲了這一時期的顯學。經一批"新道家"人物和有道家情懷的當代著名學者的發掘和研究，道家思想的內在價值得以充分展現，成爲中國思想文化發展的一個新的選擇，並同世界哲學與文化合流接軌，獲得了世界性的意義。這些當代賢哲們所開創的工作，至今仍然是一項未竟的事業。隨著中國文化全面走向世界，古老的道家思想正在引起全世界越來越多的關注，道家思想的價值正等待著人們進一步去開發。道家思想不僅是中國人民珍貴的文化遺產，也是全人類共同的精神財富，在未來的多元一體的全球文化建構中，道家思想必然會占據其應有的地位，對全人類的文明和進步發揮積極的作用。

第十一章
老子思想與道教

　　兩千多年來，老子開創的道家思想滲透到中國文化的方方面面，深深地影響乃至在一定程度上決定了中國文化的面貌。而在中國文化的諸方面中，要數道教與老子思想的關係最爲密切，故本書特設此章予以討論。

　　古往今來流傳於中國的各種宗教中，只有道教不是舶來品，它是中國土生土長的宗教，它最初的胚芽就是在獨特的中國文化土壤中萌生的。正因爲如此，道教同中國的歷史文化乃至社會生活就有了特殊的關係，誠如魯迅所言：“中國根柢全在道教，……以此讀史，有多種問題可以迎刃而解。”①

---

① 　《致許壽裳》，《魯迅手稿全集》第一冊，文物出版社 1978 年版。

一、從神仙方術到"太上老君"

道教思想的最初來源，可以上溯到上古社會的自然崇拜和鬼神崇拜以及由此而產生的巫術。那時，上帝是天神系統的中心，大凡天上的日月星辰風雲雷電，地上的社稷山川，人間的聖賢祖先，都是人們崇拜的對象，後世的道教之成爲多神教即與此有關。殷商之後，周人的鬼神崇拜更爲系統，《周禮·春官·大宗伯》曰："大宗伯之職，掌建邦之天神、人鬼、地祇之禮。"可見周人的鬼神崇拜，已經形成了天神、人鬼、地祇三個系統。戰國時期流行於燕、齊濱海一帶的神仙方術思想是後世道教神仙信仰的直接來源，戰國典籍中記載有不少關於仙人、仙山、仙藥的傳說。據《史記》記載，齊威王、齊宣王、燕昭王幻想長生不死，都曾派人入海探訪傳說中的蓬萊、方丈、瀛洲三神山，尋求不死之藥。《史記·封禪書》中對三神山有一段膾炙人口的記述：

> 此三神山者，其傳在渤海中，去人不遠，患且至，則船風引而去。蓋嘗有至者，諸仙人及不死之藥皆在焉。其物禽獸盡白，而黃金銀為官闕。未至，望之如云；及到，三神山反居水下。臨之，風輒引去，終莫能至云。世主莫不甘心焉。及至秦始皇并天下，至海上，則方士言之不可勝數。始皇自以為至海上而恐不及矣，使人乃齎童男女入海求之。船交海中，皆以風為解，曰未能至，望見之焉。

秦始皇之後，最熱衷於神仙方術的要數漢武帝，他曾先後遣方士數千人入海訪求仙跡和仙藥，爲時長達四、五十年之久，規模可謂空前絕後。從戰國至漢初，是神仙方術盛行的時期，術士們信仰的神仙之說，是後來的道教最基本的信仰，也是道教最基本的特徵，他們所行的各種方術，如祈禳、祠灶、卻老方、求仙術、候神、望氣、導引、辟谷、燒煉等等，也都爲後來的道教所信行。因而，戰國以來的神仙方術乃是道教的前身，故又稱"方仙道"。不過神仙方術至此尚未與老子及其思想發生關聯。

西漢時期，神仙家開始攀附當時盛行於世的道家黃老之學，以期取得更廣泛的社會效應。這一時期的主要特點是托名和神化黃帝。漢武帝元鼎四年（公元前 113 年），有人獻寶鼎於漢武帝，方士們借題發揮，說"黃帝得寶鼎，是歲己酉朔旦多至，凡三百八十年，黃帝仙登於天。"又說黃帝鑄鼎於荆山之下，鼎成之日，"有龍垂鬍髯下迎黃帝，黃帝上騎龍，與群臣後宮七十餘人俱登天。"[①]然而這一時期的神仙家雖神化黃帝，卻尚未神化老子，老子仍是道家人物的本來身份。《漢書·藝文志》著錄各家書目，道家類旣有《黃帝》書也有《老子》，而神仙家類卻只有《黃帝》書而無《老子》。

到了東漢時期，情況又發生了重要變化，神仙家開始神化老子，於是神仙方術始與老子的道家學說發生聯繫，老子的身份遂發生了變化，被奉上神座接受崇拜，享受祭祀。有明確記載的最早是東漢明帝時的楚王劉英。《後漢書·楚王英傳》載："英少時好遊俠，交通賓客，晚節更喜黃老，學爲浮屠，齋戒祭祀。"把黃帝與老子當作浮屠（佛）一樣的神來崇拜祭祀。此時的"黃老"，其性質顯然已與西漢的黃老之學不

---

① 《資治通鑒》卷二十《漢紀十二》。

同，成爲具有濃厚宗教色彩的"黃老道"了。然而此一時期的黃老道尚未形成正式的宗教，只是神仙方術與道教之間的一種過渡形態。東漢時期，黃老道不僅在宮廷中流行，更重要的是廣泛傳播於民間，爲道教的最終創立奠定了堅實的群眾基礎。順帝時，張陵在巴蜀地區創五斗米道（或稱天師道），標誌著道教的正式創立。至此，道家的宗教化並已完成，老子完全被神化爲道教的教祖。

道教尊老子爲教祖，稱"太上老君"，《老子》一書也被奉爲《道德眞經》，成爲道教徒誦習的主要經典。最早的道教神書《太平經》中說：

> 長生大主號太平真正太一妙氣、皇天上清金闕后聖九玄帝君，姓李，是高上太之胄，玉皇虛無之胤。……上升上清之殿，中遊太極之官，下治十方之天，封掌億萬兆庶，鑒察諸天河海、地源山林，無不仰從，總領九重十疊，故號九玄也。

這個姓李的"長生大主"、"九玄帝君"，便是被道教徒神化的老子。另一道教早期秘籍《老子想爾注》中也說："一者道也，……散形爲氣，聚形爲太上老君。"可見，老子、"太上老君"、"一"、"道"已成爲異名同實之稱謂，成爲超時空的、創生萬物並總領萬物的至高尊神。東晉葛洪在《抱朴子・雜應篇》中還具體描述了"老君"的形象：

> 姓李名聃，字伯陽。身長九尺，黃色，鳥喙，隆鼻，秀眉長五寸，耳長七寸，額有三理上下徹，足有八卦。以神龜爲床，金樓玉堂，白銀爲階，五色雲爲衣，重疊之冠，鋒鋌之劍。從黃童百二十人，左有十二青龍，右有二十六白虎，前有二十四朱雀，後有七

十二玄武，前道十窮奇，後從三十六僻邪。

　　葛洪在道教史上是一位至關重要的人物，他的《抱朴子內篇》二十卷，集當時道教思想之大成。葛洪在道教史上有兩點貢獻最爲重要，其一是實現了道家與道教在思想理論上的合流，他以"玄"或"道"爲"自然之始祖"，又名"元一"、"玄一"、"眞一"，從宇宙觀和本體論的高度論證了道教的長生成仙思想，引導道教向義理化的方向發展，並將修仙的理論與倫理綱常結合起來；其二是將方術與神學合爲一體，整理、融匯了此前道教的各種長生修煉之法，確立了以金丹道爲中心的神仙理論體系。

　　南北朝是道教蓬勃發展的時期，形成了諸多宗派，"太上老君"也被尊爲道德天尊，與元始天尊、靈寶天尊一起列爲"三清"，成爲道教神仙譜系中的最高神。

　　李唐王朝建立之後，爲了掩飾自己原爲鮮卑拓跋部後裔，抬高李氏宗族的門第，利用了老子的廣泛社會影響，自稱是"丈君子孫"，使道教與皇權結合起來。唐高宗追封老子爲"太上玄元皇帝"，命王公百官研習《老子》，科考貢舉加試《老子》。唐玄宗又加老子尊號爲"大聖祖高上大道金闕玄元天皇大帝"，並親自注解《道德經》頒行天下，對老子的尊崇可謂無以復加。唐王朝還扶植道教爲"本朝家教"，以抑制佛教的發展，唐高祖李淵親自排定三教的次序："老先、次孔、末後釋"，唐太宗李世民亦下詔明確道教的地位："道士女冠可在僧尼之前"。唐代的道教徒充分利用了這種皇族宗教的優勢，大力發展自己的勢力，在典籍的編纂與注疏、宮觀的興建、教徒的發展、齋醮科儀的擴充等方面都取得了長足的進展，使道教在唐代達到了鼎盛的狀態。

　　宋、元時期道教繼續發展，尤以宋眞宗、徽宗兩朝最爲隆盛。宋眞宗推崇道士，賜他們"先生"、"大師"之號，並命王欽若、張君房等搜尋道書，編纂《道藏》。宋徽宗自封爲"道君皇帝"，崇道抑佛，甚至運用政治權力強制推行神霄道教。這一時期，民間的道教活動十分活躍，不斷分衍出新的宗派和教團，並在教義、教規等方面對傳統道教進行改革。北方興起了太一、眞大、全眞三大教派，南方也湧現了正一、淨明、金丹等教派，出現了南北宗分立的局面。這一時期南北各道派教義的共同特點，是提倡儒道佛三教的平等、源與合一，在修煉方法上也逐漸輕視符籙鬼神等迂怪詭譎之談，而注重探討心性問題，提倡明心見性、性命雙修，於是內丹術大盛，出現了大批闡發內丹學的道書。

　　明、清兩代的統治者在利用道教的同時，採取了嚴加控制的政策，道教失去了統治者的寵信和扶持，呈漸趨衰落之勢。同時，商品經濟的發展使得新文化、新思想悄然興起，西洋科學技術和基督教的東漸，也都衝擊了道教的生存，促使道教走向衰微。

二、老子思想與道教的教理教義

　　道教作爲一種宗教信仰，是以神仙崇拜爲基本特徵，以得道成仙爲最終目的的。無論是在早期的神仙方術還是在成熟形態的道教信仰中，神仙都有兩個本質特徵：其一是長生不死，《釋名·釋長幼》曰："老而不死曰仙。仙，遷也。遷，入山也。"蓋仙人皆得永生不死，且與名山密不可分。其二是具有騰飛變化的神通，《神仙傳·彭祖傳》曰："仙人者，或竦身入雲，無翅而飛；或駕龍乘雲，上造天階；或化爲鳥獸，浮遊青雲；或潛行江海，翱翔名山；或食元氣，或茹芝草；或出入人間而人不識；或隱其身而莫之見。"而老子卻是一個思想家，他創立的道家學派是一種哲學思想或學術思想，無論從形式上還是從內容上，道家都與道教有本質的區別。可是老子卻在後來被道教徒尊爲教主，成爲最高的神仙而接受頂禮膜拜，他所創立的道家學說也被道教徒利用來建立他們的宗教思想體系，這是老子當初無論如何也不會想到的事情。

從老子創立道家學派到目標的最終創立，兩者間隔了六七百年之久。然而道家與道教之所以到後來糾纏在一起，以至於難解難分，卻不是事出偶然。

第一，從道教本身來看。首先是出於漢代道教徒創教的急切需要。兩漢時期，作爲官方意識形態的儒學宣揚天人感應的神學目的論，並逐漸與社會上廣泛流行的讖緯迷信思想合流，孔子逐步被神化，儒學出現了被宗教化的傾向，在這樣的社會文化背景下，早期道教爲了與儒學抗衡，亟需推出自己的崇拜的偶像，於是在中國歷史上具有廣泛影響的老子便成爲首選目標。而且據史書記載，孔子曾問禮於老子，這樣，抬出老子對道教徒就更爲有利。另一方面，佛教自西漢末年傳入中國以來，爲中國文化輸入了異質的內容，且佛教以其系統而別緻的宗教理論見長，逐漸吸引了上至皇帝王公大人下至平民百姓的衆多信徒，受到佛教刺激的中國文化，亟需推出自己的宗教以與佛教一爭高下，於是老子便成爲與釋迦牟尼相抗衡的理想人選。其次，道教源自原始的巫術迷信和神仙方術，無論在形式上還是在內容上都比較粗陋，要想求得繼續存在和發展，與精緻的佛教相對抗，就必須在理論上多下功夫，建立起自己的宗教思想體系，於是博大精深、言約義豐的《老子》五千言就成爲道教徒唯一可以利用的理論資源。

第二，從老子本人來看，其身世與行跡的模糊性也易於被道教徒所發揮利用。《史記》說老子是"隱君子"，"修道德，其學以自隱無名爲務"，司馬遷對老子其人究竟是誰就已舉出了老聃、老萊子、太史儋三種說法，其時間跨度之大，使關於老子的記載從一開始就蒙上了一層神秘之霧。司馬遷又敘說老子行跡，說老子過關，"言道德之意五千餘言而去，莫知其所終"，更有"蓋老子百有六十餘歲，或言二百餘歲，以其修道而養壽也"的離奇說法，此外還有孔子所謂"老子其猶龍邪"的比況。如此等等，都更增加了人們對老子其人其事的神秘感，引發了諸多的論爭和猜測。這些關於老子的模糊傳聞都極易被道教徒所附會和利用，爲他們神化老子提供了極大的方便。

第三，從 老子 其書來看，其中包含著許多易於從宗教的角度而援用、附會的內容。《老子》一書中的詞句雖極爲精煉簡約，但卻包含了深刻、玄奧而又曲折的意蘊，以其核心概念"道"而言，就有著極大的涵容性和多義性，可以作多方面的理解和引申發揮。老子對"道"概念的闡發，旣不肯定它是什麼，也不肯定它不是什麼，而是用一些比較模糊的、恍惚閃爍及極爲抽象的語言來表述它，從而使人在讀了《老子》之後常對什麼是"道"感到困惑，甚至可以說"道"在《老子》中本來就有一定的神秘性。這就爲道教徒從宗教的角度理解闡發《老子》一書，並對其中的神秘性大加渲染提供了便利的條件。此外，《老子》中的其他一些內容或思想傾向，如疏離世俗的超脫性格，"恬淡寡欲"的生活態度，"返樸歸眞"的價值理想，"無爲"、"清靜"、"抱一"的修養方法，"深根固柢、長生久視"的養生理念，以及諸如"載營魄抱一"、"神得一以靈"、"玄之又玄，衆妙之門"、"善攝生者，陸行不遇兕虎，入軍不被甲兵"等特殊表達方式，都極易於被道教徒加以穿鑿。因而可以說，無論從形式上看還是從內容上看，道教所宣揚的教理教義，大多都是對老子道家思想的援用、附會與引申發揮。

下面我們從幾個具體的方面，看看道教是如何從宗教的角度來援用、附會老子的思想，從而建立自己的教理教義的。

㈠老子之"道"與道教的創世紀

道教之所以以"道"名教，就在於它以"道"爲最高理念，所有的道教經典，無不宣稱其根本信仰爲道，道教的所有教理教義，也都是圍繞著道展開的。而道教賴以存在的這個道，正是對老子哲學的核心範疇的襲用和改造。

同世界上其他重要的宗教一樣，道教也首先構築了自己的創世紀。道教聲稱，道是宇宙的創生者和主宰者，道無所不包，無所不在，無時不有，萬事萬物的存在和演化都離不開道。道教的經典莫不對此進行描述與發揮。早期道教的主要經典《太平經》說："夫道何等也？萬物之元首，不可得名者。六極之中，無道不能變化。元氣行道，以生萬物，天地大小，無不由道而生。"唐吳筠《玄綱論》也說："道者何也？虛無之系，造化之根，神明之本，天地之元。其大無外，其微無內，浩曠無端，杳杳無際……混漠無形，寂寥無聲。"《太上老君說常清靜經》亦曰："大道無形，生育天地；大道無情，運行日月；大道無名，長養萬物。吾不知其名，強名曰道。"可見，無論從語言表述上還是從思想內容上，道教的創世哲學都襲自《老子》，僅從這些表述來看，還看不出其與老子關於道生萬物的哲學思想有什麼本質區別。

道教創世紀之所以不同於哲學的宇宙生成論，在於對宇宙生成論的神學化。早期道教的主要秘籍《老子想爾注》中說："一者道也……一散形爲氣，聚形爲太上老君。"東漢王阜《聖母碑》中也說："老子者，道也。乃生於無形之先，起於太初之前，行於太素之元，浮遊六虛，出入幽冥，觀混合之未別，窺清濁之未分。"①這樣，"道"就被人格化或神格化，"太上老君"便成了"道"的代名詞，從而獲得了無可爭議的至尊地位。晉葛玄《五千文經序》對此進行了發揮："老君體自然而然，生乎太無之先，起乎無因，經歷天地終始，不可稱載，窮乎無窮，極乎無極也。"宋謝守灝《太上混元聖記》也說："太上老君者，大道之主宰，萬教之宗元，出乎太無之先，起乎無極之源，經歷天地，不可稱載，終乎無終，窮乎無窮者也。"《太上老君開天經》述道教創世紀最詳，其中說到，在沒有天地、陰陽、日月、方位的虛無寂寞之時，就已有太上老君存在了："唯吾老君，猶處空玄寂寥之外，玄虛之中。"作者用《老子》論"道"的口吻表述這個"老君"，說他"視之不見，聽之不聞。若言有，不見其形；若言無，萬物從之而生。"而後，"八表之外，漸漸始分，下成微妙以爲世界。"

---

① 《太平御覽》卷一引。

這時的世界稱爲"洪元"，但仍未有天地，仍是"虛空未分，清濁未判，玄虛寂寥。""洪元"經過了"萬劫"之後是"混元"；"混元"再經"萬劫"至於"百成"；再過八十一萬年而有"太初"，此時太上老君從虛空而下，"口吐開天經一部，四十八萬卷，每卷四十八萬字，每字辟方一百里，以教太初"，於是才有了天地之剖判和日月星辰。此後，太上老君又創造了人類："上取天精，下取地精，中間和合以成一神，名曰人也。""太初"之後是"太始"，"太始者，萬物之始也"。再後又歷經"太素"、"混沌"、"九宮"、"元皇"等世紀，至伏羲、女媧、神農、燧人等直至夏禹之世①，每一個世紀，太上老君都要以不同的化身降臨人間，進行相應的創造活動，教導人類學會各種生活本領。總之，從開天闢地到人類社會的各個文明發展階段，都是太上老君的法力所致，太上老君作爲創世主，是道教徒不可動搖的信念。

道教創世故事中，旣有宗教造世說，也有宗教哲學，還附會和吸取了歷史上的神話故事和古史傳說。其中關於宇宙萬物生成的內容，則是襲用了《老子》的特殊語言，依據《老子》中的相關內容加以鋪張而成。

(二)老子之"德"與道教倫理

道教、佛教與儒家思想合稱爲"三教"，乃是取其皆有教化人民的勸善功用之意，道教的教義中也包含了一定的宗教倫理思想。

道教的宗教倫理思想，是借老子關於"德"的思想而發

① 《太上老君開天經》中所述道教創世故事的詳細情節，可參看李養正《道教概說》第八章第三節，中華書局 1989 年版。

揮，吸收儒家的倫理思想和佛教教義，並與得道成仙的理論
結合起來而形成的。道教稱《老子》一書爲《道德經》，以老子
的"道"與"德"爲根本的信仰。"德"在《老子》書中，一是指萬
物從道那裡所得到的特殊規定性，它是萬物賴以存在和發展
的內在根據；二是指道德、品德。不過老子崇尚自然之道
德，認爲現實社會的倫理道德狀況違背了自然的原則，從而
對之持批評態度。道教論"德"，首先也是沿著老子的路向，
從"德"爲萬物得之於"道"的內在根據的方面進行闡發。如《自
然經》曰："德言得者，謂得於道果。"唐玄宗《道德經御注序》
中也認爲"道之在我者"就是"德"。吳筠《玄綱論》曰：

> 德者何也？天地所稟，陰陽所資，經以五行，緯以四
> 時，牧之以君，訓之以師。幽明動植，咸暢其宜、澤
> 流無窮，群生不知謝其功；惠加無極，百姓不知賴其
> 力，此之謂德也。然則通而生之謂之道，道固無名
> 焉；畜而成之謂之德，德固無稱焉。嘗試論之，天
> 地、人物、仙靈、鬼神非道無以生，非德無以成。

這裡雖然是在闡發老子"道生之，德畜之"的思想，但"牧
之以君，訓之以師"一句已顯示了"德"之倫理教化之意義與功
用。

道教從一開始就主張積善累功，修道養德。早期道教經
典《老子想爾注》就提出"積善功以通天神"，把"積善功"與修
道聯繫起來，作爲成仙之階。東晉葛洪說得明白："欲求仙
者，要當以忠孝、和順、仁信爲本，若德行不修，而但務方
術，皆不得長生也。"[1]可見老子之"德"已被從倫理的方面歸

---

① 葛洪：《抱朴子內篇·對俗》。

結爲"德行"，即儒家所謂三綱五常之類，倫理道德修養乃成爲得道成仙所必不可少的修行條件。後來的《老君太上虛無自然本起經》突出地從倫理的角度闡發了《老子》之"德"的意義：

> 德者，謂爲善之功德也。……夫有德之人，念施行諸善，行者謂舉足從徑行，乃得大道。

> 夫道得三乃成，故言三合成德。自不滿三，諸事不成。夫三者，謂道、德、人也。人爲一；當行功德，功德爲二；功德行乃爲道，道爲三。如此人入道、德，三事合，乃可得。若有人但作功德不曉道，亦不得道也；若但有道、德而無人，人亦不得道也。

"德"在這裡被直接觸釋爲"功德"，人只要多行善事，廣積功德，最終將功德圓滿而得道成仙。興起於宋、元時期的淨明道派主張修道首先就要盡人倫，人倫以忠孝爲本，故有"忠孝神仙"之別稱。

道教的宗教倫理思想還體現在"道誡"上。"道誡"是托言太上老君等天神所降諭的勸誡、警告，用以約束教徒的思想行爲，使其近善遠惡、積功累德，爲成仙得道積累資本。"道誡"內容十分廣泛，而以老子的人生態度和處世哲學爲其指導思想和基本框架。如最早的道派五斗米教所造作的《老子尊經想爾戒》由九行組成，分爲上中下三品：

> 行無爲，行柔弱，行守雌，勿先動，此上最三行。

> 行無名，行清靜，行諸善，此中最三行。

> 行無欲，行知足，行推讓，此下最三行。

一眼就可以看出，無論是思想內容還是使用的術語，《想爾戒》都是老子思想的翻版。

"道誡"在發展過程中，不斷糅合倫理綱常的內容，以加強道德教化和勸善禁惡的社會功用。如後期道教有"十戒"的說法，其中的前三戒爲：不得違戾父母師長，反逆不孝；不得殺生屠害，割截物命；不得叛逆君王，謀害國家。忠孝仁義的倫理綱常已經被提到首要的地位。

要之，"道誡"乃是老子道家思想與儒家綱常名教思想的有機結合；是道教倫理思想的具體體現。

㈢老子的養生思想與道敎的煉養術

注重養生之道和對生命本質的思考與探索，乃是老子開創的道家學派的一個重要傳統。老子注重養生，他稱之爲"攝生"。莊子稱老子的"攝生"爲"衞生"，司馬遷則稱之爲"養壽"。生命在於形與神的結合，"形神離則死"，因而老子把"抱一"、"無離"、"勿失"作爲養生的關鍵。在養生的理念上，老子主張"深根固柢"，即適其自然之性、順其自然之理以養生，厚藏根基，培蓄能量，充實生命力，以此達到益壽延年、長生久視的目的。

老子關於養生的這些思想，便成了道教煉養術的理論基礎。所不同的是，老子的養生之道，是以自然主義爲基本信念，以延年益壽、終其天年爲目的；而道教的煉養術，則是以肉體可以永生爲基本信念，以長生不死、羽化成仙爲目標。

道教是一種很特別的宗教，它的宗旨和信念都與其他宗教有很大的不同。世界幾大宗教都認爲人生是短暫和痛苦的，只有彼岸世界或天國才是永恒和快樂的，它們都毫無例外地關注於"人死後如何"的問題，主張用今生的積善和修行換取來世的幸福。而道教則是以生爲樂爲重，希望無限地延長生命，它關注的核心問題是"人如何能不死"，以追求長生不死和成仙得道爲最終目標。

那麼人如何才能不死呢？這要從道教對生與死的理解說起。道教承襲老子道家的觀念，以道爲萬物的創造者，而以萬物（包括人）的存在爲道的表現形式，因而他們認爲'道'與人在一起就是生，道與人相離就是死。如《太上老君內觀經》說："形所以生者，由得其道也；形所以死者，由失其道也。人能存在守道，則長存不亡也。"這是說"生"離不開道。反過來說，道亦離不開"生"，道的存在需要"生"來表現，因而《太上老君內觀經》又說："道不可見，因生以明之；生不可常，用道以守之。若生亡則道廢，道廢則生亡。生道合一，則長生不死。"因而"生道合一"就成了道教的基本理念與信條。因爲相信"生道合一"是可以追求的，所以道教主張"我命在我不在天"①，認爲人的生死壽夭決定於自身，而不是決定於天命，人只要善於修道養生，保持生道不離，就可以永生不死。於是根據生道相守合一的基本教義，道教徒造作了各種各樣的煉養術，試圖通過這些方術，達到"深根固柢，長生久視"的目的。

道教的煉養術名目繁多，如外丹、內丹、存思、守一、服氣、行氣、服餌、導引、行蹻、房中、辟穀、胎息、守庚申等等。下面我們根據煉養的基本理念，對其中的幾種略加介紹分析。

道教認爲人的形體和精神是生命存在的兩方面根據，缺一不可，因而形神不可相離，若能使精神常駐於體內而不消

---

① 葛洪：《抱朴子內篇·黃白》。

散，就可以長生久視了。爲此，道教提出了潛心靜養的"守一"之法。"守一"脫胎於老子的"抱一"，早期道教經典《太平經》視"守一"爲"長壽之根"、"萬歲之術"，東晉葛洪說："老君曰：忽兮恍兮，其中有象；恍兮忽兮，其中有物。一之謂也。故《仙經》曰：子欲長生，守一當明。"①"一"就是道，能守住永恒的道，就能長生不死。按照《太平經》的說法，這個"一"或道在人身上的體現，就是神："一者，心也，意也，志也，念此一身中之神也。"②守住了神，就是守住了"一"。河上公亦曰："人能養神則無死。"③如何能守住神，使其常駐體內而不消散，從而達到"不死"的目的呢？道教徒認爲，那就是老子的"致虛極，守靜篤"，"少私寡欲"，擯除外界的聲色財貨等引誘，去除貪嗜的欲念，始終保持心神的虛靈清靜。《太上老君養生訣》曰："善攝生者，要先除六害，然後可以保性命延駐百年。何者是也？一者薄名利，二者禁聲色，三者廉財貨，四者損滋味，五者除佞妄，六者去妒忌。"孫思邈《千金翼方》亦曰："養生有五難：名利不去爲一難，喜怒不除爲二難，聲色不去爲三難，滋味不絕爲四難，神虛精散爲五難。"又曰："五者不去，心雖希壽，亦不能挽其夭旦病也。五者能絕，則信順日躋，道德日全，不祈生而有神，不求壽而延年矣。"道教講究"形神雙修"，"守一"之術就是養神，而養神則要以清心寡欲爲前提和基礎。道教出於長生不死的目的，在如何"守一"、"養神"方面進行了有益的探討，其中許多內容都是很有價值的思想，這些思想後來都成爲我

---

①　葛洪：《抱朴子內篇・地眞》。
②　《太平經》卷九十二。
③　《老子河上公章句・成象第六》。

國傳統養生之道的重要內容，因而可以說，道教的思想理論
對傳統養生學有過不應忽視的貢獻。

　　道教提倡形神雙修，而中國人自古以來就認爲人的形體
是由氣聚集而成的，因而道教歷來重視煉氣之法。道教所煉
之氣不是指的一般的氣，而是眞元之氣，或稱"元氣"，在道
教的著作中，此"氣"常寫作"炁"，以別於普通的後天之氣。
元氣就是道，"道者氣也，保氣則得道，得道則長存。"①道
教承襲了老子"萬物負陰而抱陽，沖氣以爲和"的說法，認爲
萬物的存在離不開氣，氣乃生命之源。如唐吳筠《元氣論》
曰："人與物類，皆稟一元之氣而得生成，生成長養，最尊最
貴者莫過人之氣也。"又曰："元命者元氣也，有身之命非氣
不生，以道固其元，以術固其命，即身形神氣，永長存焉。"
因而對氣的運行煉養，就成爲道教長生之術的重要內容。

　　煉氣之法，有服氣、行氣、胎息等多種。"服氣"又名吐
納、食氣，古已有之。《莊子·刻意》所謂"吹呴呼吸，吐故納
新，熊經鳥伸，爲壽而已矣"，《楚辭·遠遊》所謂"餐六氣而
飲沆瀣兮，漱正陽而含朝霞"，都是說的這種古老的養生方
法，《淮南子·墜形訓》亦講述了作爲養生之術的"食氣"與日
常飲食的"食谷"的區別："食氣者神明而壽，食谷者知慧而
夭。"道教將這種古老的養生方法引向了神秘化，聲稱此法可
以吸取天地之間的眞元之氣，並吸入"生氣"，吐出"死氣"，
以達到長生不死的目的。《雲笈七簽》卷三十六《食氣法》曰：
"養生之家，有食炁之道……《仙經》云：食炁法，從夜半至六
中六時爲生炁，從日中至夜半六時爲死氣，唯食生而吐死，

---

① 　陶弘景：《養性延命錄·服氣療病》引《服氣經》。

所謂真人服六炁也。"至於"服氣"的具體方法,更是名堂繁多而神秘無窮。

"行氣"與服外氣以養身的"服氣"不同,是以心的意念作用來運行體內之氣以抗拒外物侵襲的方法。《抱朴子內篇·至理》曰:"服藥雖是長生之本,若能兼行氣者,其益甚速,若不能得藥,但行氣而盡其理者,亦得數百歲。"僅"行氣"一法即可得數百歲,足見其效之神。許多道教的典籍對"行氣"的具體方法都有詳細的記述,如孫思邈《攝養枕中方》曰:"凡行氣之道,其法當在密室,閉戶安床暖席,枕高二寸半,正身偃臥,瞑目閉氣,自止於胸隔,以鴻毛著鼻上,毛不動,經三百息,耳無所聞,目無所見,心無所思……"

"胎息",指煉氣能不以口鼻呼吸外界之氣,而服自身內氣的煉養方法。《抱朴子內篇·釋滯》曰:"得胎息者,能不以鼻口噓吸,如在胞胎之中,則道成矣。"具體的做法,如《胎息雜訣》所說:"胎息者然,內外之氣不雜,此名胎息。然用功之人,閉固內氣,訖亦微微通氣,往來便令不至咽喉……胎息之妙,切在無思無慮,體合自然,心如死灰,形如枯木,即百脈暢,關節通矣。若憂慮百端,起滅相繼,欲求至道,徒費艱勤,終無成功。"這些行氣煉氣之法,都屬於古代傳統氣功的內容,實踐證明,它們的確可以起到健體強身、益壽延年的作用。道教典籍中保存的古代氣功的資料十分豐富,只要去除其中神學迷信的雜蕪內容,都可以視為傳統文化的珍貴遺產。

煉丹術是道教最為重要的一種道術,有內丹和外丹之分。

外丹術導源於古代的煉金術,是將丹砂鉛汞等礦物和藥物放在爐鼎中燒煉成可以使人服食而"長生不死"的丹藥（金丹、仙丹等），包括神丹、金液和黃白三種燒煉術。外丹術所依憑之理論根據，與老子的思想有密切關係。如東漢魏伯陽《周易參同契》闡述外丹之原理時就依據了老子的許多思想，"以無制有，器用者空"即出自《老子》第十章"有之以爲利，無之以爲用"；"反者道之驗，弱者德之柄"源出《老子》第四十章"反者道之動，弱者道之用"；其他如"含德之厚，歸根返元，抱一毋舍"、"上德無爲"、"知白守黑"等表述都明顯地出自《老子》。關於金丹之妙用，《抱朴子內篇·金丹》說："夫五谷猶能活人，人得之則生，絕之則死，又況於上品之神藥，其益人豈不萬倍於五谷耶？夫金丹之爲物，燒之愈久，變化愈妙。黃金入火，百煉不消，埋之，畢天不朽。服此二物，煉人身體，故能令人不老不死。"又說："服神丹令人壽無窮已，與天地相畢，乘雲駕龍，上下太清"，"金液太乙所服而仙者，不減九丹矣"，"爲神丹旣成，不但長生，又可以作黃金……以此丹金爲盤碗，飲食其中，令人長生；以承日月得液，如方諸之得水也，飲之不死。"雖然歷朝歷代因服食丹藥而喪生者難以計數，但得道登仙的巨大誘惑力仍使信仰者從之如流，從魏晉到隋唐以降，外丹術都十分盛行。

內丹術後起，始興於隋唐，盛行於金元明清。內丹術以己身爲爐鼎，以體內的"精"、"氣"爲藥物，用"神"來燒煉，使精氣神三者在體內凝結成"仙丹"（亦稱"聖胎"），故稱內丹。道教徒相信，練就了內丹就可以長生不死。內丹術依據的理論與老子的學說聯繫更爲密切。如此宋張伯端的內丹學名著《悟眞篇》認爲"人人本有長生藥"，"何必尋草學燒茅"，提出了"虛化神，神化氣，氣化精，是順則生人；煉精化氣，

煉氣化神，煉神還虛，是逆則成仙”，指出“成仙”的途徑與
“生人”相反，是逆向的過程，這實際上就是老子說的返本、
復命、復歸於無歸的思想；“道自虛無生一氣，便從一氣產陰
陽，陰陽再合成三體，三體重生萬物昌”，乃是依據《老子》第
四十二章“道生一，一生二，二生三，三生萬物”的思想；“萬
物芸芸各返根，返根復命即常存，知常返本人難會，妄作找
凶往往聞”，顯然就是復述《老子》第十六章的思想。可見內丹
術的理論確與老子學說有密切的關係。

　　道教的煉丹術特別是外丹術在追求得道成仙的迷茫之路
上，積累了大量的關於化學、冶金、礦物學等方面的知識，
對古代的科學技術做出過重要的、不應埋沒的貢獻，近代的
化學就是從煉丹術脫胎而來的。

第十二章
老子思想在
中國文化中的地位

在中國古籍中，"文化"一詞最早見於漢代劉向《說苑·指武》："凡武之興，爲不服也，文化不改，然後加誅。"《文選》晉束廣微《補亡詩·由儀》："文化內輯，武功外悠。""文化"之與"武功"對舉，可見其在中國歷史上主要指的是文治教化，這同現代意義上的"文化"這一概念有很大的區別。現代意義上的"文化"，是一個極爲廣泛的概念，大凡人類社會歷史發展過程中所發生過的一切物質的和精神的活動及其結果，都可以納入"文化"的範圍。從狹義來理解，現代意義上的"文化"一詞，特指社會的意識形態或觀念形態，本章所要討論的老子與中國文化的關係，即指狹義的"文化"而言。

一、老子實現了中國"哲學的突破"

　　老子對中國文化的貢獻主要是在哲學方面，他實現了中國"哲學的突破"。

　　爲了闡明老子對中國哲學的貢獻，本書在這裡需要重申這樣一個觀點：道家思想在中國哲學史上居於主幹地位。

　　首先需要強調的是，"哲學主幹"不同於"文化主幹"，兩者不應混淆。文化這一概念在外延上涵蓋了哲學，哲學只是文化的一部分或一支。就地位和作用而言，則無論是廣義的還是狹義的文化，哲學都是作爲其核心、靈魂的部分而存在，並對其他部分起著指導的作用。在範圍廣大的中國文化史上，無疑是儒家思想長期居於主導地位，並與道家思想同爲中國文化的兩大主幹；而在中國哲學史這一特殊的領域中，則須承認唯有道家思想居於主幹的地位。

　　"哲學"是一門專門的學科，它是近代從西方翻譯過來的名詞，在中國古代並無這門學科的名稱和特定的研究範圍，因此我們首先需弄清它在西洋學術領域中的本來意義。"哲學"源於古希臘的愛"智"之學，眾所周知，爲知識而求知識，純粹的理智活動，一直成爲它的主要傳統。在西方的哲學傳統中，固有其形態各異的發展，哲學家們給哲學的定義也並不相同，但就其共通性而言，著名的德國哲學史家文德爾班的界說是相當簡明精確的，他說"哲學乃是對宇宙觀、人生觀一般問題的科學論述"，"哲學史，作爲體現人類對宇宙的觀點和對人生的判斷的基本概念的總和。"①一般說來，哲學是對宇宙人生作整體性的思考和根源性的探究，它通過對人與自然的關係、萬物存在之依據、人生之究竟意義等問題的反

---

① 文德爾班：《哲學史教程》，羅達仁譯，北京商務印書館 1987 年版。

省，建立起一個系統性的世界觀和人生觀。

　　這樣的界定基本上也適用於中國哲學。中國哲學之所以能被稱爲哲學，就表現在它與西方哲學有共同之處，這主要表現在它們所研究的問題、對象及在諸學術中的位置等方面。①從哲學之爲對宇宙人生作整體性思考和根源性探究這一角度來看，中國哲學唯獨道家擔當這一重要角色。從西方傳統哲學來看，形上學（宇宙論和本體論）是爲主體，從中國傳統哲學來看，則宇宙論和人生哲學爲其主體。儒家建立了中國的倫理學，但倫理學正如邏輯學、美學等等，只是哲學的一個分支。倫理學研究什麼是道德上的"善"與"惡"、"是"與"非"，它的任務是分析、評價並發展規範的道德標準，以處理各種道德問題，它在哲學的大廈中，並非主體建築。而從中國哲學的主體部分立論，無疑地是道家居於主幹的地位。張岱年就曾從哲學本體論的方面立論，肯定了道家的主幹地位，他說："老子的道論是中國哲學本體論的開始，這是確然無疑的。……理學的本體論是在道家本體論影響下建立起來的。應該承認，老莊的本體論是後代本體論思想的理論源泉。"因而"在中國哲學本體論的發展過程中，道家學說居於主導地位。"②張岱年這裡所說的"主導地位"，同我們所說的"主幹地位"是一個意思。

　　道家學派在中國哲學史上的主幹地位，在其創始人老子那裡就已經確立了。這主要是因爲，老子早在春秋後期就建

①　張岱年在《中國哲學大綱》的"序論"中說："中國哲學與西洋哲學在根本態度上未必同，然而在問題及對象上及其在諸學術中的位置上，則與西洋哲學頗爲相當。"中國社會科學出版社，1982 年版。
②　張岱年：《道家在中國哲學史上的地位》，刊於《道家文化研究》第六輯。

立起了相當完整的哲學體系，如本書自第四章起所分別揭示的，其中既有對宇宙起源和本體的探討，又有對社會人生的洞察，既有系統的認識論學說，又有豐富的辯證法思想。這些具有"獨創性"或"原創性"的思想，儒、墨顯學和法家、名家、陰陽家等皆不能望其項背。就儒家而言，其學說的重點在於政治理論和倫理思想，而在哲學方面，既無系統的辯證法思想，對認識論問題又不甚關心，在宇宙論和本體論方面更是一無建樹。中國哲學中的重要概念、範疇出於老子的最多，老子開創並代表的道家思維方式乃是歷代中國哲學的主要思維方式，老子的思想對中國哲學史上的每一個重要階段都有深刻的影響。以上幾個方面，足以證明中國之"哲學的突破"始於老子。中國哲學能與西方哲學對話，主要有賴於道家，特別是有賴於老子的思想。因而，從專業哲學的角度來看，道家在中國哲學史上的主幹地位是無可替代的，作為道家學派的創始人，老子在中國哲學史上的重要地位是任何一位思想家都不能相比的。

下面我們再從一些具體的方面，進一步論證道家思想在中國哲學史上的主幹地位，以突出老子對中國哲學的重要貢獻。

在先秦的諸子百家中，就考慮問題的規模而言，無疑以道家最為宏大。儒、墨、名、法諸家基本上都局限於人類社會之中，唯有道家能從一個更廣闊的背景下思考社會和人生的問題。中國哲學的特色，就思維方式來看，最重要的莫過於道家老子所開創的"推天道以明人事"與"天地人一體觀"以及"對立"與"循環"的思想法則；而就思維內容而言，則莫過於道家老子所提出的"道論"。

　　所謂道論，是指關於道以及道與萬物關係的理論。老子認爲，道是萬物之本原和依據，道是無形的，但其運動可以表現出一些法則來，爲萬物所效法。道論中有關道體的論述及萬物生成論等部分，約相當於西方哲學中的形上學（本體論及宇宙論）。因此可以說，老子的道論開創了中國哲學中的形上學傳統。

　　老子是中國哲學的開創者，他在中國哲學史上第一次提出天地萬物起源的問題和天地萬物存在的根據問題，第一個將道提升爲眞正的哲學範疇而予以系統化的論證，以道爲世界的本原和萬物運動變化的總規律。老子圍繞著道所展開的道論，爲其後道家各派所繼承發展，並在戰國中後期的百家爭鳴中爲包括儒家在內的各家學說所吸收引進，成爲此後兩千年來各個歷史階段的中國哲學之最核心的部分。道是中國古典哲學無可爭議的最高範疇，道論則可稱爲中國哲學的縮影。

　　誠然，道範疇並非道家的專利，先秦諸家皆講道，而且都不在少數，可謂儒有儒道，墨有墨道。不過，諸家之道皆爲政治、倫理範疇，唯有道家之道具有形而上的哲學意義。就儒家而論，《論語》中道字凡七十七見，多爲人倫之道，且孔子從不談論"天道"，有子貢所說"夫子之言性與天道，不可得而聞也"①爲證。在儒家學說中，"仁"、"義"、"禮"等都是具體的道德原則和規範，而道則具有更高的概括性，泛指儒家的最高追求，或曰儒家的眞理、主義。士君子都應"志於道"，不惜"以身殉道"，甚至"朝聞道，夕死可矣"②。道也泛

① 《論語·公冶長》。
② 《論語·里仁》。

指儒家的所有主張，孔子所謂"吾道一以貫之"①是也，它內在地包含著所有具體的道德原則和規範，而後者則是道的不同表現形式和實現道的途徑與方法。如孔子說："行義以達其道"②，孟子也說："仁也者，人也。合而言之，道也。"③"仁"就是人與人之間相親相善的關係，以這種最基本的道德準則來處理人際關係，便是儒家之道。因此，不論是孔子的"殺身成仁"還是孟子的"捨生取義"，都是"以身殉道"。總之，儒、道兩家雖然都重視道，兩家各自的道雖然符號形式相同，但意義和內容卻有根本的差異，道家的道以形而上的哲學意義爲主，儒家的道則爲倫理、政治範疇。

有一種流行的觀點，認爲道家注重天道觀，輕視人事，實際的情況恐非如此。道家雖善於在宇宙的背景中思考，但仍舊落實到社會和人生中來，就像作逍遙遊的大鵬終要回到人世間一樣。誠然，道家著作以談天道和哲理爲一大特色，拿《老子》來說，書中談天道和哲理要超過任何一部古代典範，因而說道家注重天道是沒有問題的。但說道家輕視人事，恐怕就不合於事實了。以《老子》爲例，書中的主要篇幅還是談社會政治與人生的，有的是直接談社會政治與人生，有的是從哲理中引出社會政治人生，或從社會政治人生中提升出哲理，有的則兩者兼而有之；即使是只談抽象哲理的語句，就《老子》全書而言，最終也是要爲社會人生求得天道觀方面的依據和指導。因而老子所開創的道家有著豐富的關於社會與人生的哲理性思想，其內容之豐富深刻要超過其他各

---

① 同上。
② 《論語・季氏》。
③ 《孟子・盡心下》。

家，並對各家發生影響。

就老子道家對社會人生的思考而言，大體包括三個方面：一是社會政治哲學，二是養生理論，三是精神境界理論。

"治國"與"治身"是老子社會人生思想的兩個重要組成部分①，其社會政治哲學是屬於"治國"的範疇，其養生、精神境界理論是屬於"治身"的範疇，而其於"治身"中又特重"治心"。

社會政治哲學可以說是老子思想的中心，也是整個道家思想的一個重心，它是關於統治方法的探索。老子從道論和自然主義的觀念出發，提出了"無名"、"無欲"、"無爲"等政治原則，後來的黃老道家又進一步發展，提出系統的君無爲而臣有爲、綜合刑名、"靜因之道"等原則，對法家發生了重大影響。道家、法家都強調君主應以一客觀的原則治國，反對儒家的人治主張。

養生理論是道家思想的一個極富特色的部分，它肇始於老子，後被黃老道家所發展。通過對人的身體的認識，道家強調形神、魂魄的和諧配合，以保持生命之長久。老子提出的養生原則，如"虛心"、"寡欲"等，同時也是治國的原則。

精神境界理論是中國哲學的一個特色內容，它涉及的是人心中對世界的態度及由此而達到的某種心理狀態。在先秦，精神境界的問題最早是由老子系統提出的。《老子》中多

---

① 王叔岷曰："唐司馬貞《史記・儒林轅固生傳・索隱》云：' 老子《道德篇》……理國理身而已。' 理國理身，即治國治身。避唐高宗諱，故以理代治。"又曰："宋羅處約作《黃老先六經論》云：老聃思想' 與經皆足以治國治身。' "見王叔岷：《先秦道家思想講稿》，臺灣中央研究院文哲所文哲專刊，1992 年版第 40、368 頁。

處講述得道者的狀態，用混、沌、"玄同"來形容。莊子更進一步把這種精神境界概括爲"天地與我並生，萬物與我爲一"，這種境界可以通過心去除私見、與道合一而達到。老莊的這些思想，對以孟子、荀子及《中庸》等爲代表的儒家學派關於精神境界的描述發生了重大的影響。

老子不僅開創了中國的形上學傳統，也開啓了中國知識分子作爲最高人生理想的"內聖外王"之道。

《老子》第十章闡發了"內聖外王"的基本內涵："載營魄抱一，能無離乎？專氣致柔，能如嬰兒乎？滌除玄鑒，能無疵乎？愛民治國，能無爲乎？"這裡的"愛民治國"即"外王"之道，在此課題上，老子提出"無爲"的原則。"載營魄抱一"或曰"身心合一"，即"內聖"之道，在此課題上，老子提出"專氣致柔"和"滌除玄鑒"的重要方法——前者在於"養生"，後者在於"治心"。

《老子》第十六章提出的"致虛守靜"，當是"專氣致柔"與"滌除玄鑒"的重要法門。第十章的"天門開闔，能爲雌乎？"說的是生命活動要在"守雌"、"守雌"包括見素抱樸、重嗇知足、少私寡欲、後身守和。"專氣"即"集氣"，一個人通過"專氣"的修煉功夫，可以達到第五十五章所說的"骨弱筋柔"、"精之至"、"和之至"的體能狀態，生命力量的培蓄（"重積德"、"含德之厚"）是"專氣"的重要功能。

修身養性是老子"內聖"的一個方面，而摒除成見、洗滌貪欲（"滌除玄鑒"）則是老子"內聖"的另一個重要方面。老子認爲，人的心靈如一面鏡子，他稱之爲"玄鑒"。老子以"玄鑒"喻心靈深處明澈如鏡，"玄鑒"之說不僅成爲認識論上的一種靜觀，也成爲後世形上學的一個重要範疇。"玄鑒"後由莊子的"心齋"、"坐忘"而得到深化。其後禪宗著名的"心如明鏡台"之說以及宋明道學的"心學"，都是老莊這一"內聖"之學的延伸。

老子在"內聖"方面雖然著筆不多，但對後世道家、道教以及佛禪和理學卻產生了深遠的影響。《老子》五千言多談"治道"，老學的目的卻在"外王"之道。

《老子》第五十四章表達了一則對後世產生了巨大影響的"內聖外王"的架構：

> 修之於身，其德乃真；修之於家，其德乃餘；修之於鄉，其德乃長；修之於邦，其德乃豐；修之於天下，其德乃普。故以身觀身，以家觀家，以鄉觀鄉，以邦觀邦，以天下觀天下。

這是老子由"身"開始，而"家"、"鄉"、"邦"以至"天下"，一層層推展開來，這種層序性地由"內聖"到"外王"的發展途徑，乃是後世儒家的"修齊治平"之所本。

在"外王"方面，《老子》一書寫下了許多至理名言，如：

> 治大國，若烹小鮮（六十章）
>
> 其政悶悶，其民淳淳，其政察察，其民缺缺。（五十八章）
>
> 大者宜為下。（六十一章）
>
> 清靜為天下正。（四十五章）
>
> 以正治國，以奇用兵。（五十七章）
>
> 功遂身退。（九章）
>
> 功成而不有，衣養萬物而不為主。（三十四章）

這些智慧之言都成為流行千古的警句，成為古代政治實踐的重要經驗和指導。

　　"無爲"是"外王"之道的核心內容，也是老子政治主張的最基本的原則。"無爲"的主張在於消解統治者的專權與濫權，給予人民以較多的活動空間。由"道"的無爲落實到人生政治的層面，老子提出"我無爲而民自化"的主張，一方面用無爲、無事、無欲來限制統治者的權力欲望，另一方面主張自化、自正、自富、自樸，給予人民一個較爲寬鬆的生存空間。《老子》四十九章還提出"聖人常無心，以百姓心爲心"，這種以百姓的意見爲意見的政治主張以及"自化"、"自正"這種遵從民衆意願、維護人民自然性、自由性、自主性、自在性的理念，使得道家的學說在諸子中代表著古代自由民主的精神需求。這種由道的自然性、自在性、自發性而向下落實到人生政治的層面的學說，代表了人民的自主性和自由性的要求，是道家所建立的中國文化中的一個極其特殊的性格，這種性格表現出與儒家的"隆君"和不容易異端的態度的迥異。

　　由老子所開啓，莊子所光大的"內聖外王"的人生理想，對後世的影響深遠而廣泛，在一定程度上可以說，它代表了中國哲學的基本精神。馮友蘭在《新原道》（一名《中國哲學之精神》）一書中，以"極高明而道中庸"爲準則來對各家的"內聖外王"理想進行評價。他在評論孔孟時認爲："他們於高明方面，尙未達到最高標準"；在評論老莊時認爲其哲學"極高明"（稱許道家聖人的境界是天地境界），然於"道中庸"則不足。這種評價頗有見地，這實際上是指出了儒家思想的特點是長於倫理而疏於哲理，而儒家之短卻正是道家之長。誠然，孔孟思想的特點乃在於"道中庸"，而老莊思想則的確已達於"極高明"之境。馮友蘭"極高明"之評語，正好道出了老子實了中國哲學的突破，道出了老子開創的道家在中國的哲學思維方面居於無可爭辯的主幹地位。

二、老子與孔子——中國文化的兩種路向

在中國古代的思想家中，當推老子和孔子的思想對中國的文化傳統產生的影響最深最廣最巨，以至於可以這樣說，不了解這兩位文化巨人的思想，就無從了解中國的歷史與文化。換言之，這兩位文化巨人的思想，是我們進入中國傳統文化殿堂的兩把鑰匙。

老子和孔子雖然都是中國古代最偉大的思想家，但正如我們在上一節所強調的，老子是中國第一位哲學家，孔子則是中國第一位倫理學家。這一區別，西方思辨哲學巨匠黑格爾看得很清楚，他指出："孔子只是一個實際的世間智者，在他那裡思辨的哲學是一點也沒有的。"他還說："孔子的哲學就是國家哲學，構成中國人教育、文化和實際活動的基礎。但中國人尚另有一特異的宗派，這派叫做道家。"①這裡，黑格爾似乎隱約認識到儒家學說較近於官方思想，而道家則屬於民間哲學。更重要的是，黑格爾指出孔、老思想的不同，在於前者是屬於"道德哲學"，而後者則是"思辨哲學"。從專業哲學或學院式的哲學視角來看，孔、老思想性質的差異之大，使我們有無從比較之感，因為：老子建立了相當完備的形上學體系，而孔子思想在宇宙論和本體論方面是空白的；老子倡導"靜觀"、"玄鑒"的認識方法，而孔子在認識論方面是貧乏的；老子有著相當多的辨證法思維，而孔子在這方面

---

① 黑格爾：《哲學史講演錄》第一卷，賀麟、王太慶譯，北京商務印書館 1983 年第 6 版第 119、125 頁。

是闕如的。在這些主要的哲學領域，老子哲學思維的豐富性
與孔子哲學思維的欠缺性，確實相形懸殊，無從比較。然
而，如果我們將哲學的範圍從宇宙論或世界觀的角度移開，
轉而專注於"哲學是對於人生的有系統的反思"①的思想，就
不難比較出老、孔兩家對時代與人生反映的異同，以及對傳
統制度、文化觀念的分歧，就不難看出他們的思想代表了中
國文化的兩種不同路向。

　　孔、老的文化異路首先表現在對三代以來文化傳統的傳
承與取捨上。有一種較爲流行的觀點認爲，孔子是三代文化
的傳承者，老子則是三代文化的批判者。我們認爲，在分析
孔、老的文化差異的同時，還應該看到他們都是同一文化傳
統的繼承者，他們的思想有許多相似之處。例如：對於周代
的德治傳統，兩者都有著相同的繼承，都主忠信、尙慈儉、
倡孝慈、揚謙下。以"和"爲貴的心態──人和自然的和諧關
係（以此而發展出莊子和孟子的"天人合一"的思想），人際
間的矛盾也總是以消弭衝突的方式而爲主。其他如遠鬼神而
重人事的思想；守中的觀念；崇尙質樸信實的德行；反對刑
制；反對重稅厚斂；"懷鄉意識"──緬懷人類歷史原初的美
好時光；如此等等。總之，西周以來所逐漸形成的人文精
神、人道觀念、德治思想、民本思想以及救世情懷──這一
文化傳統對老子和孔子都有著根源性的影響。

　　然而，孔、老二人對三代以來的文化傳統的理解確實存
在著重大的差異，他們在繼承這一文化傳統時所關注的方面
有所不同，從而形成了各自不同的文化傾向。老子偏重於人

① 馮友蘭：《中國哲學簡史》第一章《中國哲學的精神》，涂又光譯，北京
　　大學出版社 1985 年版。

與自然的關係，由此而建立了他的本體論和宇宙論；孔子則
偏重於人與人的關係，由此而建立了他的倫理學。這一區
別，誠如馮友蘭所說："儒家強調人的社會責任，但是道家強
調人的內部的自然自發的東西。……人們常說孔子重『名
教』，老、莊重『自然』。中國哲學的這兩種趨勢，約略相
當於西方思想中的古典主義和浪漫主義這兩種傳統。"①由於
這種偏重的方面之不同，因而對於古代的文化傳統特別是政
治和倫理傳統，孔子較多地從正面進行了總結和繼承，並主
張以德治主義的方法加以改良；老子則較多地注意到這一文
化傳統的偏失和流弊，批評其對人類淳樸本性與和諧生活的
戕害，主張根據自然主義的原則從根本上加以糾正。由於以
上差異的存在，在肯定老子也是古代文化傳統的繼承者的前
提下，我們可以認爲老子是古代文化傳統的批判者，以老莊
爲代表的道家學派具有明顯區別於孔孟儒家的強烈的社會批
判意識。總之，老子是繼承著古代文化傳統中的自然主義的
思想線索而發展，孔子則是繼承著西周以來的德治主義的文
化傳統而發展，老子的自然主義和孔子的德治主義，是他們
各自思想體系的一個主要特色。

　　人們通常總是說儒家學說具有積極樂觀的有爲精神，認
爲這是儒家對社會與人生的責任感的重要表現，而與儒家相
對照，道家學說則常被看成是消極而出世的，這是對道家學
說的重大誤解。造成這一誤解的原因，一來是人們常將道家
思想與隱者聯繫起來，二來也與以老莊爲代表的道家著作中
的特殊的表達方式有關。以儒道兩家的創始人孔子與老子而

---

① 　馮友蘭：《中國哲學簡史》第二章《中國哲學的背景》。

言，他們都是積極入世的，只不過所採取的方式不同而已。
老子有句名言：“生而不有，爲而不恃，功成而弗居”，
“生”、“爲”、“功成”顯然都是一種入世的積極態度。“不有”、
“不恃”、“弗居”並不是消極，而是要人不將成果擅據己有。
老子“爲而不爭”的名言，也不是消極的態度，而是要人順任
自然，不勉強從事，同時又不將成果據爲己有。老子的話，
從文義脈絡來看，大多是針對統治階層人士而發，曉諭統治
者們不可以權威的優勢去肆意伸張一己的占有欲。老子和孔
子一樣懷有治國安邦的抱負，因而其書多言治道。老子之學
雖如司馬遷所說是“以自隱無名爲務”，但也是指其含蓄而不
事張揚而已，並非謂其消極出世。老子是在晚年才成爲“隱君
子”的，但也並非出世之舉，乃是功成事遂之後，能從利祿名
位場中撤身出來的明智之舉。而積極樂觀、“知其不可而爲
之”的孔子，在追求事功的不懈努力中，不是也主張“天下有道
則見，無道則隱”，甚至萌發“道不行，乘桴浮於海”的念頭麼？

　　然而，同爲春秋末期“士”階層代表人物的孔子和老子，
雖然皆關注於國家社會的治理，但他們的著眼點卻有很大的
不同。范文瀾在提到“孔子學說是士階層思想的結晶”時說：
“士在未出仕時，生活接近庶民或過著庶民的生活，還能看到
民間的疾苦，懂得『節用而愛人，使民以時』……當他求仕
干祿向上看時，表現出迎合上層貴族利益的保守思想，當他
窮困不得志向下看時，表現出同情庶民的進步思想。士看上
時多，看下時少，因此士階層思想保守性多於進步性，妥協
性多於反抗性。”①老子也有這樣的特點，但他“向下看”時

---

① 　范文瀾：《中國通史簡編》修訂本第一冊，人民出版社 1964 年版。

多，因而他的思想中有著較強的庶民意識。對於下層階級的看法，孔子常以"小人"稱之；在農事生產上，孔子被道家型的隱士譏爲"四體不勤，五穀不分"，樊遲論學稼，被孔子譏之爲"小人"。孔子的這一態度，在孟子那裡得到了強化，孟子有著名的"勞心""勞力"和"君子""野人"之辨，後儒更將這一認識上升到了天道觀的高度。反之，老子就很替農民著想，他的治國之道，要在"以百姓心爲心"，他常採取統治階級極易忽略或不願採取的民衆立場來考慮問題，告誡統治者當順任民情，不可強作妄爲，這就是他的"自然無爲"的意旨。基於這種庶民意識和思考方式，老子主張對人民採取寬鬆政策，盡量不要干預，使人民"自化"、"自正"，擁有一個較爲自由的生存空間。這與孔子的態度有著根本的區別，孔子時刻不忘王侯代言人的身份，時刻要將民衆置於自己的治理和教化之下，他積極於推行德治，認爲在德治之下，人民就可以望風披靡，所謂"君子之德風，小人之德草，草上之風必偃"[1]。在讓人民發揮其自由性和自主性這一方面，老、孔的治'道'有著基本的不同，道家學說在一定程度上代表著古代自由民主的精神需求，這是老子思想賦予中國文化的一個重要內容。這方面的內容和意義，在現代哲學家嚴復等人手中得到了重現和提升。

三、儒道互補──中國文化的基本格局

老子和孔子這兩位文化巨人的思想代表了中國文化發展

---

[1]　《論語・顏淵》。

的兩種不同路向，在後來的歷史上，經過他們的後繼者們的
傳承與發揮，這兩種文化路向各自形成了不同的文化傳統，
奠定了儒道互補這一中國傳統思想文化的基本格局。

　　先秦時期百家爭鳴，學術昌盛，漢代以後，各家學說先
後衰歇，眞正在歷史上流傳久遠，影響深廣，構成中國傳統
思想文化之核心的學說，實際上只有儒道兩家。儒道兩家的
互補可以說是中國傳統思想文化的一個主要特徵。自魏晉乃
至宋明，中國傳統思想文化逐漸形成了儒道佛三家並立互補
的格局，然而在這多元互補的文化格局中，實以儒道互補爲
其最主要的和基礎的方面。正如馮友蘭所指出的："中國思想
的兩個主要趨勢道家和儒家的根源，它們是彼此不同的兩
極，但又是同一軸桿的兩極。"①張岱年也指出："宋明理學
表現了儒、道、釋的交光互映，其中儒、道思想的交融更爲
顯著。"②

　　在本書的第三章中，我們就已經指出，儒道兩家思想的
互補，從他們的創始人老子和孔子會面的時候起，就已經開
始了，儒道兩家的第一次對話，就已經預示了中國文化未來
發展的內容與方向。還在儒道兩家的初創時期，道家思想就
以其獨特的學術宗旨、文化理念和致思路向，顯示了向儒家
思想的頑強滲透，孔子所受老子思想的影響，在儒家學派的
奠基著作《論語》中多有表現，本書在第一章中曾列舉了七個
方面的證據。

①　馮友蘭：《中國哲學簡史》第二章《中國哲學的背景》，北京大學出版社
　　1985 年版第 22 頁。
②　張岱年：《道家在中國哲學史上的地位》，刊於《道家文化研究》第六
　　輯。

　　孔、老之後的兩千多年中，儒道互補一直是中國文化歷史演進的主要內容。

　　儒道兩家思想的大規模、深層次互相影響和互相補充，發生在戰國中、後期百家爭鳴的學術環境中。這一時期，稷下道家（或稱黃老道家）在倫理思想上吸收了儒家的仁義學說和禮制文化，①儒家的孟、荀則是在哲學上接受了道家的宇宙論和自然觀。②

　　成書於漢初的早期儒家重要作品《大學》和《中庸》，對後世儒家的歷史發展產生了重大的影響宋代以後得以與《論語》、《孟子》並列爲《四書》，成爲後期儒學的主要經典。綜觀這兩篇重要的作品，可以看出它們受到了道家思想的深刻影響，其中作爲主體內容的倫理思想無疑是屬於儒家的體系，而作爲其（特別是《中庸》）理論框架或倫理思想之宇宙觀基礎的，則明顯是道家的哲學思想。③

　　早期儒學作品《孟》、《荀》、《學》、《庸》所受道家之影響主要來自黃老之學，黃老之學的宇宙論和自然觀在很大程度上彌補了早期儒學在相關方面的闕如。由於道家思想的這種補充作用，從孔子到《學》、《庸》，在宇宙論、自然觀、認識論等純哲學問題方面，早期儒家可謂由無到有，並呈逐步豐

---

① 稷下道家接受儒家關於仁、義、禮的倫理學說，主要表現在稷下黃老之學的代表作品《黃帝四經》、《慎子》、《管子》（特別是其中的《心術》、《內業》等篇）中。白奚《稷下學研究》（北京三聯書店 1998 年版）第六章第二節、第九章第二節對此問題有較詳之討論。

② 孟、荀所受稷下道家哲學思想的影響，可參看白奚《稷下學研究》第七章第二節和第十一章。

③ 詳細論證可參看陳鼓應《道家在先秦哲學史上的主幹地位》一文的相關部分，見《道家文化研究》第十輯第 46～56 頁。

富的趨勢。因而可以說，儒家學說由於對道家學說的引進和吸收，從而在一定程度上改變了早期儒學的面貌，並爲儒學在宋明時期的巨大發展提供了重要的經驗。

宋明新儒學的興起，是同對別家思想的大規模吸取分不開的，具體來講就是吸取道、佛兩家的思想，這一點學術很少有異議。對於宋明理學中儒釋道三家思想的關係，人們以往多關注於探討佛家的禪宗思想同宋明理學的理論聯繫，而忽略了宋明理學中儒道互補的方面。而事實上，在道、佛兩家中，儒學對道家思想的進一步引進和吸收，對於重建儒學新體系具有更爲重要的作用和意義。可喜的是，時下這局面正在得到一定程度的改觀，側重於研究道家思想史的學者們正在對宋明理學中的道家思想資源進行清理，以揭示道家思想在宋明理學乃至整個成熟時期的中國傳統思想文化體系中的重要地位；而研究儒學思想史的學者們也接受了儒道互補的理念，在對宋明理學思想的研究中加強了對融匯於其中的道家思想的探討，從而把宋明理學的研究引向深化。這兩方面力量的合流可謂一致而百慮、殊途而同歸，共同接近了儒道互補這一中華傳統思想文化的深層底蘊，形成了目前學術研究中一個值得重視的新動態。可以預見，對儒道互補特別是宋明以後儒道互補的研究，一定會成爲今後中國學術思想史研究的一個新的景觀，並且將會長期持續和深入下去。至於佛學特別是禪宗，我們認爲，佛學傳入中國的早期是借助於道家思想而流傳的，通過闡發玄學而得以立足並日漸興盛，因此佛學在中國的興盛，道家原本就有接引之功，道家思想日益滲透於佛理之中，故道、佛兩家在學理上相通之處甚多，後期佛家的禪學中更是多有對道家哲理和人生觀的探

擷。因而宋明理學之吸收禪學，在某些方面也可以看成是道
家思想對儒學的折射，禪學作爲一種中介，乃是道家思想補
儒學之缺失的一條重要途徑。總之，儒道互補是宋明理學得
以重建儒學新體系的主要渠道，再擴大一些也可以說，在中
國封建社會後期所逐步確立的儒釋道多元互補的穩定的文化
結構中，儒道兩家思想的交融互補居於首要的方面。由於宋
明時期的儒學居於官方意識形態的地位，同時也是社會文化
的主流，因而宋明理學中的儒道互補，主要是以道補儒。關
於宋明理學對道家思想吸取的具體內容，本書已在第十章討
論道家思想的歷史演進時探討。這裡需要說明一點，如前所
論，早期儒學所受道家思想的影響主要來自黃老之學，而後
期儒家所受道家思想的影響，則主要來自老莊之學。

　　儒道之互補，是以兩家學說在文化理念、價值觀念、學
術宗旨、致思路向、思想內容等方面存在著廣泛而又明顯的
差異爲前提的，這些差異使得儒道兩家的思想在許多方面形
成了恰相對待的局面，它們互有長短得失，且此家之長正爲
彼家之短，反之亦然，這就使得儒道互補成爲必要和可能。
由於儒道兩家所顯示和代表的文化路向後來各自形成了相對
獨立的文化傳統，而這兩種各具特色的文化傳統又形成了相
輔相成的內在的互補機制，共同構成了中國傳統思想文化的
主體，因而兩家思想始終也沒有合一。任何一個豐富悠久的
民族的文化傳統都會在歷史傳承中形成自己鮮明的特點，儒
道互補對於中華文化就是這樣，從未來的全球文化的眼光來
看，中國式的儒道對待互補的文化格局必將長期存在下去。
英國著名學者李約瑟就曾指出過："儒家和道家仍然是籠罩中
國人思想的兩大主流，相信將來還有很長的一段時期會是如

此。"①在我們看來，李約瑟的估計仍顯得保守，所謂"很長的一段時期"，對於中華民族及其文化來說，毋寧說是永久性的。

縱觀中國學術思想發展史，儒道互補雖然是貫穿其始終的一條主線，但在不同的歷史階段亦呈現出不同的情況。早期的儒家和道家主要是在互相批評中取彼之長補己之短，互補的味道較濃；而在中國封建社會的中後期，由於儒家思想上升爲官方的意識形態，成爲社會文化的主導和主流，道家思想則主要在民間和在野的士人中開闢發展的空間，在這樣的文化大背景下，後期的儒道互補可以說主要是以道補儒，道家思想主要發揮著對儒家思想的補充、調節、糾正和補救的作用。我們在這裡所談的儒道互補，亦主要是以道補儒。不過應當申明的是，以道補儒乃是基於儒顯道隱的歷史事實而採取的一種思考和分析的角度，而就儒道兩家學說本身來看，依然是互補的：若以儒觀之，即以儒家爲思考的本位，則道家之長正可補儒家之短；若反過來以道觀之，則儒家之長亦可補道家之短。自古及今，中國人基本上都是在這兩種不同的文化傳統中選擇著自己的人生道路，具體到每一個問題上，中國人都習慣於或是以儒家的方式來處理，或是以道家的方式來處理，可謂逃儒則歸道，逃道則歸儒，出老莊則入孔孟，出孔孟則入老莊。這種情況，正如林語堂所說："道家及儒家是中國人靈魂的兩面"。②儒道兩家可謂各有千秋，兩家思想的這種互動互補的內在機制，使得中國傳統思想文

---

① 李約瑟：《中國古代科學思想史》，陳立夫主譯，江西人民出版社 1990 年 6 月版第 197 頁。
② 轉引自牟鐘鑒、林秀茂《論儒道互補》，刊於《中國哲學史》1998 年第 4 期。

化呈現出豐富、生動並趨於完善的面貌。離開了儒道互補，就難以把握和理解中國傳統思想文化的深層結構和特質。

儒家和道家的歷史影響同樣的深遠，可以說，凡是有儒家思想在發生影響的地方，就有道家思想與之相對待，可謂形影不離，因而儒道互補的內容是極為廣泛的。下面我們擬從幾個主要的方面，對儒道互補的具體內容進行一些簡要的梳理。

道家思想對儒家思想的補充、調節、糾正和補救的作用，大致可以分為兩類情況，一是補儒家之缺，一是補儒家之偏。

道家補儒家之缺，即補充儒家學說中原本所不具有的內容。早期儒家作為一種系統的學說，其主要缺遺表現在自然觀、宇宙論、認識論、辯證法等哲學思維方面，長於倫理而疏於哲學，難以從思辨的高度和深度上給人以理性的滿足。而在先秦時期，百家之學同儒學一樣，多為政治倫理學說，唯獨道家既重政治倫理，又長於哲學思維，以其深邃的哲理、縝密的思辨、新奇的道論、卓異的境界說、高超的辯證法傾倒了諸子百家，時人無不以高談玄妙的道論來裝點自己的學識。在一定程度上可以這樣說，是道家教會了人們如何進行哲學思維，道家學說在當時起到了哲學啟蒙的作用。在這一談玄論道的思潮中，儒家學說也獲益匪淺，從戰國的《孟》、《荀》到漢初的《學》、《庸》，同原創時期的孔子學說相比，在哲學思維方面的空白得到了較多的填補，從而在一定程度上改變了儒家的面貌。另一個重要的時期是宋明時期，儒家學說在較大的規模上吸取了道家思想，使自己在哲學思維方面得到了進一步的充實，並由此建立起完備、深邃而龐大的新

儒家體系。這一時期道家思想塡補儒學的缺遺，一方面是老
莊思想向儒學的直接滲透，另一方面則是通過道教和禪學的
途徑間接進行的。從儒學的歷史發展可以清楚地看到，道家
思想對之缺遺的補充具有相當重要的意義。

　　道家補儒家之偏，即調節、糾正和補救儒學因某些方面
的側重而導致的忽略、不足和偏蔽，使人們的行爲和心理不
斷得到調適而獲得良好的分寸感和平衡感。道家思想的這種
調適功能，滲透於人們的觀念深處，積澱爲人們的社會意識
和文化心理，通過人們的日常活動表現出來，因而較之於補
儒家哲學思維之缺，其影響更爲深入和廣泛。下面擇其主要
的方面做些概略的分析：

　　首先，儒家對人類文明和社會進步持樂觀的態度，以“修
身齊家治國平天下”爲人生理想，主張盡可能多地爲國家和社
會做貢獻，他們爲中國人（主要是士人君子）設計的是一條
進取型的人生道路。然而儒家對於人類爲文明所必須付出的
代價和社會進步的曲折性估計不足，對人類在不斷進取的過
程中可能造成的問題和對人性本身的扭曲與傷害缺乏思想準
備或不予重視，因而也就沒能提出解決這些問題的方法。在
這方面，以老莊爲代表的道家人物倒是慧眼獨具，他們及早
地觀察到了這些我們今天稱之爲異化的現象，予以了高度的
重視，並且提出了自然主義的原則，力圖用回歸自然的方法
來避免、克服和矯治之。道家的這一思想是深刻的，道家理
論中的許多內容都是針對社會和人性的異化現象提出來的。
道家主張人類社會應該不斷地進行復歸本位的運動，以保持
和諧與寧靜，而要使社會和諧寧靜，關鍵在於淨化人類的心
靈，使人性返樸歸眞。我們認爲，道家的這一思想是合理

的，也是必要的，不應視爲保守或倒退。人性的眞樸永遠應
該是人生進取的出發點，社會發展和人生進取都不應以喪失
自然和諧和眞樸之性爲代價，而應不斷地進行這種返本復
初、回歸自然的調諧運動，經常回頭看看，提醒自己不要偏
離得太遠，如此才能避免和淨化異化造成的污染，使社會和
人生都得以健康地發展。在中國歷史上，唯獨道家思想始終
擔當這一重任。

　　第二，儒家崇尚弘毅，注重有爲和力行，這無疑是一種
正確的人生態度。然而社會是複雜多變的，人生也必須適應
複雜多變的社會現實，儒家在指導人們爭先向上的同時，沒
有爲人們留下足夠而必要的回旋餘地，只提供了爭先向上的
動力，沒能提供與之相配套的緩衝裝置。因而從總體上來
看，儒家式的人生剛性有餘而韌性不足，借用荀子的術語，
儒家可以說是"有見於伸，無見於屈"，"蔽於剛而不知柔"。
道家則提供了另外一種人生見解，提倡柔弱、無爲、知足、
謙下，崇尙"不爭之德"，他們相信柔弱優於剛強。道家對人
生的這種見解，可以說是對人生進行了持久的觀察，並對儒
家式的人生觀進行了深刻的反思之後得出的。因爲尙剛強者
未必了解柔弱之妙用，而尙柔弱者必是建立在對於剛強的充
分認識之上的，有見於剛強之不足，故能反其道而用之。道
家式的人生見解可謂匠心獨具，爲人生提供了另一種有效的
指導：一方面，它使士人君子的生命更具有韌性，增強了人
們自我調節以適應社會變故的能力，在激烈的社會競爭中，
主動地後退一步，庶幾可獲得天寬地廣、如釋重負的感覺。
另一方面，它不失爲一種獲勝的手段，人們通常只知從正面
爭強爭勝，道家則提供了從反面入手的競爭方式，往往可獲

得奇效，"守柔曰強"、"不爭而善勝"、"後其身而身先"、"無爲而無不爲"。道家哲學中諸如柔弱、無爲、知足、知止、淡泊、居下、處順、靜觀、謙讓、取後、不爭等觀念都體現了高度的人生智慧，在社會實踐中常用常新，自古及今永遠不失其新鮮感。道家的這些觀念，恰好可以補儒家之偏蔽，自古以來，對儒家式的人生實踐起了重要的補充、調節作用。在儒道互補的人生模式中，中國知識分子在順境中多以儒家爲指導，建功立業，以天下爲己任，在困境和逆境中則多以道家爲調適，超然通達，靜觀待時。儒道兩家對待人生，可謂仁者見仁，智者見智。儒道互補構成一種完整的、藝術的人生觀，它視人生爲二種變速的曲折運動，使得中國的知識分子剛柔相濟，能屈能伸，出處有道，進退自如，心態上和行爲上都具有良好的分寸感和平衡感。

這裡需要補充說明的是，從總體上看，儒家倡導進取型的人生，道家則比較超然通達，故而給人以儒家入世、道家出世的印象，其實並不盡然。事實上，儒家的孔孟和道家的老莊都同時具有積極用世和超然通達兩種心態，只不過孔孟更爲用世些而老子更爲超然些罷了。老子（莊子亦然）具有很強的文化使命感和社會責任心，這一點我們在前面的有關內容中早已辨明，只是他們較多地以批評者的面目出現而有別於孔孟而已。孔孟在積極進取追求事功的人生道路上也常懷有超然通達的心態，孔子主張"天下有道則見，無道則隱"，欣賞曾點式的超脫曠達，對"隱居以求其志，行義以達其道"①的人心嚮往之，並認爲"賢者避世，其之避地，其次

---

① 《論語・季氏》。

避色，其次避言"①，甚至萌發"道不行，乘桴浮於海"的念頭，《荀子・宥坐》也記孔子之言曰："居不隱者思不遠，身不佚者志不廣"；孟子亦曰："古之人得志，澤加於民，不得志，修身見於世。窮則獨善其身，達則兼善天下。"②孔孟這種矛盾心態或靈活態度是他們在天下無道，人生常窮而不得志的社會現實中不得不採取的一種自我調節和心理準備，在這一點上，他們與老莊是一樣的。在後來經過歷史選擇而逐漸形成和定格的文化格局中，儒家式的歷史使命感和社會責任心得到了強化和突出，而孔孟原有的那種超然與靈活的心態逐漸被淡化乃至被遺忘；相反，道家式的入世情懷卻被淡忘，其超然通達的方面卻被突出，以致道家在世人的心目中只是以旁觀者的面目出現，道家思想遂主要被用來應付逆境和在人生進取中起調節緩衝的作用。總之，本來面目的孔孟老莊與歷史鎖定的孔孟老莊，都是應該區別看待的。

第三，儒家注重社會倫理，表現出強烈的群體意識，強調個人應當全身心地投入於社會事業，而對人的個體性或個體生命的處境卻缺乏足夠的關注。換言之，儒家式的人生價值必須置於社會群體中才可以實現，人生只有投身社會事業才有意義；而且此種關係是單向的，即只講個人對於社會應如何如何，而不考慮和計較社會應對個人如何如何。儒家看待各種人際關係，皆貫穿著以對方、他人爲重的原則，似乎每個人皆爲了他人而存在，推而廣之，即爲了社會而存在，社會實即他人之廣稱。儒家式的人生，其精神生活雖然豐富，但卻沒有留下多少眞正屬於自己的空間，其精神世界淹

①　《論語・憲問》。
②　《孟子・盡心上》。

沒在群體性之中了。對於中華民族，儒家所注重和培養的這種群體意識無疑是極為重要的，然而我們同時也不能不承認，儒家重群體輕個體，在人的個性、獨立意志、個體意識方面留下了許多空白。而在這方面，道家思想正好可以填補儒家遺漏的精神空間。道家較為注重人的個體性，倡導"自然"、"自在"、"自性"、"自爾"、"自愛"、"自適"、"自得"、"自樂"、"自美"、"自事其心"，他們善於站在大道的立場上，以超越的態度觀察人生與社會，主張人不應被世俗的價值和規則所拘鎖，應該保持自己獨立自主的意志和自由思想的能力，所以他們往往能夠我行我素，並提出不落俗套的見解。老子在傳統和世俗面前保持了獨立的意志和清醒的頭腦，他的社會批判精神便表現了對個體獨立性的張揚。莊子對個體生命的處境予以了更多、更深切的關注，他稱被世俗價值所拘役的人為"蒙蔽之民"、"倒置之民"，在諸子百家皆關注於重建政治秩序的喧囂聲中，莊子追求個體精神的自由自在、自適自得的卓異主張給人一種清新的感受。漢代以降，儒家的群體意識在官方的倡導和扶持下，逐漸成為歷代社會占主導地位的價值觀念，投身社會事業、名垂青史成為知識分子理想的人生模式和主要的精神依托。而道家思想對個性的張揚和對自由精神的推崇卻形成了另外一種傳統，這種傳統的存在使得人們始終能夠聽到另一種聲音，它為中國知識分子開闢和保留了另一片真正屬於自己的精神天地，使得他們在投身於社會公眾事業的同時，又能做到不隨波逐流，不為名教所羈縛，保持著鮮活的個性。儒家的群體意識和道家的個體意識正好形成了一種互補的機制，儘管後者在歷史上遠不如前者那樣茂密。

主要參考著作

（魏）王弼：《老子注》，諸子集成本，上海書店 1986 年影印版。

王卡（點校）：《老子道德經河上公章句》，中華書局 1993 年版。

高明：《帛書老子校注》，中華書局"新編諸子集成本"1996 年版。

高亨：《老子正詁》，中國書店 1988 年影印版。

朱謙之：《老子校釋》，中華書局"新緒諸子集成本"1984 年版。

詹劍峰：《老子其人其書及其道論》，湖北人民出版社 1982 年版。

任繼愈（譯著）：《老子新譯》，上海古籍出版社 1985 年修訂本第二版。

陳鼓應：《老子注譯及評介》，中華書局 1984 年版。

陳鼓應（注）：《老莊新論》，上海古籍出版社 1992 年版。

許抗生：《老子與道家》，新華出版社 1991 年版。

劉笑敢：《老子》，（台北）東大圖書公司"世界哲學家叢書"
　　　1997 年版。

王博：《老子思想的史官特色》，（台北）文津出版社 1993 年
　　　版。

熊鐵基等：《中國老學史》，福建人民出版社 1995 年版。

張智彥：《老子與中國文化》，貴州人民出版社 1996 年版。

周立升：《老子的智慧》，河北人民出版社 1997 年版。

白奚：《稷下學研究》，三聯書店 1998 年版。

葛榮晉主編：《道家文化與現代文明》，中國人民大學出版社
　　　1991 年版。

李養正：《道教概說》，中華書局 1989 年版。

牟鐘鑒等：《道教通論》，齊魯書社 1991 年版。

童書業：《春秋史》，山東大學出版社 1987 年版。

楊寬：《戰國史》，上海人民出版社 1980 年版。

呂思勉：《先秦史》，上海古籍出版社 1982 年版。

呂思勉：《先秦學術概論》，東方出版中心 1985 年版。

馮友蘭：《中國哲學史新編》修訂本第一、二冊，人民出版社
　　　1980、1983 版。

任繼愈主編：《中國哲學發展史》（先秦卷），人民出版社
　　　1983 年版。

劉澤華：《先秦政治思想史》，南開大學出版社 1984 年版。

陳鼓應主編：《道家文化研究》1～14 輯，上海古籍出版社
　　　（1～10 輯）、北京三聯書店（11～14 輯）出版。